U0409192

LIFE CYCLE KEY TECHNOLOGIES OF
ESCALATOR IN SMART STATION

智慧车站自动扶梯
全寿命周期关键技术

罗小华　张　浩　主编

人民交通出版社股份有限公司
China Communications Press Co.,Ltd.

内 容 提 要

自动扶梯是现代交通中重要的客运设备,具有方便、快捷的特点,在轨道交通中应用广泛。本书从工艺设计、设备选型、安装以及运维全寿命周期的角度对其进行了系统、全面论述。本书包括自动扶梯的发展历程、系统功能、技术标准、关键技术创新和工程应用实例等内容,带领读者了解自动扶梯工作的模式与机理,从中感受现代轨道交通技术的创新进步以及为人们带来的交通便利和安全保障。

本书可为轨道交通领域从事扶梯设计、研究的工程技术人员提供参考,也可供高等院校相关专业师生学习使用。

图书在版编目(CIP)数据

智慧车站自动扶梯全寿命周期关键技术 / 罗小华,张浩主编. — 北京 : 人民交通出版社股份有限公司,2020.12

ISBN 978-7-114-16641-9

Ⅰ. ①智… Ⅱ. ①罗… ②张… Ⅲ. ①铁路车站—车站—自动扶梯—产品生命周期—研究 Ⅳ. ①U291.6

中国版本图书馆 CIP 数据核字(2020)第 251692 号

Zhihui Chezhan Zidong Futi Quanshouming Zhouqi Guanjian Jishu

书 名: 智慧车站自动扶梯全寿命周期关键技术
著 作 者: 罗小华 张 浩
责任编辑: 王 霞 张 晓
责任校对: 刘 芹
责任印制: 刘高彤
出版发行: 人民交通出版社股份有限公司
地 址: (100011)北京市朝阳区安定门外外馆斜街 3 号
网 址: http://www.ccpcl.com.cn
销售电话: (010)59757973
总 经 销: 人民交通出版社股份有限公司发行部
经 销: 各地新华书店
印 刷: 武汉市洪林印务有限公司
开 本: 787×1092 1/16
印 张: 16
字 数: 220 千
版 次: 2020 年 12 月 第 1 版
印 次: 2020 年 12 月 第 1 次印刷
书 号: ISBN 978-7-114-16641-9
定 价: 118.00 元

本书编委会

主编单位：中铁第四勘察设计院集团有限公司

顾　　问：朱　丹　许克亮　光振雄　史明红　王　峻

主　　编：罗小华　张　浩

副 主 编：殷　勤　邱绍峰　张　琨　李成洋　方　健
郑文臻　周明翔　耿　明　莫　骏　刘　辉
王国富　李　虎　门燕青　刘　洋　吕轶娜

参编人员：张俊岭　彭方进　高崇华　马建文　魏　璇
张银龙　卫　垚　倪　琍　郑　燕　陈荣顺
游鹏辉　许　勇　胡　威　刘大玲　汪宇亮
王小岑　孙　骥　汪永元　崔万里　何　翔
陈　潇　孟庆宇　陈　情　应　颖　朱　冬
李晓聃　梅志山　夏　季　赵铁柱　刘一平
刘　炜　刘　腾　李加祺　肖　俊　郑青松
喻　岚　郭文浩　李经伟　林　飞　廖永亮
姚应峰　刘　奥　陶孟仑　梅　杰

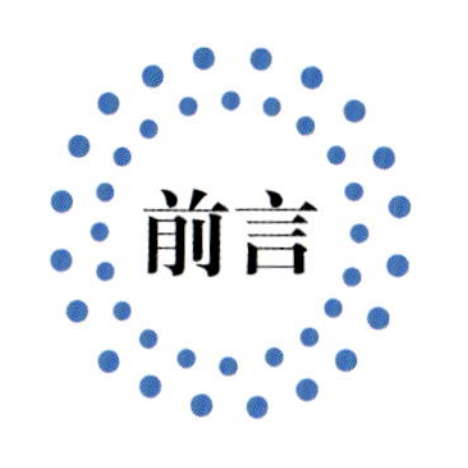

前言

随着轨道交通建设步伐的加快,国家城镇化建设的大力发展,地铁、市域、城际、高铁、机场等大型综合交通枢纽如雨后春笋般不断涌现,高密度、大客流的通行及疏散需求,为自动扶梯行业的发展和技术的升级带来了机遇。

近年来,关于自动扶梯的安全事故也备受关注,一旦发生便迅速攀升为当下的热点问题,给各大自动扶梯生产厂家和建设单位敲响了警钟。为了适应我国“交通强国、智慧城市”的发展理念,立足“安全、绿色、节能”的出行需求,实现“安全、智慧、舒适”三方面的突破,如何科学、有效地建立自动扶梯设计、制造、施工、运维的全过程质量控制体系,是目前亟待解决的课题,也是这些年来轨道交通领域自动扶梯专业从业人员一直追寻和探索的方向。

本书以数十年的轨道交通设计经验为出发点,深入总结分析了公共交通自动扶梯设计、制造、施工及运维过程中的创新研发,全面剖析了公共交通自动扶梯技术的发展历程,相信能使读者对这个领域有所了解。

全书共分为7章:第1章介绍自动扶梯的定义及发展历程;第2章介绍自动扶梯全寿命周期理念以及基于该理念的选型技术;第3章介绍基于数据驱动的自动扶梯全过程智能设计技术;第4章介绍基于数字化的设备监造以及安装技术;第5章介绍基于大数据的自动扶梯健康状态管理及故障预警技术;第6章介绍工程应用实例;第7章展望了自动扶梯的最新技术及发展前景。

本书编撰过程中得到了武汉地铁集团有限公司、南京地铁建设有限责任公司、昆明地铁建设管理有限公司、蒂森电梯有限公司、迅达(中国)电梯有限公司等合作单位的大力支持，在此，对以上单位及所有参与本书编撰的人员提出特别感谢。同时受限于编撰人员的知识水平，书中内容存在一定的局限性，期待后续同仁的不断优化和完善。

编　者
2020 年 9 月

1 概　述

1.1 自动扶梯发展简史

1.1.1　自动扶梯的定义

自动扶梯是由一台特种结构形式的链式输送机和两台特殊结构形式的胶带输送机组合而成,带有循环运动梯路,用于在建筑物的不同层高之间向上或向下倾斜输送乘客的固定电力驱动设备。电动扶梯是运载人员上下的一种连续输送机械,具有运载能力大的特点,在商业大楼、会展中心等公共场所以及高铁站、地铁站、火车站和机场等交通综合枢纽中得到了广泛的应用。

在轨道交通工程项目中,自动扶梯作为一种重要的站内客运设备,是辅助乘客疏散的主要运载工具,极大地提高了车站的集散效率,有效地解决了地面至站厅、站厅至站台不同标高间乘客的升降需要,改善了乘客乘车条件,增加了乘车舒适度。

自动扶梯由梯路和两旁的扶手组成,其主要部件有梯级、牵引链条及链轮、导轨系统、主传动系统(包括电动机、减速装置、制动器及中间传动环节等)、驱动主轴、梯路张紧装置、扶手系统、梳板、扶梯骨架和电气系统等。梯级在乘客入口处做水平运动(方便乘客登梯),以后逐渐形成阶梯;在接近出口处阶梯逐渐消失,梯级再度做水平运动。这些运动都是由梯级主轮、辅轮分别沿不同的梯级导轨行走实现的。

为保障自动扶梯的运营安全,在轨道交通项目中,自动扶梯设置有如下安全装置:供电系统断相、错相保护装置,电动机过载或短路保护,超速保护装置,意外逆转保护,梯级链保护装置,扶手带保护装置,扶手带速度监控装置,扶手带入口保护,梳齿板安全开关,梯级塌陷保护,梯级运行安全装置,围裙板防接触保护,驱动链破断保护装置,围裙板安全开关,急停开关,接地故障保护,欠速保护装置,扶手带断带保护装置,围裙板防接触保护,防静电装置,制动器安全装置,水位安全开关,上、下楼层板安全装置,驱动主机位移检测装置等多种安全开关和相对独立的工作制动器和附加制动器。

1.1.2 自动扶梯的简史

自动扶梯的发展脉络如图 1.1-1 所示。

1)国外自动扶梯发展历程

1859 年,美国人内森·爱米斯提出“旋转式梯级扶梯”的概念,自动扶梯以专利和设计图纸的形式首次出现在人们的视野中。旋转式梯级扶梯的设计理念是一个正三角形结构,一边是乘客进入的方向,另一边是乘客离开的方向,三角形的定点就是运行的拐点,这一升降过程很难给人一种想象中的舒适旅行,反而更类似于杂技的惊险动作,因此,该方案最终未能付诸实践。

1891 年,经过 30 年的探索与实践,第一台自动扶梯产品样机在纽约市科尼岛码头顺利安装,被称为“倾斜升降机”。该倾斜升降机由纽约企业家杰西·瑞诺设计制造,一经出现就引起了较大的轰动。倾斜升降机采用输送带原理,将运输平面分节段设置,每节段都固定有脚踏板,倾角为20°~30°。在起始位置设置了40cm长的梳状板与脚踏板上的凹齿啮合,乘客站在倾斜移动的踏板上,就能实现上、下升降。

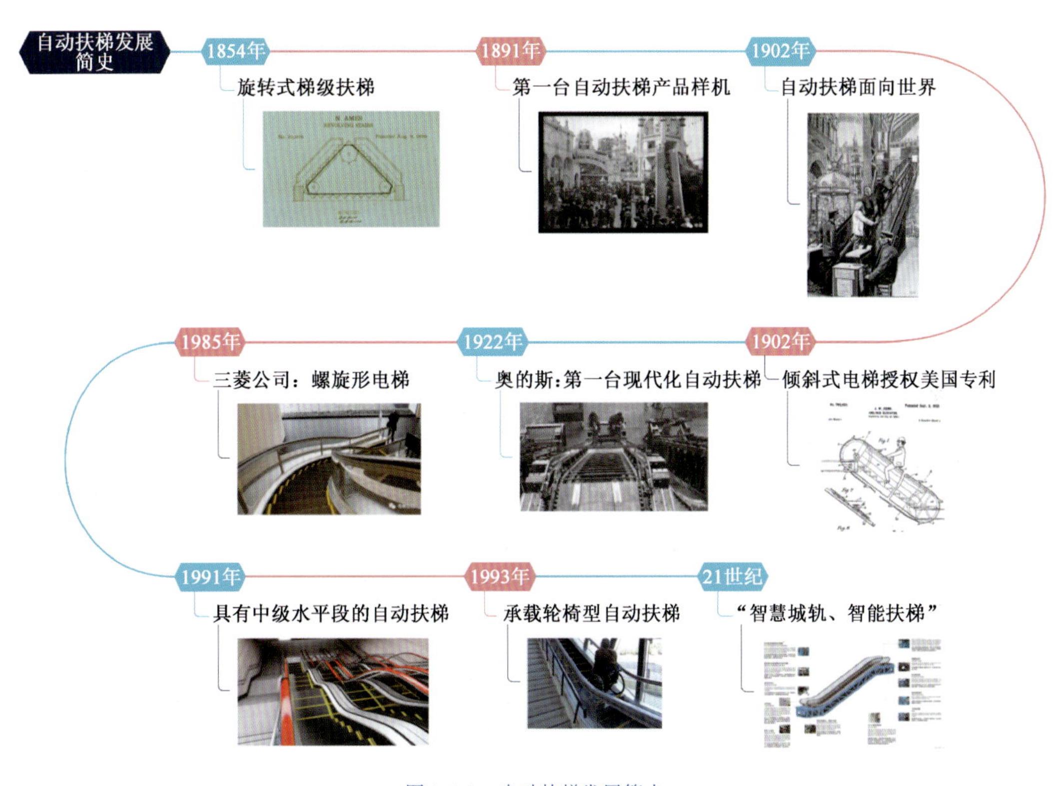

图 1.1-1 自动扶梯发展简史

1895年,杰西·瑞诺在纽约市科尼岛第一次展示了"自动扶梯"(它更像一部为人设计的传送带)。美国的乔奇·惠勒与瑞诺同年获得了另一种形式自动扶梯的专利,但他的专利在很长时间内无人问津。1898年,查尔斯·希伯格购买了乔奇·惠勒与杰西·瑞诺的自动扶梯专利,并加以改造。1899年查尔斯·西伯格与奥的斯公司携手制造出第一台阶梯式自动扶梯。7月9日,第1台奥的斯—西伯格梯阶式(梯级是水平的,踏板用硬木制成,有活动扶手和梳齿板)扶梯试制成功,这是世界第一台真正的自动扶梯。

1900年,查尔斯·希伯格将拉丁文中的"Scala(梯级)"一词与当时在美国已经普遍使用的“Elevator”一词组合成为Escalator，并注册为产品商标，这就是自动扶梯一词的来源。1910年西伯格将它卖给了奥的斯公司，直到1950年，奥的斯公司拥有该商标。1950年根据商标保护法的规定，“Escalator”失去了它名称的专有权，成为“自动扶梯”的通称。同年，巴黎世界博览会向世界展示了自动扶梯——移动楼梯，并借着这种全新的创造向世界展现了无限的可能。这一年的世界博览会，自动扶梯成为了最明亮的星，并获得了金奖。

1920年，奥的斯公司把杰西·瑞诺的倾斜板条式扶梯和西伯格的梯阶式扶梯两者的长处融为一体，重新进行设计，使扶梯性能大为改观。1922年，奥的斯公司制造了世界上第一台现代化自动扶梯，水平楔槽式梯级与梳齿板相结合，此后被其他自动扶梯制造商所沿用。

1985年，三菱电动机公司研制出曲线运行的螺旋形自动扶梯，并成功投入生产。螺旋形自动扶梯可以节省建筑空间，具有装饰艺术效果。

1991年，三菱电动机公司开发了带有中间水平段的大提升高度自动扶梯。这种多坡度型自动扶梯，在大提升高度时可降低乘客对高度的恐惧感，并能与大楼楼梯结构协调配置。

1993年，据《日立评论》报道，日本日立制作所开发了可以乘运大型轮椅的自动扶梯，几个相邻梯级可以联动形成支持轮椅的平台。

20世纪90年代末，富士达公司开发了变速式自动人行道，即自动人行道以分段速度运行，乘客从低速段进入，然后进入高速平稳运行段，再后进入低速段离开。这样提高了乘客上下自动人行道时的安全性，缩短了长行程时的乘梯时间。

2000年4月，美国Elevator World报道，位于德国汉堡的蒂森自动扶梯工厂，制造出全彩色自动扶梯梯级，它由玻璃纤维材料制成，有蓝色、绿色、红色、灰色和黑色等，彩色梯级为建筑师提供了丰富的设计想象空间。

2）我国自动扶梯发展历程

我国电扶梯行业相对于发达国家起步较晚，新中国成立至今的七十多年中，大致可以分为三个发展阶段。

(1)计划经济时期，民族企业发展缓慢

1949—1980年的三十余年间，在工业化发展的进程中，为了实现电扶梯设备的自主化制造，中华人民共和国建设部(以下简称“建设部”)指定了八大定点电扶梯生产企业：北京电梯厂、上海电梯厂、沈阳电梯厂、苏州电梯厂、天津电梯厂、西安电梯厂、广州电梯厂和上海长城电梯厂。在这个时期，我国主要实行计划经济体制，电梯行业的发展面临资金和技术双重匮乏的局面，同时装备制造业水平相对落后，八大电扶梯企业共同支撑起来的国内电扶梯市场，年产量只仅有数百台；整个大陆地区电梯安装总量也仅仅只有1万台左右，行业发展十分缓慢。

(2)改革开放时期，外资品牌垄断市场

1980年改革开放后，我国电扶梯市场也将面临来自外资品牌带来的机遇和挑战。考虑到我国资金与技术实力上的不足，电梯行业开始引进外资。在我国电梯行业引进外资初期，外资品牌凭借其技术和品牌优势，以及税收减免等一系列的优惠政策，在国内发展迅速，市场占有率较高。

为了充分利用和吸收外资企业带来的资金和技术，建设部组织八大电扶梯企业与国际知名品牌进行了组合，八大国有电梯生产企业先后与奥的斯等多家国际知名品牌组建了合资企业。北京电梯厂、上海电梯厂、苏州电梯厂先后与迅达集团合资成立了中国迅达电梯有限公司，北京电梯厂改名中国迅达电梯有限公司北方公司，上海电梯厂改名中国迅达电梯有限公司南方公司，苏州电梯厂改名苏州迅达电梯有限公司；天津电梯厂与奥的斯电梯有限公司组建了天津奥的斯电梯有限公司；上海长城电梯厂与三菱电梯组建了上海三菱电梯有限公司。广州电梯厂、沈阳电梯厂和西安电梯厂则在自主创新的路上继续发展，广州电梯厂改名广州电梯工业公司，即目前的广州广日电梯工业有限公司；沈阳电梯厂改名为沈阳三洋电梯有限公司；西安电梯厂仍然保留了原有的名称，并且至今仍在运营。

外资品牌全面进入我国的同时也带来了先进的技术及大量的资金，我国电扶梯业开始起步。源自市场和竞争的原动力驱动，我国电扶梯技术得到了较大的发展。但同时，由于外资企业在技术、资金、经营管理、税收优惠等方面都具有较大的优势，在这段时间内，我国电扶梯市场出现了外资品牌垄断的局面。

（3）自主创新发力，民族品牌崛起

20世纪90年代以后，民营企业逐渐进入电梯制造行业，最初主要为外资企业提供零部件配套。在不断地学习和摸索过程中，部分民营企业逐渐掌握了电梯整机制造技术，民族电梯品牌开始起步。但民营电梯制造企业与外资电梯企业在技术水平和品牌影响力方面仍存在较大的差距。

进入21世纪以来，一批民族电梯企业在技术水平、管理水平等方面得到了显著提高，包括康力电梯股份有限公司、苏州江南嘉捷电梯股份有限公司、沈阳远大智能工业集团股份有限公司、快意电梯股份有限公司等一部分具有一定规模的民族电梯企业迅速完成了从研发、设计、制造到安装维保在内的完整业务链建设，尤其在中低速电梯产品方面，凭借较高的性价比，逐渐打破了外资品牌对我国电梯市场的垄断。

我国电梯制造企业通过学习外资品牌带来的国际化技术标准、管理模式、经营理念实现了飞速发展。我国电梯技术标准和安全规范直接与国际接轨，基本消除了国产电梯进入国际市场的技术障碍，国内电梯企业已在国际市场占有一席之地。

1.2 本书主要内容

本书基于自动扶梯设计、制造、施工、运维的全寿命周期的角度，结合大量的工程实践经验，对自动扶梯技术进行了细致、全面的阐释。同时，本书深入分析了工程技术人员在探索自动扶梯未来发展方向时提出创新理念的实践过程。

本书从功能和结构两个方面入手,基于安全性和经济性两大目标,对自动扶梯核心部件的技术特点和选型工艺进行了全面分析。提出了基于层次数据模型的全过程智能设计技术,研发了参数自适应自动扶梯“一键成图”的设计方法,实现了 BIM 模型跨平台建造全过程仿真,建立了自动扶梯健康状态管理及故障预警系统,从设计、制造、建设、运维全过程解决了公共交通自动扶梯易发生人身伤害事故、包容设计困难、全过程信息脱节等难题,将自动扶梯的安全可靠性运营带入了一个新的层次。

2 自动扶梯全寿命周期的系统选型技术

自动扶梯的全寿命周期过程是指在工程设计阶段就考虑到自动扶梯设备寿命历程的所有环节，将所有相关因素在产品设计分阶段得到综合规划和优化的一种设计理论，贯穿“设计、施工、运维、监测”全过程。

全寿命周期设计意味着，自动扶梯工程设计不仅要设计产品的功能和结构，而且要考虑自动扶梯从采购开始，基本运行、日常维护、突发故障、维修、状态监测，直到回收再用处置的全寿命周期过程，见图 2.0-1。

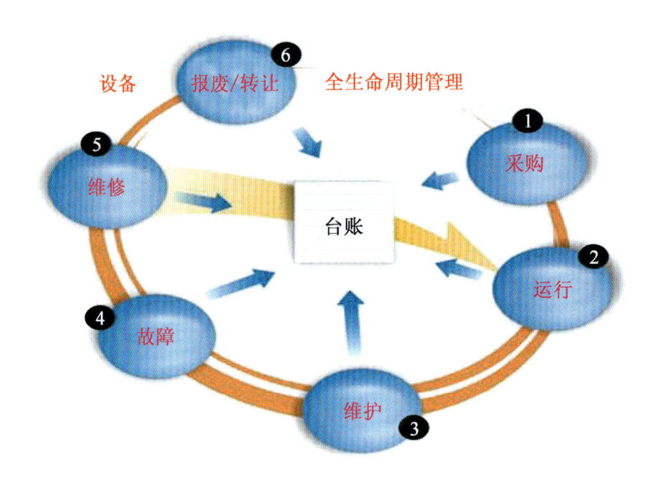

图 2.0-1　自动扶梯全寿命周期流程图

为了实现自动扶梯在全寿命周期内更安全、更稳定的工作，在工程设计中，对扶梯主要部件的耐久性、经济性以及部件之间的配合性进行全面的考虑，从部件工作的机制和原理上对自动扶梯进行选型设计。

自动扶梯主要部件寿命要求见表2.0-1。

自动扶梯主要部件寿命　　表2.0-1

部件名称	室内使用寿命要求(年)	室外使用寿命要求(年)	报废标准
桁架及安装结构、主机机架	40	40	机体金属出现有危害的锈蚀，出现变形、裂纹
导轨	20	20	1. 工作面磨痕深度大于1mm； 2. 导轨支架镀锌层锈蚀严重； 3. 导轨出现变形或断裂； 4. 其他必须更换的问题
导轨支架	20	20	
驱动主机	20	20	1. 减速器传动副不能正常工作，齿面过度磨损或断齿，出现非正常的工作噪声； 2. 电动机不能正常工作，定子绝缘电阻超出国家标准的要求； 3. 减速器和电动机轴承磨损严重； 4. 制动器不正常工作(不包括制动器上的摩擦件和电磁线圈)
梯级链张紧装置	20	20	1. 链轮严重磨损，主轴体变形或裂纹； 2. 出现其他必须更换的问题
扶手带驱动装置(不包括摩擦件)	20	20	1. 链轮严重磨损； 2. 出现其他必须更换的问题
主驱动轴(包括全部链轮、轴承等)	20	20	1. 链轮严重磨损，主轴体变形或裂纹； 2. 轴承磨损严重； 3. 出现其他必须更换的问题
梯级	20	20	1. 出现裂纹、变形；断裂； 2. 出现其他必须更换的问题
上、下机房盖板	20	20	严重锈蚀、破损
梯级链	20	15	1. 伸长率超过1.5mm/梯级距，并不能与链轮正常啮合； 2. 梯级的间隙大于国家标准规定； 3. 其他影响正常使用的问题
电缆	20	20	1. 绝缘性能超出国家标准要求； 2. 表面出现老化； 3. 其他必须更换的问题

续上表

部件名称	室内使用寿命要求(年)	室外使用寿命要求(年)	报废标准
梯级链滚轮和梯级滚轮	10	8	1. 外圈磨损严重; 2. 轴承不能正常工作; 3. 其他必须更换的问题
变频器	10	8	元件老化、损坏,影响正常使用
控制主板	10	8	元件老化、损坏,影响正常使用
主驱动链	8	6	1. 伸长率超过1.5%总长,不能与链轮正常啮合; 2. 其他影响正常使用的问题
扶手带驱动链	8	6	1. 伸长率超过1.5%总长,不能与链轮正常啮合; 2. 其他影响正常使用的问题
扶手带	8	6	1. 扶手带唇口张开,与导轨间隙超过8mm,出现表面龟裂或内外层材料剥开或表面磨损严重; 2. 其他必须更换的问题

2.1 全寿命周期的相关性分析

2.1.1 系统总体性介绍

自动扶梯是机电一体化的典型产品。近年来自动扶梯的高速发展,不仅满足了各部门的需要,而且促进了各行业的兴旺发达,效益倍增。

自动扶梯是带有循环运动梯路向上或向下倾斜输送乘客的固定电力驱动设备,它是由一台特种结构形式的梯级输送机和两台特殊结构形式的胶带输送机组合而成的。

自动扶梯主要系统组成包括:支撑结构、驱动系统、运载系统、扶手系统、其他装置和安全装置,如图2.1-1所示。

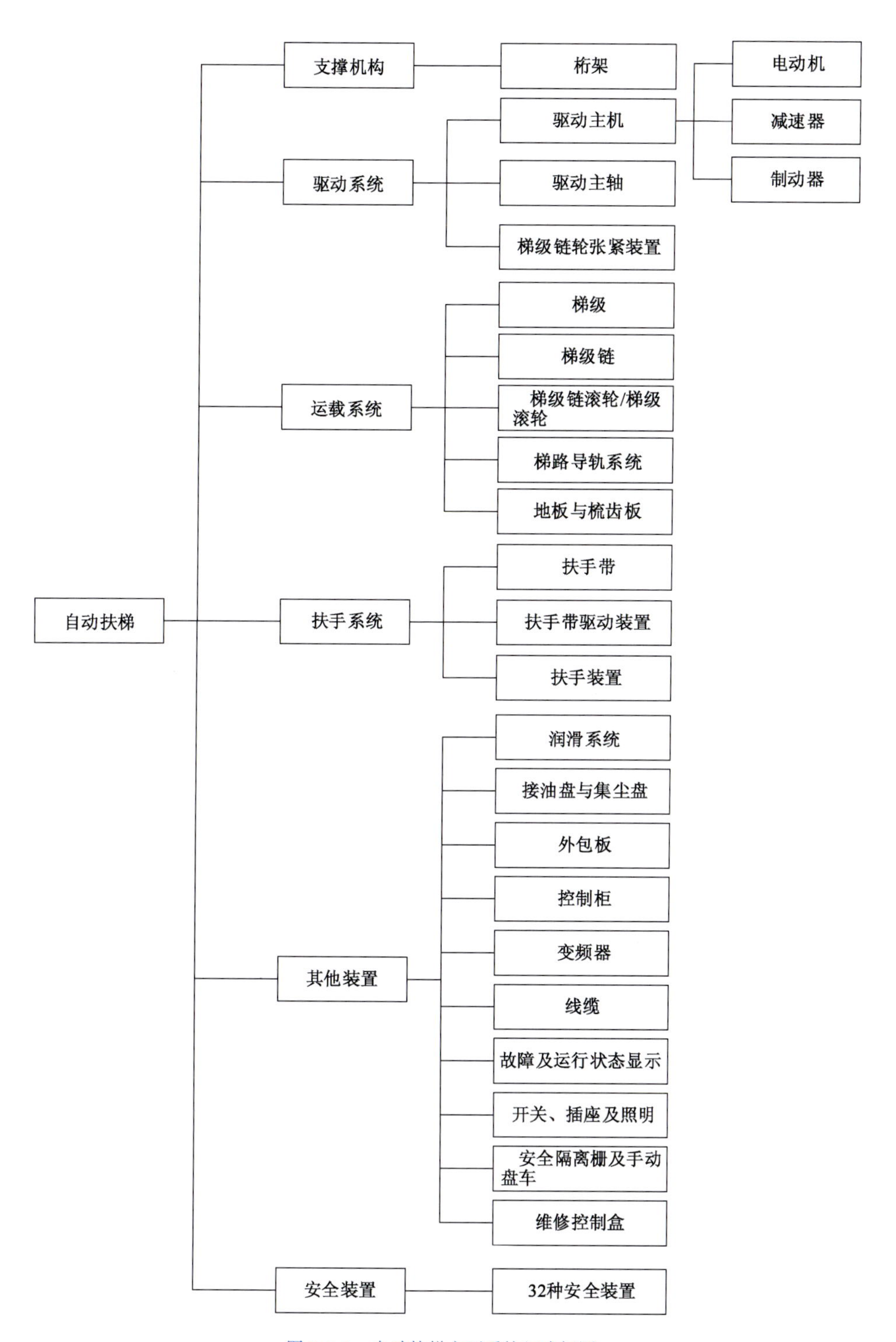

图 2.1-1　自动扶梯主要系统组成框图

(1)支撑结构是自动扶梯的基础,用于承受全部部件和乘客的重量,主要包括扶梯的桁架和桁架上的各类附件。

(2)驱动系统的作用是将动力传递给梯路系统及扶手系统。主要由电动机、减速器、制动器、传动链条、传动链轮、梯级链张紧装置等组成。

(3)运载系统功能是运送乘客,主要由梯级、驱动链条、梯路及导轨系统、梳齿板、地板等组成。

(4)扶手装置是供乘客扶手的部件,主要由扶手带、扶手带驱动装置、扶手支架及导轨、护壁板、张紧装置、裙板、盖板等组成。

(5)其他装置包括保障扶梯运动部件平稳动作的润滑系统控制柜、外包板、变频器等。

(6)安全装置包括32种保障自动扶梯安全运行的各类安全装置。

如图2.1-2所示,自动扶梯的一系列的梯级与两根牵引链条连接在一起,在按一定线路布置的导轨上运行即形成自动扶梯梯路。牵引链条绕过上牵引链轮、下张紧装置并通过上、下分支的若干直线、曲线区段构成闭合环路。这一环路的上分支中的各个梯级(也就是梯路)应严格保持水平,以供乘客站立。上牵引链轮(也就是主轴)通过减速器与电动机相连以获得动力。扶梯两旁装有与梯路同步运行的扶手装置,以供乘客扶手之用。扶手装置同样由上述电动机驱动。同时,为了保证自动扶梯乘客绝对安全,要求装设多种安全装置。

自动扶梯总体结构组成如图2.1-3所示。

2.1.2 客流分析

自动扶梯是带有循环运行梯级的连续载人升降装置,具有载客能力大的特点,广泛应用于商场、车站、机场、地铁等客流量较大的场所。自动扶梯载客能力可以参考交通工程学中通行能力的定义,通行能力为不同运行质量情况

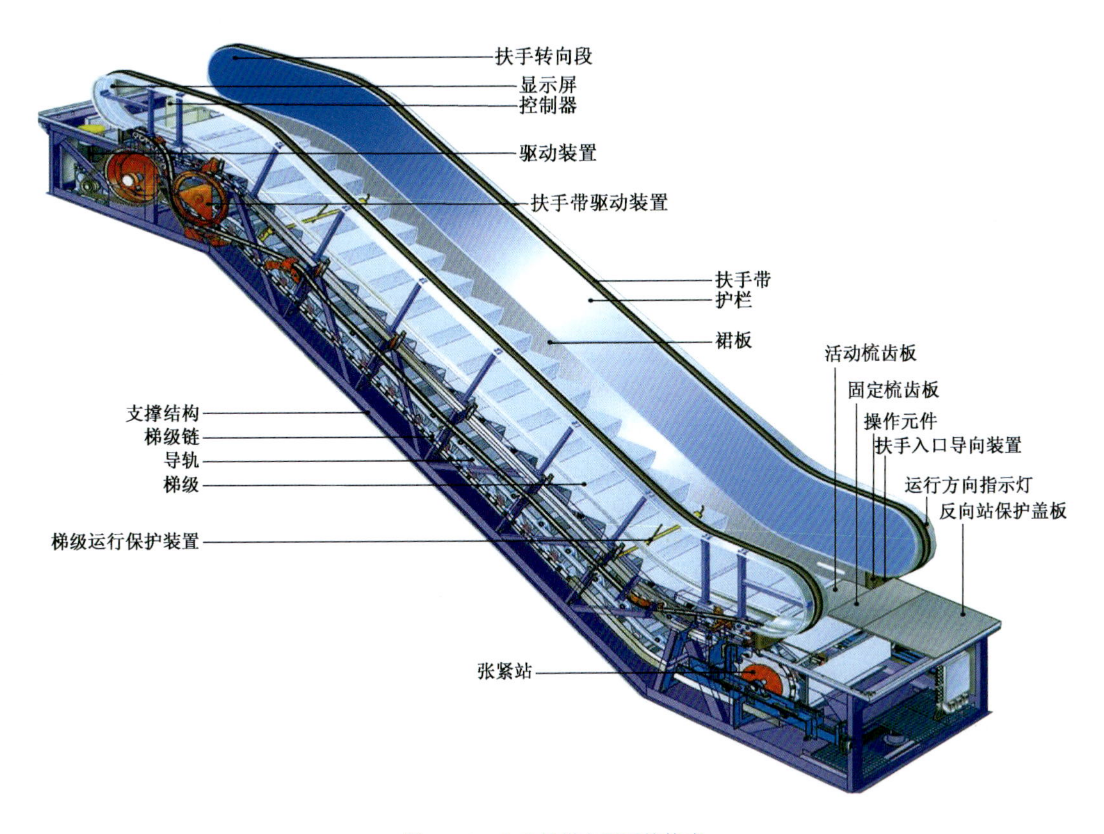

图 2.1-2 自动扶梯主要系统构成

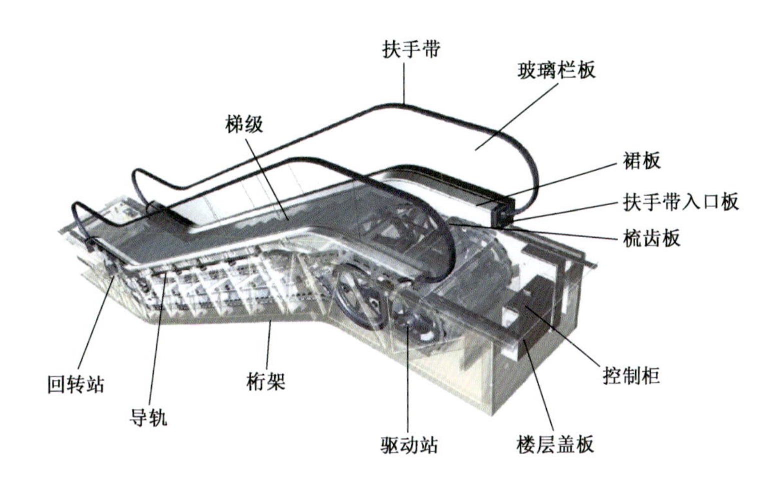

图 2.1-3 自动扶梯总体结构组成

下单位时间内所能通行的最大交通量,即指定的交通运行质量条件下所能承担交通的能力。自动扶梯的数量应根据各站的客流量,结合车站的位置、规模、特点确定。

以宁波市1号线轨道交通客流量为例,本节介绍自动扶梯匹配客流量计算分析过程。

图2.1-4所示为预测宁波轨道交通1号线二期2039年早高峰期上、下车客流量,见表2.1-1~表2.1-3。

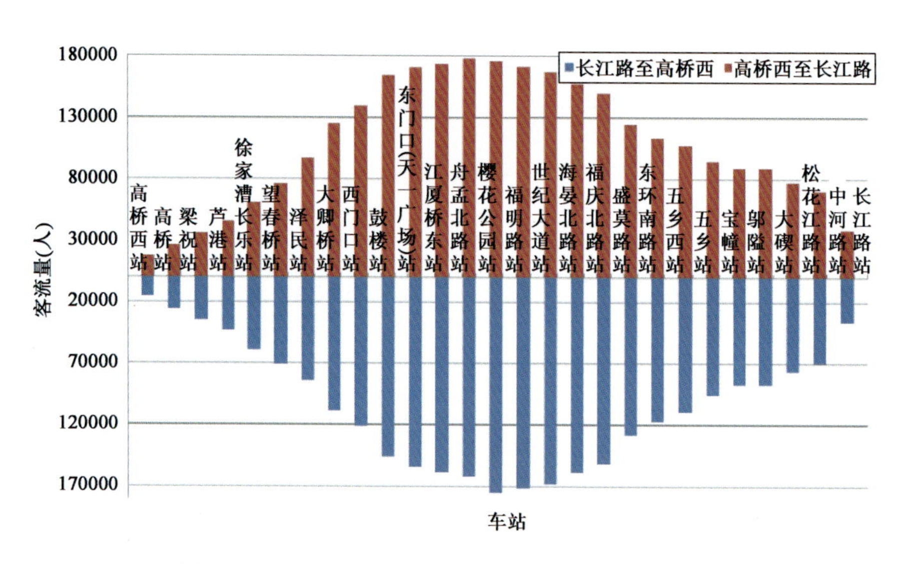

图2.1-4 2039年轨道1号线各站全日高峰断面客流量示意图

宁波轨道交通1号线二期2039年早高峰期上、下车预测客流量统计表(单位:人/h)　　表2.1-1

序号	站名	上车			下车		
		由东向西	由西向东	小计	由西向东	由东向西	小计
1	五乡西站	2428	960	3388	2439	900	3339
2	五乡站	4078	1466	5544	4379	1449	5828
3	宝幢站	2493	1105	3598	2777	949	3726
4	邬隘站	1438	1055	2493	1687	1039	2726
5	大碶站	2648	952	3600	6105	590	6695
6	松花江站	1484	631	2115	1897	420	2317
7	中河路站	5390	50	5440	5909	36	5945
8	长江路站	6814	0	6814	8359	0	8359

宁波轨道交通1号线二期2039年晚高峰期上、下车预测客流量统计表(单位:人/h) 表2.1-2

序号	站 名	上 车			下 车		
		由东向西	由西向东	小计	由西向东	由东向西	小计
1	五乡西站	2173	990	3163	2068	855	2923
2	五乡站	3698	1567	5265	3570	1422	4992
3	宝幢站	2299	1130	3429	2200	932	3132
4	邬隘站	1379	1173	2552	1359	990	2349
5	大碶站	2405	779	3184	2364	541	2905
6	松花江站	1376	512	1888	1488	356	1844
7	中河路站	5087	44	5131	4332	28	4360
8	长江路站	6029	0	6029	5475	0	5475

宁波轨道交通1号线二期2039年早、晚高峰预测客流量统计表(单位:人/h) 表2.1-3

序号	站名	早 高 峰		晚 高 峰		最 大 客 流	
		上车	下车	上车	下车	上车	下车
1	五乡西站	3388	3339	3163	2923	3388	3339
2	五乡站	5544	5828	5265	4992	5544	5828
3	宝幢站	3598	3726	3429	3132	3598	3726
4	邬隘站	2493	2726	2552	2349	2552	2726
5	大碶站	3600	6695	3184	2905	3600	6695
6	松花江站	2115	2317	1888	1844	2115	2317
7	中河路站	5440	5945	5131	4360	5440	5945
8	长江路站	6814	8359	6029	5475	6814	8359

1)自动扶梯通过能力

参考道路通行能力的定义,将自动扶梯的载客能力分为理论载客能力(即设计通行能力)与实际载客能力(可能通行能力)。《自动扶梯和自动人行道的制造与安装安全规范》(GB 16899—2011)中自动扶梯理论载客能力为:

$$c = \frac{v}{0.4} \times 3600 \times k \tag{2.1-1}$$

式中:c——理论载客能力(人/h);

v——额定速度(m/s);

k——系数,对名义宽度 Z,当 $Z=0.6\text{m}$ 时 $k=1.0$,$Z=0.8\text{m}$ 时 $k=1.5$,$Z=1.0\text{m}$ 时 $k=2.0$。

自动扶梯的名义宽度是指梯级宽度的公称尺寸,规定 Z 不应小于580mm,且不超过1100mm,通常为600mm、800mm、1000mm三种规格,如图2.1-5所示。

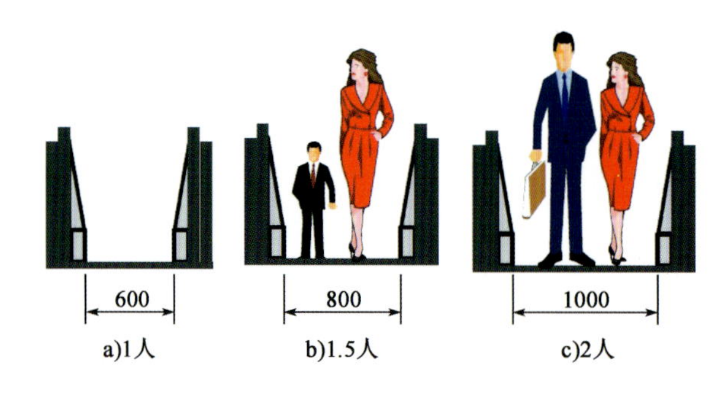

图2.1-5 自动扶梯不同名义宽度的载客区别(尺寸单位:mm)

因此,通过计算,自动扶梯的理论载客能力,即每小时最大输送的人数见表2.1-4。

自动扶梯的理论载客能力(人/h) 表2.1-4

梯级宽度 Z(m)	名义速度 v(m/s)		
	0.50	0.65	0.75
0.60	3600	4400	4900
0.80	4800	5900	6600
1.00	6000	7300	8200

将自动扶梯的理论载客能力对应为道路设计通行能力是可行的,而道路通行能力的确定必须与运行质量相联系,同时需考虑道路、交通、控制及环境条件,因此在分析自动扶梯的载客能力时也要考虑扶梯所处的交通环境、交通量、扶梯外特性等因素。为此,国内外学者主要从人体生理尺寸、心理因素、自动扶梯提升高度、运行速度等方面考虑自动扶梯的实际载客能力,也通过选定特定的交通环境,通过拍摄录像与人工计数相结合的方法,实测该交通环境下扶梯入口段与扶梯段的交通特性数据,得到自动扶梯的实际载客能力。

通过大量研究,一般可认为,自动扶梯的实际载客能力(可能通行能力)约为理论载客能力(即设计通行能力)的80% ~90%。

2)自动扶梯疏散能力

根据《地铁设计规范》(GB 50157—2013)第8.3.10条,站台层的事故疏散时间按公式2.1-2计算。

$$T = \frac{1 + (Q_1 + Q_2)}{0.9 \times [A_1 \times (N - 1) + A_2 \times B]} \tag{2.1-2}$$

式中:Q_1——列车乘客数(人),按B型车一列车定员计为1280人;

Q_2——站台上候车乘客和站台上工作人员(人),其中候车乘客按表中上车客流选取值除以每小时列车对数30计取,站台上工作人员按20人计;

A_1——自动扶梯通过能力(人/min),按9600人/h即160人/min计;

A_2——人行楼梯通过能力[人/(min·m)],按上行3700人/h·m即61.67人/min·m计;

N——自动扶梯台数,根据表3.2-4计算数量计取;

B——人行楼梯总宽度(m);按单向1.8m计。

分析上式中的各项参数,进站列车的乘客数量、站台上候车乘客及工作人员数量是不可调整的。因此,影响疏散能力的关键,是扶梯台数和楼梯宽度。而扶梯台数和楼梯宽度是与其通过能力息息相关的。根据相关规范1m宽楼梯上行通行人数为3700人/h,下行通行人数为4200人/h,自动扶梯若在灾害情况下处于运行状态,按本方案推荐的运行速度0.65m/s;梯级宽度1000mm计算,其通过能力为9600人/h。若灾害情况下不能运行,则充其量只能按1m宽楼梯计算,通行量相差2倍多。因此紧急情况下自动扶梯的运行模式是决定所设计的扶梯数量和楼梯宽度能否满足疏散要求的关键。

众所周知,灾害情况下自动扶梯最安全的运行模式是静止。因此,首先应按扶梯全部停下作为步行梯的模式校核疏散能力。

采用此模式各车站疏散能力均无法满足疏散要求。要解决该问题只能采取两个方案。方案一：改变自动扶梯灾害情况下运行模式，部分扶梯参与运行；方案二：增加扶梯台数和楼梯宽度。下面我们对这两种方案分别进行疏散能力校核。

（1）方案一

需要通过部分扶梯参与运行来解决。之所以是部分扶梯参与运行，其原因是发生紧急情况时，要考虑有一台扶梯可能正处于维修状态。同时根据相关规范规定：在扶梯上有乘客的情况下，不能直接掉头反转和启动。因此，就可能发生这种情况：当地下站某台扶梯正向下运行而突发紧急情况，站务人员一旦将该台扶梯关停，乘客会马上将此作为步行梯进行逃生，从而决定了不可能再向上启动。由此该台扶梯不能按自动扶梯通过能力纳入公式计算。高架车站则情况正好相反。根据以上情况，地下和高架车站灾害情况下扶梯运行状况如下。

①地下车站

上下层若设置两台扶梯：考虑一台处于检修状态，此时剩下的一台要向乘客行走更困难的方向运行，即朝上运行。此时发生紧急情况，该台扶梯可继续运行参与疏散。

图2.1-6　地下车站自动扶梯

地下车站站台、站厅层之间若设置3台扶梯：考虑特殊情况下其中1台检修扶梯，剩余2台扶梯设置为1台上行、1台下行。当发生灾害时，上行扶梯保持上行状态，下行扶梯则停止运行，见图2.1-6。此时计算时应按一台扶梯运行参与疏散，另一台扶梯可视为1m宽的上行楼梯进行疏散计算。

②高架车站

上下层若设置两台扶梯：考虑1台处于检修状态，另1台要向上运行。灾害时，其中1台扶梯只能停止，此时按1台扶梯作为1m宽步梯进行计算。

高架站站厅、站台层若设置3台扶梯：去掉1台检修扶梯，剩下的2台扶梯应为一上一下，灾害时，下行的扶梯继续下行，上行的扶梯停止作为步行梯。计算时按1台扶梯运行参与疏散，1台扶梯作为1m宽下行步梯进行计算。

采用方案一可无需另外增加设备和土建投资。校核采用此方案的疏散能力，从结果发现此方案不能满足疏散要求。

(2)方案二

需要增加自动扶梯的台数，增加设备投资但同时也提高了车站的服务水平，在经济实力允许的情况下也是可取的，目前宁波轨道交通1号线一期工程即采取了此种方案。一期工程的15个地下车站站内均按4台自动扶梯的标准设置，条件不足时设置3台；全线5个高架车站除高桥西站站台宽度较大，条件较好，站内设置了4台自动扶梯，其余高架车站均设置了3台自动扶梯。为保持全线标准一致，建议1号线二期工程采用方案二，各车站按3台自动扶梯的标准设置。值得注意的是，由图2.1-7可知，即使车站采用两组上、下行自动扶梯再加一部楼梯的布置，自动扶梯全部停止仍无法满足疏散的要求。因此，不能简单地靠增加自动扶梯数量来满足疏散的要求，而必须使部分自动扶梯参与车站的疏散，方可达到安全疏散的要求。

图2.1-7　高架车站自动扶梯

2.2 全寿命周期选型技术

2.2.1 整机选型

自动扶梯主要由驱动系统、桁架、导轨及支架、梯级、扶手带、安全开关、外包板等组成，如图 2.2-1 所示。

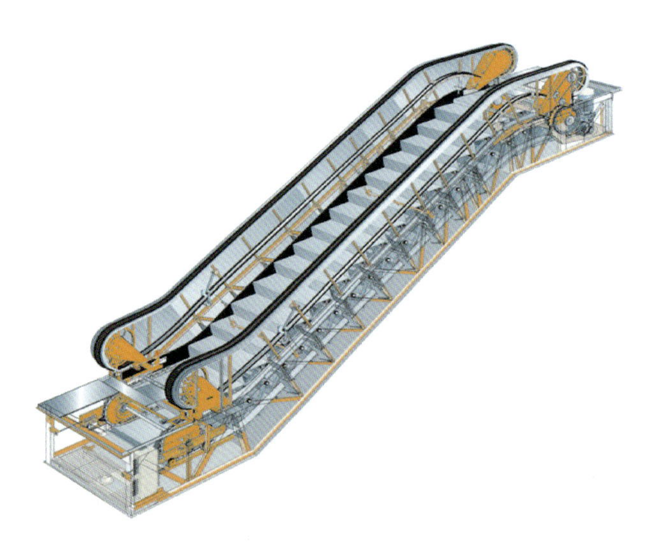

图 2.2-1 自动扶梯结构示意图

驱动系统包括驱动主机、主驱动轴、主驱动链、梯级链、梯级链张紧装置、梯级滚轮、扶手带驱动装置等，其功能是驱动梯级和扶手带运动。自动扶梯系统的标准配置均按《自动扶梯和自动人行道的制造与安装安全规范》(GB 16899—2011)要求，而在满足标准设计的基础上，根据地铁车站自动扶梯的工作环境恶劣的特点，结合地铁运营时间长、客流量大的工作条件，地铁车站中使用的自动扶梯应选用公共交通重载型产品，其在驱动主机、滚轮、扶手带及安全装置的设置上均有较高的要求。

自动扶梯整机技术性能要求如下：

(1)在额定电压的条件下,实际运行速度和额定速度之间的允许最大偏差为 ±5%。

(2)扶手带的运行速度相对于梯级的速度允许偏差 0 ~ +2%。

(3)空载运行时,在梯级及地板上方 1m 处噪声值不大于 65dB(A)。

(4)当速度为额定速度(0.65m/s)时,在无载或带制动负载(120kg/级)下行时,制动距离应在 0.3 ~1.3m 之间。

2.2.2 支撑机构

自动扶梯的支撑机构主要是指扶梯的桁架。桁架架设在建筑物结构上,能支撑扶梯全部部件和乘客的重量,一般用型钢焊接而成。其作用在于安装和支承自动扶梯的各个部件,承受各种载荷以及将建筑物两个不同层高的地面连接起来。

桁架结构是自动扶梯承受载荷、并将载荷传递至土建结构的载体。自动扶梯上所有的运动部件均需要在固定的导轨上运动,而这些导轨均通过支架固定在自动扶梯的桁架结构上。

为保证这些部件的运动不受到外界的干扰,并且不危及使用人群,还需要将其设置在独立的空间中。桁架结构和自动扶梯外包板就如同这些运动机构的房子,外包板就是墙壁,而桁架结构就是房子的梁、柱子和房屋基础。影响桁架寿命的主要问题在于如何防腐蚀和提高受力结构焊接质量,桁架的损坏将造成不可逆的严重后果,是自动扶梯损坏后最难以修复的结构。

因此,为了自动扶梯全寿命周期内的运行安全,桁架的寿命需要考虑一定的安全余量。

在寿命上,自动扶梯设备寿命一般为 30 年,为了提高桁架服务水平,一般要求桁架的寿命达到 40 年,甚至 50 年。

在设计上，除了考虑桁架的刚度和强度之外，还需要保证一定的挠度。在《自动扶梯和自动人行步道的制造与安装安全规范》(GB 16899—2011)中，规定了在 5000N/m^2 载荷下，普通扶梯实测的最大挠度不应超过支撑水平距离的1/750，公共交通扶梯不应超过1/1000。在实际轨道交通工程中，为了乘客的舒适性，一般将挠度标准提高为1/1500，客流量极度密集的广州地铁曾在其企业标准中规定过1/2000的要求，但由于高挠度要求带来的扶梯桁架笨重的问题，使广州地铁最终还是采用1/1500的挠度标准。

自动扶梯桁架挠度可通过有限元受力分析进行计算，如图2.2-2所示。

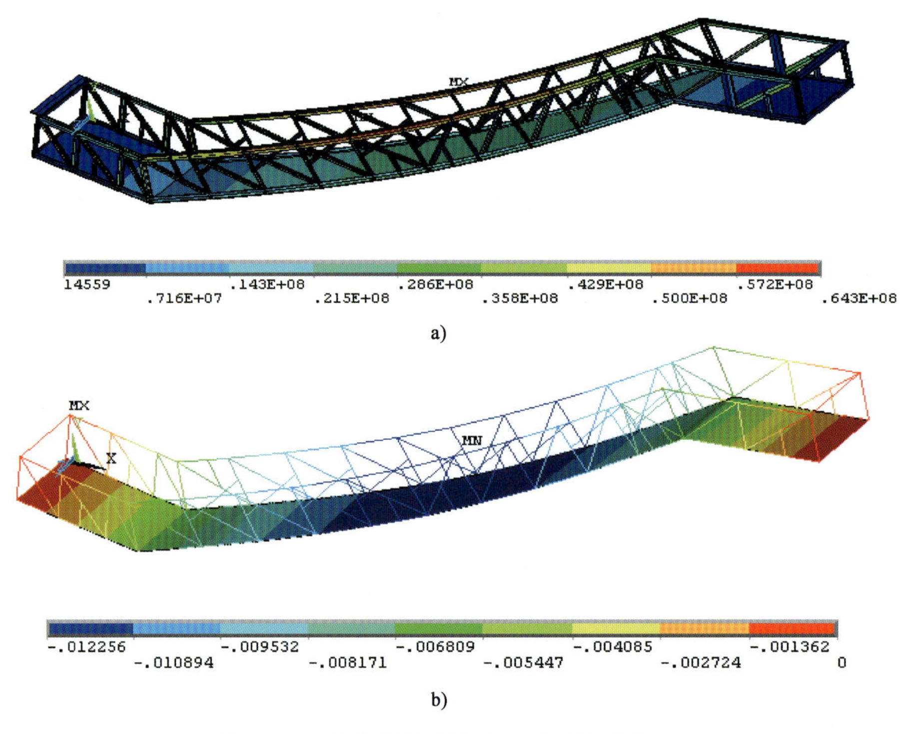

图2.2-2　自动扶梯桁架有限元受力分析图(单位:Pa)

在工艺上，需要考虑热浸锌或热喷锌工艺，通过将锌层浸入机体，达到防腐的要求。考虑扶梯桁架40年的寿命，在公共交通使用环境(尤其是室外环境)锌层腐蚀的速率一般为2μm/年，通常考虑锌层厚度需要达到80～100μm。

在品控上，需要对桁架进行探伤等手段，保证桁架型钢内没有内部伤损。

具体来说，扶梯全寿命周期设计选型对桁架要求有：

(1)桁架用型钢制造，能承担自动扶梯自重、满载负荷、外包板重量、内部驱动机、控制柜和梯级等重量。

(2)压力在 5000N/m^2 载荷下，实测的最大挠度不应超过支撑水平距离的1/1500。

(3)表面处理：整体热镀锌，包括焊在上面的机器底座和桁架底板及导轨支撑件，镀锌层厚度不小于 100μm，具有 40 年以上防锈寿命。对方型材制造的桁架，应保证型钢内腔也能镀上锌层。

(4)桁架上下水平段的底部封以 5～6mm 厚的钢板，在下部水平段底部开有排水孔。安装出入口的自动扶梯在倾斜段的底部装有热镀锌钢网，网孔大约 25mm×75mm，钢网可在桁架外部拆卸。安装在车站内的自动扶梯在倾斜段的底部焊钢板密封。室内型自动扶梯在下基坑内配有垃圾自动清扫装置。室外型自动扶梯排水孔设有油水分离器，如图 2.2-3 所示。

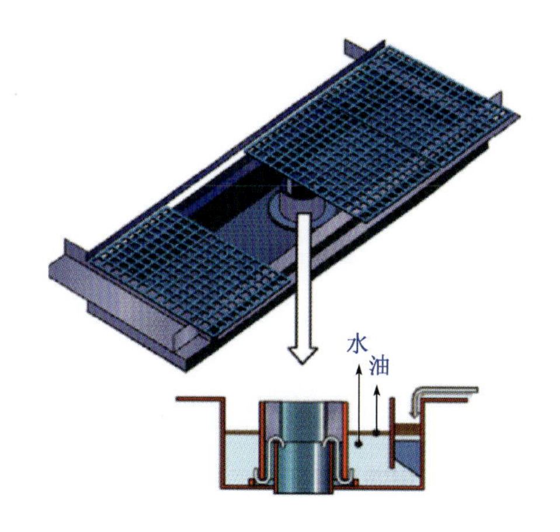

图 2.2-3 桁架油水分离示意图

(5)桁架设计应考虑外包板的安装。外包板安装时，不允许在桁架上加焊任何构件。

(6)桁架分段合理。根据设计需要和便于运输，桁架一般分成三段，即上水平段框架、倾斜段框架、下水平段框架。提升高度较大时，需对倾斜段分段，如图 2.2-4 所示。

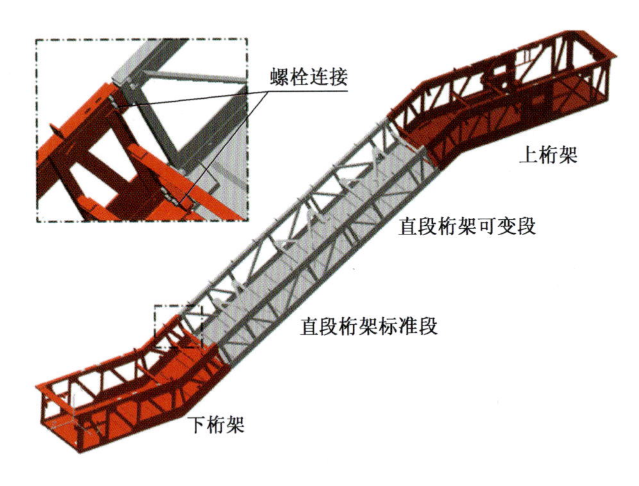

图 2.2-4　桁架分隔示意图

2.2.3　驱动系统

自动扶梯驱动系统包括电动机、减速器、制动器、传动链条、传动链轮、梯级链张紧装置等,作用是将动力传递给予梯路系统及扶手系统,驱动梯级和扶手带的运动,如图 2.2-5 所示。

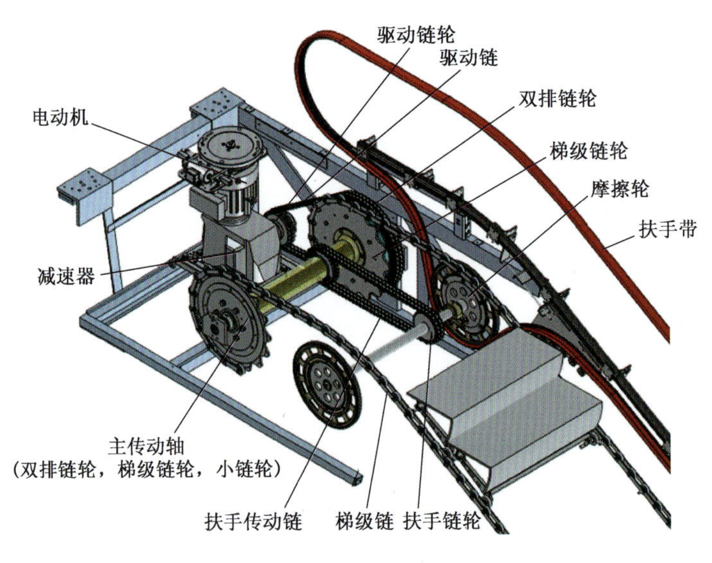

图 2.2-5　自动扶梯驱动系统示意图

1）驱动系统分类

按驱动系统所在自动扶梯的位置可分为端部驱动系统和中间驱动系统两种。

(1)端部驱动

端部驱动结构形式生产时间已久，工艺成熟，维修方便，是常用的一种驱动装置，通常由驱动主机、驱动主轴、中间传动件、传动链轮及链条等组成。

驱动机组通过传动链条带动主驱动轴，主驱动轴上装有两个牵引链轮、两个扶手驱动轮、传动链轮以及紧急制动器等。牵引链轮上装有一系列梯级，由主轴上的牵引链轮带动。主轴上的扶手驱动轮通过扶手传动链条使扶手驱动轮驱动扶手胶带。另有扶手胶带压紧装置，以增加扶手胶带与扶手驱动轮间的摩擦力，防止打滑，如图 2.2-6 所示。

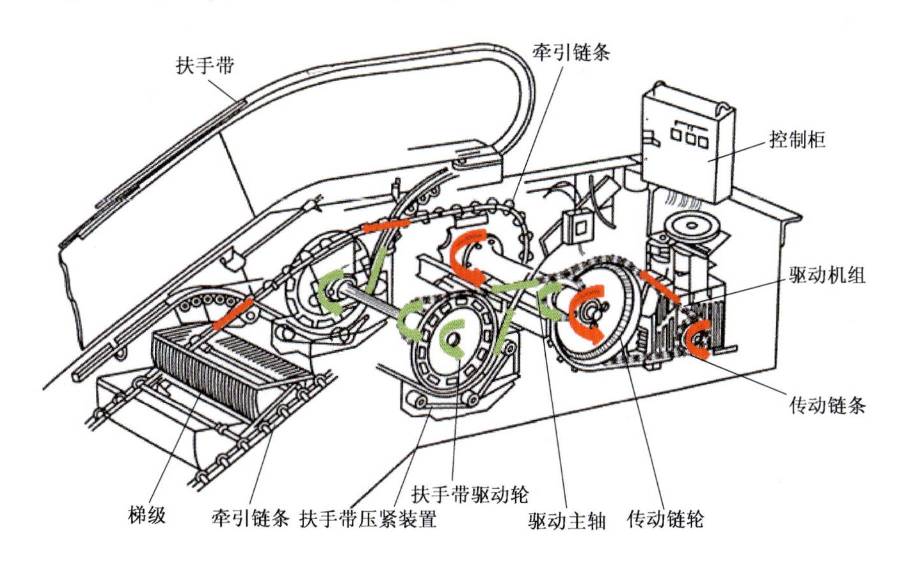

图 2.2-6 端部驱动自动扶梯结构示意图

(2)中间驱动

中间驱动装置通常由驱动主机、主驱动轴、中间传动件、驱动链轮及齿条等组成。其电气原理与端部驱动相类似，如图 2.2-7 所示。

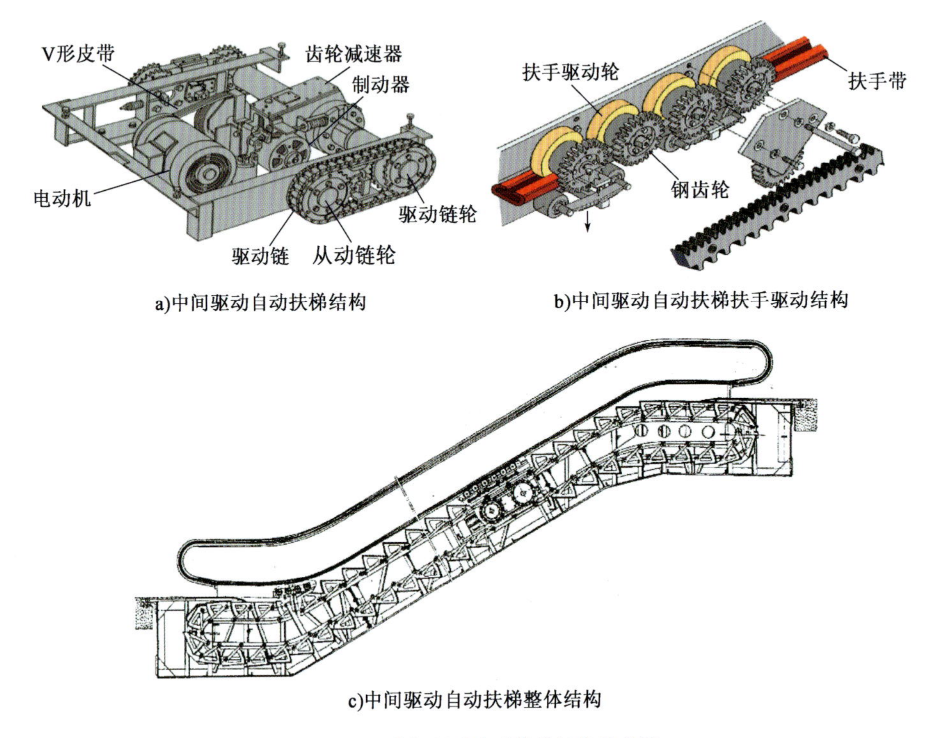

a)中间驱动自动扶梯结构　b)中间驱动自动扶梯扶手驱动结构

c)中间驱动自动扶梯整体结构

图 2.2-7　中间驱动自动扶梯结构示意图

总体来说,驱动系统的主要要求如下:

①电动机应运行平稳,传动效率高,低噪声,维修工作量小,使用寿命高。

②节能速度。

a. 节能速度由变频器实现。自动扶梯上无乘客时,自动扶梯能自动转入节能速度,慢速运行,节约能源,减少机器的磨损。这种速度应根据需要方便地切除或连接。

b. 判断有无乘客的传感器宜设置在扶梯上、下水平段地板内或更合适的位置,以简化扶梯入口处的配置。其作用范围应可调,一般在离梳齿板 1.5m 左右时起作用。

2）主要部件选型

自动扶梯驱动系统如图 2.2-8 所示,主要部件包括:

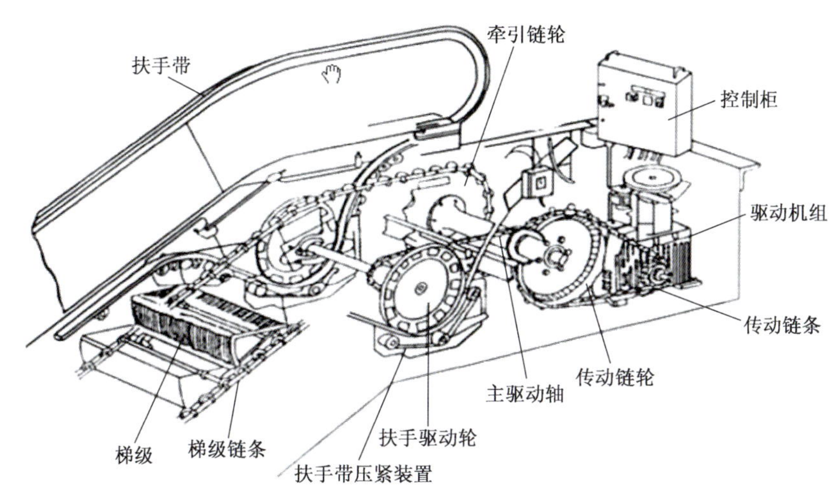

图 2.2-8　自动扶梯驱动主机

(1)驱动主机

驱动主机是扶梯的动力来源,通过主驱动链使主驱动轴转动。

驱动主机主要由电动机、减速器和制动器等组成。

①电动机

一般采用三相交流异步电动机,该型号电动机具有较大的起动转矩,并具有热保护、速度传感器、超速限速器等安全保护装置。自动扶梯所用的电动机按其放置方式不同可以分为立式和卧式,如图 2.2-9 所示。

a)立式电动机

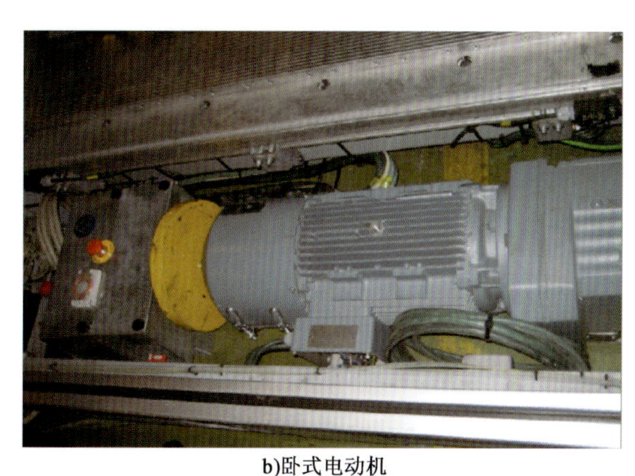

b)卧式电动机

图 2.2-9　自动扶梯驱动系统电动机

具体来说,扶梯全寿命周期设计选型对电动机要求有:

a. 三相异步封闭式鼠笼型感应电动机,连续工作型,自带风扇冷却,额定转差率不大于4%，额定功率因素不应小于0.8，起动电流不大于额定电流的2.5倍。

b. 绝缘等级F，外壳保护等级不小于IP55（电动机的端子保护等级不应小于IP67），能在55℃的环境温度下连续工作。

c. 采用工频电网直接供电以额定速度运行方式时，电动机以星—三角方式起动；当扶梯采用节能运行方式时，应以旁路变频方式启动。

d. 常见的自动扶梯电动机功率要求见表2.2-1。

常见的自动扶梯电动机功率　　表2.2-1

提升高度 H(m)	电动机功率 P(kW)	提升高度 H(m)	电动机功率 P(kW)
$H \leq 5.5$	$P \geq 15$	$10 < H \leq 12$	$P \geq 30$
$5.5 < H \leq 8$	$P \geq 18.5$	$12 < H \leq 15$	$P \geq 37$
$8 < H \leq 10$	$P \geq 24$		

e. 主要驱动电动机技术要求见表2.2-2。

主要驱动电动机技术要求　　表2.2-2

绝缘等级	F
外壳保护等级	IP55（室外梯）、IP54（室内梯）
接线端子保护等级	IP65
滑差	≤5%
起动电流	≤3.5倍额定电流
驱动系统传动效率（电动机+减速器）	≥82%

②减速器

自动扶梯的减速器有齿轮减速器、蜗轮蜗杆减速器、蜗杆—齿轮减速器和行星齿轮减速器，如图2.2-10所示。

减速器的选型与电动机选型为配套设计，采用齿轮减速器的机械效率较传统的蜗轮-蜗杆传动结构高，可达到95%以上，对自动扶梯全寿命成本的控制有很大的益处。

具体来说，扶梯全寿命周期设计选型对减速器要求有以下三点：

a. 减速器宜使用高效斜齿轮传动结构，应有较高的负载承受能力、高效率、高寿命、低噪声，满足轨道交通大运量的要求。

a)齿轮减速器　b)蜗轮—蜗杆减速器

c)蜗杆—齿轮减速器　d)行星齿轮减速器

图 2.2-10　自动扶梯驱动系统减速器

b. 在驱动装置的动力传动中，电动机和减速器之间不可采用皮带等摩擦传动。

c. 减速器的规格应与电动机功率相匹配，允许的传动力矩不应小于电动机的输出力矩。齿轮模数的大小应与电动机功率相匹配，齿轮材质优良、热处理方法合理。减速器效率应不低于 92%。

③制动器

自动扶梯的制动器包括工作制动器、附加制动器和辅助制动器。

工作制动器是自动扶梯必备的制动器，附加制动器需要按照电扶梯标准的要求配备，而辅助制动器是根据用户的要求配置。

a. 工作制动器

工作制动器是扶梯必须配置的制动器，一般装在电动机高速轴上，它应能使自动扶梯或自动人行道在停止运行过程中，以几乎为匀减速度使其停止运转，并能保持停住状态。工作制动器结构如图 2.2-11 所示。

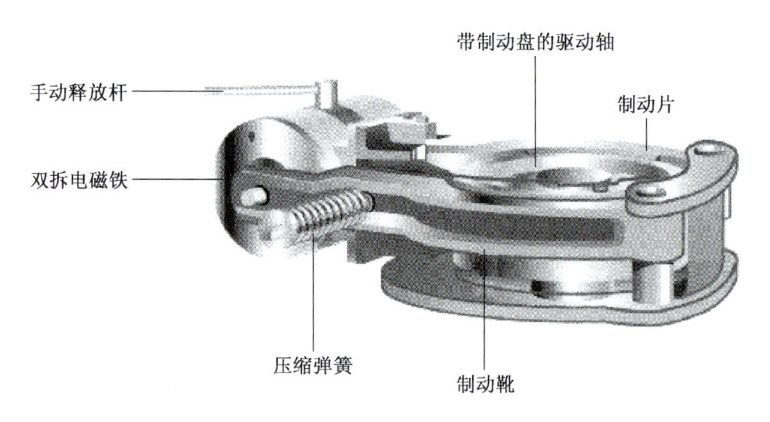

图 2.2-11 工作制动器

工作制动器在动作过程中应无故意的延迟现象。工作制动器应采用常闭式的机—电一体式制动器,其控制至少应有两套独立的电气装置来实现,制动力必须由有导向的压缩弹簧等装置来产生。

自动扶梯的工作制动器通常使用:

(a)块式(闸瓦式)制动器

块式制动器的制动力是径向的,所用制动的块均是成对的,因此制动块压力相互平衡,制动轮轴不受弯曲载荷,如图 2.2-12 所示。块式制动器由制动轮、制动瓦块、铆接于其上的高摩擦因数的衬垫、制动臂和线圈组成。

这种制动器结构简单,制造与安装都很方便,因此在自动扶梯中获得广泛使用。

(b)带式制动器

带式制动器的摩擦力是依靠制动杆及张紧的钢带作用在制动轮上的压力而产生的。在钢带上铆接着制动衬垫以增加摩擦力,如图 2.2-13 所示。

带式制动器结构简单、紧凑、包角大。其结构设计使得制动力矩能根据移动方向自动调节,即两个方向运转所产生的制动力矩不相等。

(c)盘式制动器

盘式制动器的制动力是轴向的,并且成对相互平衡,其摩擦力对动轴所产生的制动力矩的大小可按制动块对数多少而定,如图 2.2-14 所示。

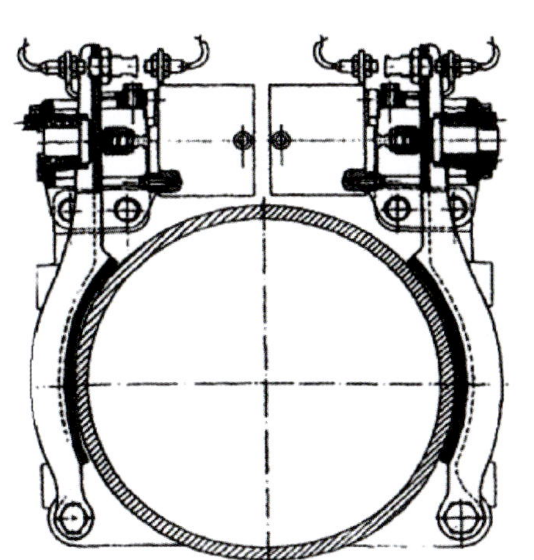

图 2.2-12 块式制动器

图 2.2-13 带式制动器

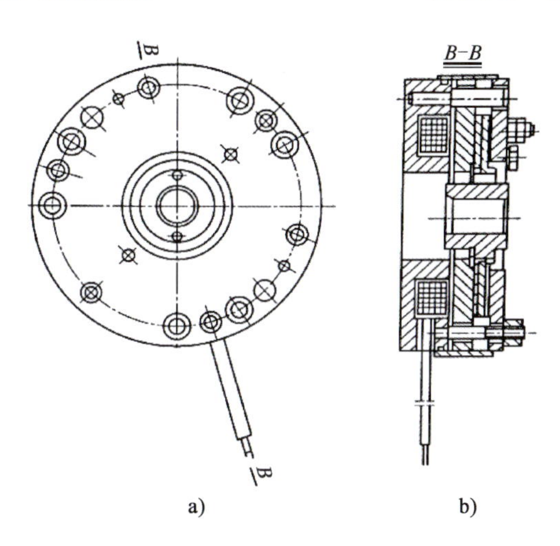

图 2.2-14 盘式制动器

盘式制动器结构紧凑，与块式制动器比较，制动轮的转动惯量相同时的制动力矩大，制动平稳、灵敏，散热性能好，具有广泛的使用前景。

具体来说，扶梯全寿命周期设计选型对工作制动器要求有：

- 应全面符合《自动扶梯和自动人行道的制造与安装规范》(GB 16899—2011)中要求。
- 对在出入口工作的自动扶梯，应有防水措施，如主机上方加不锈钢盖板。

- 应有制动器松闸监测装置，制动器未完全打开时，扶梯不能启动。

b. 附加制动器

附加制动器又被称为紧急制动器，主要是防止工作制动器失效。对于以驱动链驱动主驱动轴的自动扶梯，一旦传动链条突然断裂，两者之间即失去联系。此时，如果在驱动主轴上装设一只或多只制动器，直接作用于梯级驱动系统的非摩擦元件上使其整个停止运行，则可以防止意外发生，如图 2.2-15 所示。

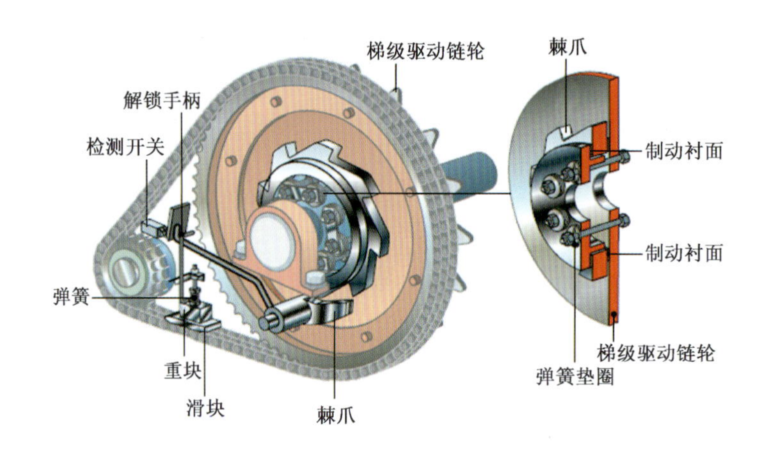

图 2.2-15　附加制动器

通常，附加制动器在下列情况下设置：

(a)梯级、踏板或胶带驱动轮之间不是用轴齿轮、多排链条、两根或两根以上的单根链条连接的。

(b)工作制动器不是使用机—电式制动器的。

(c)公共交通自动扶梯。

(d)提升高度超过 6m。

附加制动器的功能应在制动力作用下，有载自动扶梯或自动人行道以有明显感觉的减速度停止下来，保持在静止状态。并不需要保证工作制动器的制动距离。附加制动器的动作要能在紧急情况下切断控制电路。

附加制动器应该是机械式的，利用摩擦原理通过机械结构进行制动。附加制动器应在速度超过额定速度的40%之前或梯路突然改其规定的运行方向时起作用。

具体来说,扶梯全寿命周期设计选型对附加制动器的要求有:

(a)所有自动扶梯均应装设附加制动器,附加制动器是机械摩擦式的。在单独制动扶梯时,不会出现扶梯倒转。附加制动器单独制动扶梯时能使无载或带制动载荷(120kg/级)下行的扶梯,在速度超过1.4倍之前,以有效减速度停止并保持静止,其最小制度距离为0.3m,最大制动距离不超过倾斜部分的1/3(但不超过5m)。

(b)工作制动器和附加制动器在正常停梯时不同时动作。当工作制动器和附加制动器必须同时制动时,其制动距离也应符合规范要求。

(c)当扶梯驱动链破断,附加制动器单独对扶梯制动时,能使扶梯安全减速并保持停止状态,确保能使乘客安全。

(d)配有附加制动器松闸检测装置,当附加制动器没有复位制正确位置时,扶梯不能下行启动。

(e)对于提升高度大于12m以上的扶梯,全部配置双附加制动器,确保扶梯对乘客安全的保护。

c. 辅助制动器

辅助制动器与工作制动器起相同的作用,用于停梯时起保险作用,尤其在满载下行时起辅助工作制动器的作用。辅助制动器动作后需要人工操作才能复位。

辅助制动器的作用在于自动扶梯停车时起保险作用,尤其是在满载下降时,其作用更为显著。

(2)驱动主轴

如图2.2-16所示,驱动主轴使得梯级链轮带动梯级链,使安装在梯级链条上的梯级运动;轴上的扶手带驱动链以相同的方式驱动扶手带驱动轮,使扶手带运动。

图 2.2-16　驱动主轴与驱动链系统

驱动主轴(图 2.2-17)是链条式自动扶梯端部驱动装置的枢纽,其轴上装有一对梯级驱动链轮、主驱动链轮和扶手带驱动链轮。

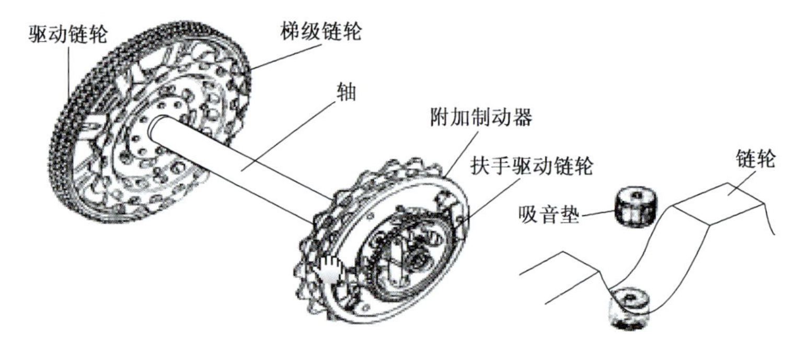

图 2.2-17　驱动主轴结构示意图

具体来说,扶梯全寿命周期设计选型对驱动主轴的要求有:

①各链轮在主轴上安装应牢固可靠,焊接部分要有可靠检测手段以保证焊接部分无夹渣、气孔等影响焊接质量的缺陷。投标人应提供检测报告。

②主轴要有足够的强度和刚度,主轴轴承应在不拆卸主轴的情况下易于安装和更换,轴承应用全寿命润滑脂,其寿命不得低于轴承寿命。

③梯级链轮应配对加工、组装,不致造成梯级偏斜。轴链轮在加工时不仅要考虑尺寸精度,也要考虑一定的粗糙度,减小跑合磨耗,缩短跑合周期,梯级链轮有效啮合厚度应≥20mm,与梯级链的销轴衬套呈正交啮合以保证高效率、高寿命、低噪声、低磨耗。

④各链轮均应有制造厂商(或商标)、齿数及匹配链号等标记。

⑤轴和梯级链张紧装置的轴承应选用国际优质品牌的原厂产品，轴承座应具有可靠的防尘措施，对室外梯应能有效阻止泥沙的侵入。

3）梯级链轮张紧装置

张紧装置（图2.2-18）使自动扶梯的梯级链条获得恒定的张力，补偿在运行过程中梯级链条的伸长，实现牵引链条及梯级由一个分支过渡到另一个分支的改向功能，同时也是梯路导向所必需的部件，如转向壁等均装在张紧装置上。

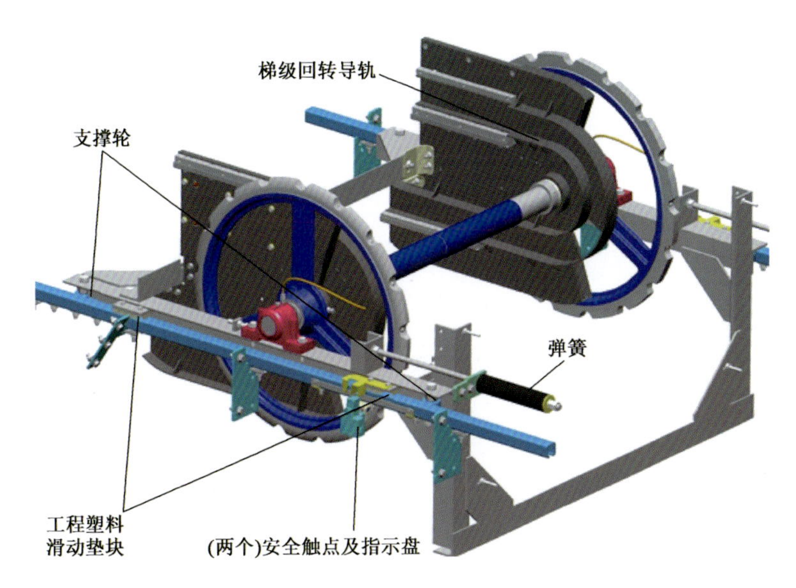

图2.2-18 梯级链张紧装置

根据张紧原理分类，梯级链轮张紧装置分为重锤式和弹簧式。

（1）重锤式

重锤式张紧装置是利用重锤的上下以自动调节牵引构件的张力的一种张紧装置。这种结构复杂和自重大，在自动扶梯中已很少使用。

（2）弹簧式

目前，一般采用弹簧张紧装置。梯级链弹簧张紧装置结构示意如图2.2-19所示。这种张紧装置的链轮轴两端均装在滑块内，滑块可在固定的滑槽中滑动，以调节梯级链条的张力，达到张紧的目的。张紧装置不仅具有张紧作用而且还具有防止梯级链断裂的功能。

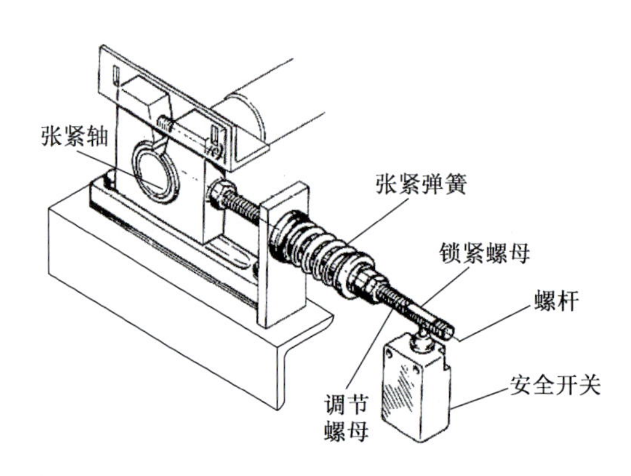

图 2.2-19　梯级链轮张紧装置结构示意图

具体来说，扶梯全寿命周期设计选型对梯级链轮张紧装置的要求有：

- 梯级链张紧装置采用张紧轮机构，张紧链轮有效厚度≥18mm。
- 梯级链的张紧应采用压缩弹簧张紧装置，保证链条获得恒定的连续张紧力，以补偿链条在负载运行过程中的蠕变及磨损。
- 压缩弹簧的调节螺栓应容易接近，并易于调节。
- 张紧装置在两侧应有相对应的位移指示，以保证两条梯级链在设计允许可调范围内调节一致。
- 各种链轮均采用优质钢材制造，链轮的工作寿命均应在 20 年以上。

2.2.4　运载系统

运载系统由梯级驱动链轮、牵引链条、梯路导轨系统、地板和梳齿板等组成，如图 2.2-20 所示。

自动扶梯运行时，梯级链将驱动主机的动力传送给梯级，使梯级沿着梯路导轨系统运行，安全快速运输乘客。

1）梯级

梯级的功能是用来运送乘客，是扶梯的工作部件。梯级上有 4 个轮子，两个直接装在梯级上,称为梯级滚轮;另两个装在梯级链上,使梯级与梯级相连,称为梯级链滚轮。由于梯级链滚轮受的力要大一些,又称为梯级主轮;梯级滚轮则被称为梯级辅轮,如图 2.2-21 所示。

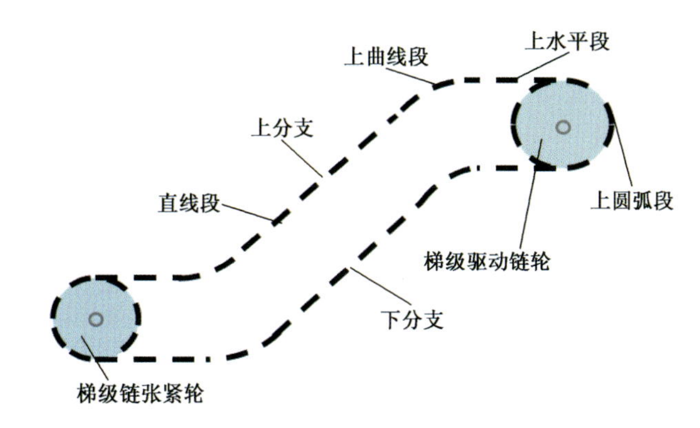

图 2.2-20 自动扶梯运载系统组成

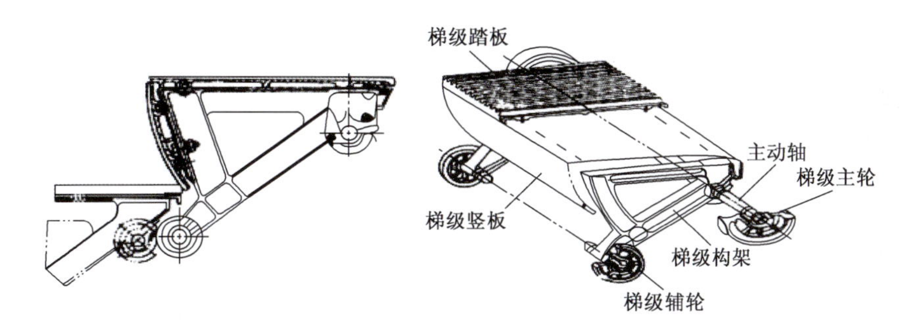

图 2.2-21 梯级结构示意图

梯级有分体式和整体式两种结构形式。

(1)分体式梯级

分体式梯级由踏板、踢板、梯级骨架等部分拼装组合而成。

①踏板

踏板表面具有凹槽,它的作用是使梯级通过扶梯上下出入口时,能嵌在梳齿板的齿中,以保证乘客安全上下。另外,可防止乘客在梯级上滑动。槽的节距具有较高的精度。槽的尺寸:槽深为 10mm,槽宽为 5 ~ 6mm,槽齿顶宽为 2.5 ~ 5mm。一只梯级的踏板由 2 ~ 3 块踏板拼成,并固接于梯级骨架的纵向构件之上。

②踢板

踢板面为圆弧面。小提升高度自动扶梯梯级的踢板面做成有齿的，而在梯级踏板的后端也做成齿形，这样可以使后一个梯级踏板后端的齿嵌入前一个梯级踢板的齿槽内，使各梯级间相互进行导向。大提升高度的自动扶梯踢板可做成光面。

③梯级骨架

梯级骨架是梯级的主要支承结构，由两侧支架和以板材或角钢构成的横向联系件所组成。支架一般采用压铸件，骨架上面固接踏板，下面有装主轮、辅轮心轴的轴套。整体梯级的骨架、支架、踏板与踢板等均为整体压铸而成。

④车轮

一只梯级有四只车轮，两只铰接于牵引链条上的为主轮，两只直接装在梯级支架短轴上的为辅轮。

分体式梯级虽然加工工艺简单，但梯级在运行过程中往往会松脱，易造成事故。

(2)整体式梯级

整体式梯级集踏板、踢板、支架三者于一体整只压铸而成，体积稳定性好，受力性能佳，如图 2.2-22 所示。现在大部分自动扶梯制造厂都采用整体铝合金压铸的方法制造梯级。

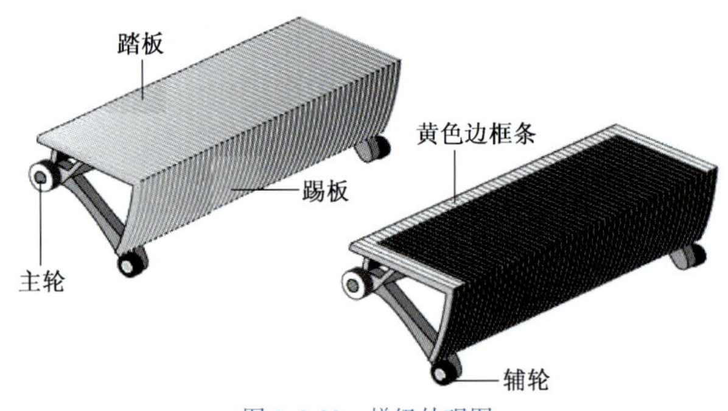

图 2.2-22　梯级外观图

在一台自动扶梯中，梯级是数量最多的部件。一台小提升高度自动扶梯的梯级约需 50 ~ 100 只；大提升高度自动扶梯的梯级多达 600 ~ 700 只。

由于梯级数量多，又是经常运动的部件，因此一台自动扶梯的质量在很大程度上取决于梯级的结构和质量。对梯级的要求是自重轻，工艺性能好，装拆维修方便。

具体来说，扶梯全寿命周期设计选型对梯级的要求有：

- 梯级结构采用铝合金整体压铸梯级。
- 梯级应进行抗弯变形试验和动载试验。试验方法按《自动扶梯和自动人行道制造与安装安全规范》（GB 16899—2011）进行。
- 梯级主体喷涂或氧化黑色，要求涂层具有一定附着力，可经得起正常清洁；踏面为旋光面。
- 梯级高度不应超过210mm，梯级深度至少为380mm。
- 梯级应能承受工作中的负载，在连续承受6000N/m^{2}的均布载荷情况下所产生的变形，不应妨碍自动扶梯的正常功能。
- 梯级应在不干扰护壁板、不拆卸梯级链任一部件的情况下，能方便、快速地被取出。
- 梯级三边（左、右边及前沿）和梯级中分线（垂直前沿的中分线）喷黄色警告漆，颜色的稳定性要好，漆层厚度不小于80μm。
- 每个梯级都要经相应技术手段检验，以确保每一梯级压铸质密，不能有影响强度的合水纹。
- 每一梯级都应设有防竖起、凹陷装置，且装置要与梯级成一整体。

2）梯级链

梯级链包括梯级链滚轮（梯级主轮）、梯级滚轮（梯级辅轮）。一台自动扶梯一般有两根构成闭合环路的牵引链条构成，如图2.2-23所示。

端部驱动装置所用的梯级链一般为套筒滚子链，它由链片、销轴和套筒等组成。按牵引链条连接方法分为可拆式和不可拆式两种。可拆式的就是在任何环节都可分拆而无损于链条及其零件的完整性；不可拆的是仅在一定数目的环节处，也就是在一定的分段长度处可以拆装。这种可拆装的部分是专门供安装或检修用的。一般工程中都采用第二种，因为这种结构具有较高的可靠性且安装方便。目前所采用的牵引链条分段长度一般为1.6m。为了减少左右两根牵引链条在运转中发生偏差而引起梯级的偏斜，对梯级两侧同一区段的两根牵引链条的长度公差应该进行选配，以使同一区段两根牵引链条的长度累积误差尽量接近。

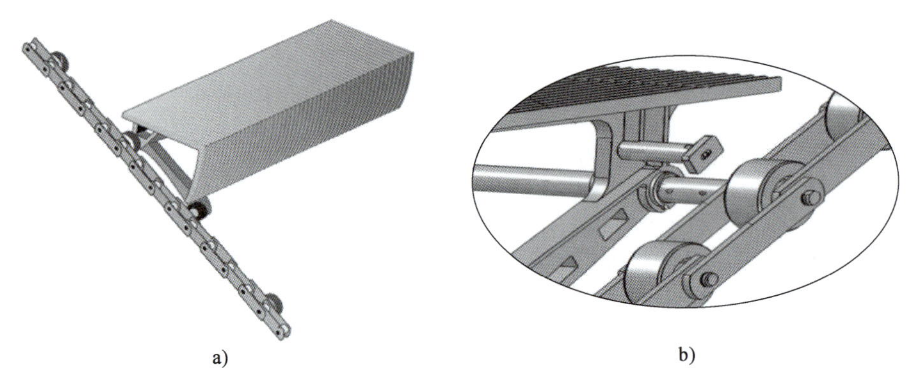

图2.2-23　梯级链外观图

梯级链结构如图2.2-24所示。

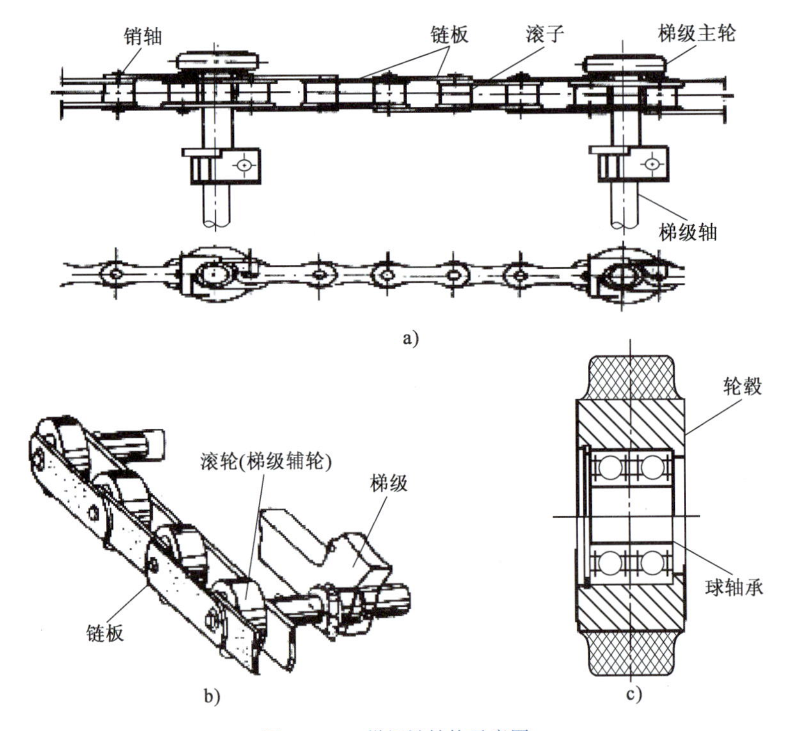

图2.2-24　梯级链结构示意图

梯级链是自动扶梯主要的传递动力构件,其质量直接影响自动扶梯的运行平稳和噪声高低。

梯级链计算公式:

(1)梯级链条的工作拉力 F_1、F_2

$$F_1 = \frac{1}{2}\left(P_1 \times A + 2H \times \frac{W}{L}\right)\sin\alpha + \frac{T}{2} \tag{2.2-1}$$

$$F_2 = \frac{1}{2}\left(P_2 \times A + 2H \times \frac{W}{L}\right)\sin\alpha + \frac{T}{2} \tag{2.2-2}$$

式中:F_1——工作拉力(N),用于安全系数计算;

F_2——工作拉力(N),用于销轴比压计算;

P_1——计算载荷(用于安全系数计算)(N/m^2);

P_2——计算载荷(用于销轴比压计算)(N/m^2);

A——自动扶梯倾斜面在水平面上的投影面积(m^2);

α——扶梯倾角(°);

H——提升高度(m);

T——梯级链张紧拉力(N);

L——梯级节距(mm);

W——梯级自重(N)。

(2)梯级链条的安全因数 K

$$K = \frac{P_b}{F_1} = M \times \frac{\sigma_b}{F} \tag{2.2-3}$$

式中:M——链板最小截面面积(mm^2);

σ_b——链板材料强度(N/mm^2);

P_b——链板极限承载拉力(N);

其他符号意义同上。

(3)梯级链条销轴的工作比压 P_v

$$P_v = \frac{P_b}{\Phi \times B} = \frac{F_2 + F_{m1} + F_{m2}}{\Phi \times B} \tag{2.2-4}$$

式中:P_b——销轴承受的压力(N);

Φ——销轴直径(mm);

B——轴套长度(内外链板间距)(mm);

F_{m1}——梯级在倾斜段受到的摩擦阻力(N);

F_{m2}——梯级在水平段所受到的摩擦阻力(N);

其他符号意义同上。

$$F_{m1} = \frac{1}{2}\left(P_2 \times A + 2H \times \frac{W}{L}\right)\cos\alpha \times \mu \tag{2.2-5}$$

式中:μ——滚轮与轨面的滚动摩擦系数,取0.05;

其他符号意义同上。

$$F_{m2} = 8 \times W \times \mu + 8 \times 120 \times 9.8 \times \mu \tag{2.2-6}$$

符号意义同上。

具体来说,扶梯全寿命周期设计对梯级链的要求有:

- 自动扶梯梯级采用套筒滚子链条驱动,梯级链滚轮在梯级链外侧。链条应为进口或合资公司优质产品,每侧至少一根,其安全系数≥8。要求销轴比压小于23N/mm^2。
- 梯级链各连接部位均应具有良好的润滑。装配好的梯级链应进行防锈保护。
- 为保证在运行过程中梯级不发生偏斜现象,两侧梯级链应进行配对处理。
- 每批梯级链均应进行抗拉载荷试验。
- 室外梯梯级链全程加防水防尘不锈钢罩。

3)梯级链滚轮(梯级主轮)、梯级滚轮(梯级辅轮)

梯级通过梯级链,在梯级链驱动轮的牵引下,沿导轨运行。梯级的主轮轴与梯级链连接在一起,全部梯级按一定规律布置在导轨上,导轨的形状决定了梯级的运行轨迹。梯级在梯路上半周时，踏面一直处于水平状态，而在下半周，恰好翻转180°。

梯级链与梯级链滚轮如图2.2-25所示。

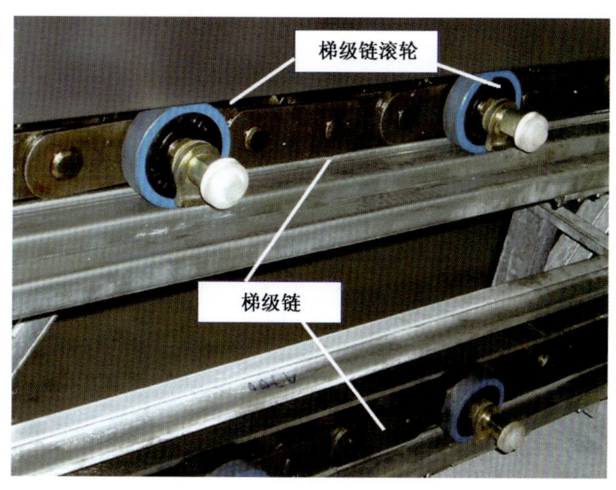

图2.2-25 梯级链与梯级链滚轮

梯级主轮可置于梯级链的内、外侧（称为滚轮外置），也可置于梯级链的两个链片之间（称为滚轮内置）。

(1)滚轮外置

梯级主轮置于牵引链轮内、外侧的牵引链条的结构，可用较大的主轮，例如直径为100mm或更大，能承受较大的轮压，并可以使用大尺寸的链片。链片要进行调质处理。适用于公共交通型的自动扶梯外界滚轮，如图2.2-26所示。

(2)滚轮内置

梯级主轮置于牵引链轮两个链片之间的牵引链条的结构，主轮尺寸受限，能承受轮压较小，适用于一般商业型自动扶梯，如图2.2-27所示。

梯级主轮置于牵引链条两个链片之间的主轮既是梯级的承载件，又是与牵引链轮相啮合的啮合件，因而主轮直径受到限制。主轮外圈由耐磨塑料浇铸而成，内装高质量的球轴承。这种特殊塑料的轮外圈既可满足轮压的要求，又可降低噪声，适用于提升高度较低的普通型自动扶梯。

图 2.2-26　滚轮外置

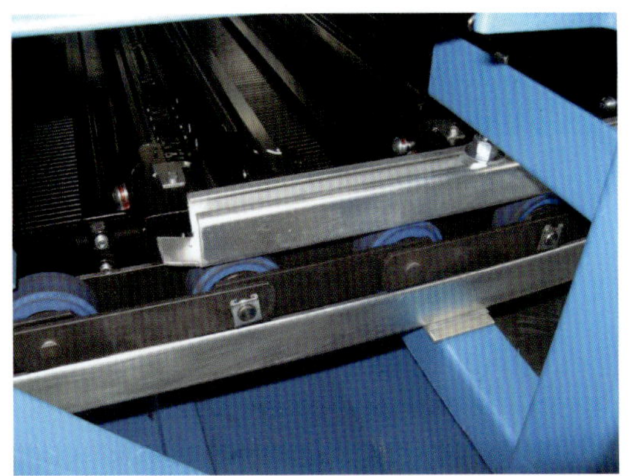

图 2.2-27　滚轮内置

具体来说,扶梯全寿命周期设计选型对梯级滚轮要求有:

- 梯级滚轮应由轮缘、轮毂和轴承组成;
- 轮缘应采用耐油、耐水、耐老化、强度高的材料制造;
- 轮毂宜采用金属材料;
- 采用免维护密封球轴承,轴承和润滑油脂寿命应和梯级滚轮同寿命;
- 室外梯的轴承应能防水,滚轮还应带有防尘盖,能有效防止沙尘、泥水侵入;
- 梯级链滚轮直径不小于 100mm、梯级滚轮直径不小于 75mm,轮圈厚度不小于 20mm。在结构上还应考虑更换方便,更换梯级链轮不需要拆卸梯级链的任何部件,梯级链轮为外置式。

4)梯路导轨系统

导轨系统(图 2.2-28)用于支承梯级主轮和辅轮传递来的梯路载荷,以保证梯级按一定轨迹运行,确保扶梯的安全、平稳运行,防止梯级跑偏。

导轨系统的结构组成见图 2.2-29。

因此,要求导轨既要满足梯路设计要求,还应具有光滑、平整、耐磨的工作表面,并具有一定的尺寸精度。

图 2.2-28　导轨系统

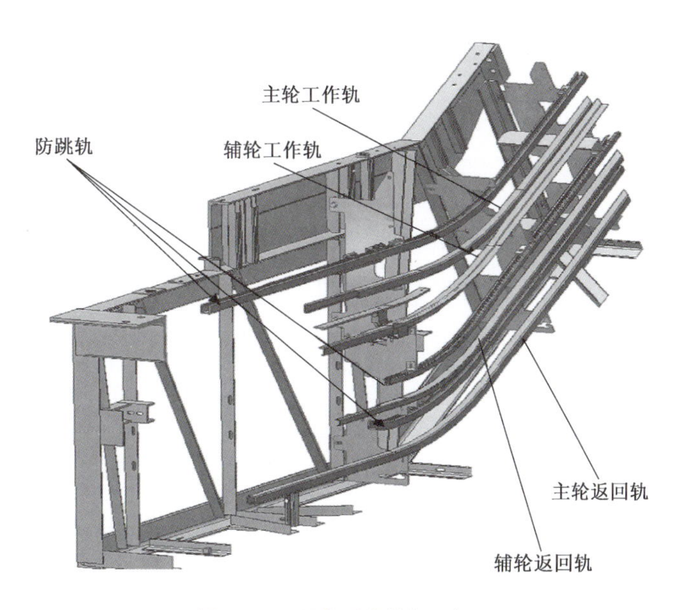

图 2.2-29　导轨系统结构示意图

倾斜直线区段是自动扶梯的主要工作区段，也是梯路中最长的部分。由上图可知：这种结构上分支主轮导轨及辅轮在同一平面内，可方便安装调试。

导轨系统包括主轮和辅轮的工作轨、返回轨（图 2.2-30）、反轨、反板、导轨支架、转向壁卸荷道轨等。

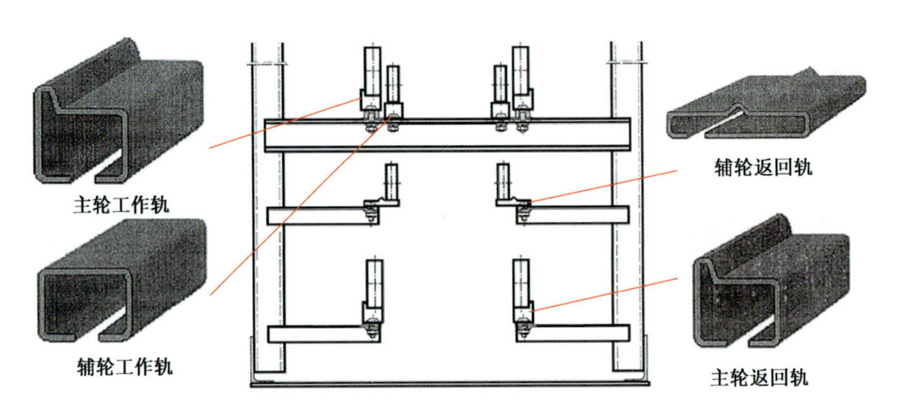

图 2.2-30 导轨系统工作轨、返回轨

(1)工作轨

主轮工作轨和辅轮工作轨,是梯级主轮与辅轮运行的受载导轨。

(2)返回轨

主轮返回轨和辅轮返回轨,是梯级运行到下分支时的导轨。

(3)转向壁

转向壁也称为转向导轨,是主轮、辅轮运行终端转向的整体式导轨。设置转向壁的目的是确保梯级平滑反转运行时有良好的连续性。

当牵引链条通过驱动端和张紧端的转向轮时,梯级主轮不再需要导轨,而是直接与齿轮啮合,完成转向。但辅轮仍需要导轨,大部分的辅轮转向导轨都做成整体式的。

(4)卸荷导轨

应用在公共交通的自动扶梯,由于人流集中、载荷量大,导致梯级运行到自动扶梯的上圆弧段时,梯级链轮受到较大的提升拉力,容易造成梯级链轮的破坏。

为了延长自动扶梯的使用寿命,建议设置卸荷导轨,如图 2.2-31 所示。将梯级链条的滚轮外置,梯级荷载分散到卸荷导轨上,减少梯级链条的轮压和梯级链轮的拉力负荷,延长自动扶梯工作寿命。而且,卸荷导轨上的卸荷垫木能保证梯级链条的稳定性,进一步提高自动扶梯的工作效率。

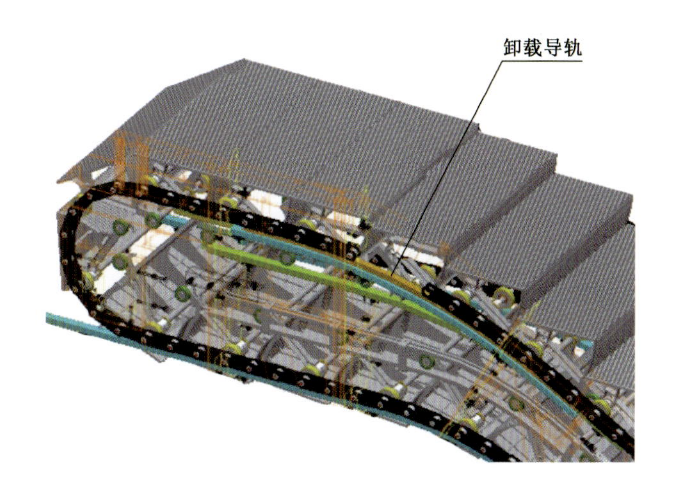

图 2.2-31 卸荷导轨

具体来说，扶梯全寿命周期设计选型对梯路导轨系统的要求有：

- 导轨材料的截面厚度，工作轨应不小于 5mm，其他应不小于 3mm。
- 导轨应采用冷轧成形钢板。如果导轨热镀锌之后再冷轧成形，则锌层厚度不应小于 20μm；如果导轨冷轧成形之后再热镀锌，则锌层厚度不应小于 50μm，且每段导轨长度不应大于 6m，导轨对接平面度≤0.2mm。
- 导轨系统的设计应保证工作面光滑平整耐磨，有一定的尺寸精度，且各轨的安装应保证轨间尺寸的一致性及左右导轨的平行度，以使梯级平稳运行。
- 扶梯上端应设卸荷导轨。提升高度大于 10m 时，上端返回处也应设卸荷导轨，卸荷导轨宜采用非金属材料，可方便调节及维修。
- 自动扶梯从倾斜区段过渡到水平区段的曲率半径要求见表 2.2-3。

上下导轨曲率半径 表 2.2-3

提升高度 H	上导轨曲率半径(mm)	下导轨曲率半径(mm)
≤10m	≥2600	≥2000
>10m	≥3600	≥2000

- 在自动扶梯出入口处的导向行程段(梯级的前缘离开梳齿和梯级的后缘进入梳齿时的水平区段)至少有 1.6m。
- 主、辅轮轨的工作表面均应平整光滑，所有接口成斜线并且有固定在

桁架上的刚性支撑。对于侧面高起轨道设计应考虑梯级轮更换方便。

- 导轨支架材料厚度≥5mm，表面进行热镀锌处理，平均厚度≥50μm。
- 安装导轨及导轨支架的所有紧固件应考虑防锈设计，保证在所紧固零件寿命时间内拆装。

5）地板与梳齿板

地板为乘客在扶梯两端提供站立平台，同时又是机房的盖板，如图2.2-32所示。

梳齿板位于梯级的出入口。梳齿板上的梳齿与梯级的齿槽相啮合，保证梯级在回转时的安全性，如图2.2-33所示。

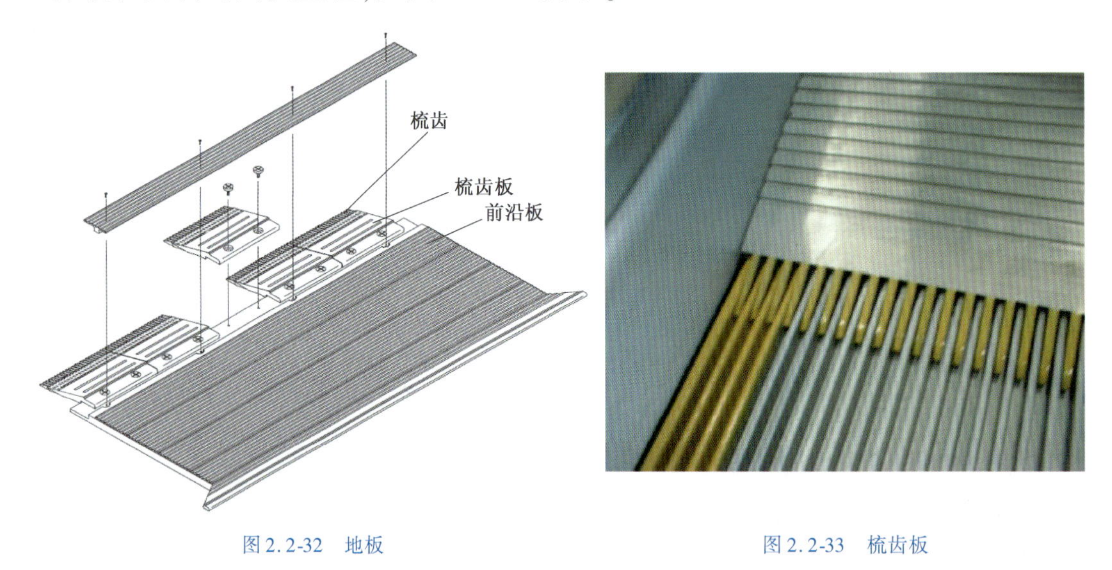

图2.2-32 地板　　图2.2-33 梳齿板

梳齿前沿板是设置在自动扶梯的出入口处，是确保乘客安全上下扶梯的机械构件。它由梳齿、梳齿板和前沿板三部分组成。

梳齿板为易损件，成本低且更换方便。

具体来说，扶梯全寿命周期设计选型对底板及梳齿板要求有：

(1)地板和梳齿板应有足够强度和刚度，在使用中不允许出现永久变形。地板体应采用不锈钢或铝合金型材制造。梳齿板体采用钢材制造，作热镀锌处理，锌层平均厚度不小于50μm。地板和梳齿板表面贴花纹不锈钢板，能防滑。地板与梯级踏板表面高差尽可能小。

(2)地板面和梳齿板边框用不锈钢或铝合金制作,边框的材料厚度不应小于5mm。

(3)梳齿板的水平倾角小于10°,梳齿板的结构应是可调的,保证梳齿与梯级齿槽的啮合深度为6～8mm。梳齿板体应有足够刚度和强度以承受高峰载荷,材料采用耐腐蚀材料制造。

(4)应设置梳齿照明,以保证乘客在光线不足的情况下安全进入和离开扶梯。梯级照明灯具防护等级要适应整梯使用环境,采用节能灯具(如LED灯等),发光元件寿命不能低于5000h。

(5)梳齿采用耐腐蚀金属如铝合金材料制造,应能承受乘客脚踏、脚踢等载荷,更换要方便。梳齿类型规格应尽量少,有较好的互换性。当有异物夹入梳齿和梯级踏面之间时,梳齿能变形或折断以保护梯级且应不影响其他梳齿与梯级踏面齿槽的正确啮合。

(6)地板和梳齿板的设计应能有效阻止泥沙和水直接进入机房,地板与梳齿板之间应相扣,不能有直缝。

(7)扶梯上、下部位的每块地板均应设安全开关,当地板被移动时,扶梯停止运行,只能用维修控制盒操纵。

(8)自动扶梯出入口机房地板均采用具有防滑凸纹的不锈钢板并牢固附以耐腐蚀金属承重层,盖板防滑凸纹采用蚀刻工艺,盖板的支撑也应采用不小于5mm的不锈钢制作或采用铝合金制作,均具有足够的刚度、强度和耐腐蚀性,能够承受高峰期乘客载荷。其支撑结构不易变形,支撑稳固,水平高度可以调节。各车站出入口扶梯机房地板应有锁,用专用钥匙方可打开。当前沿盖板(任意一块盖板)被强行打开时,应向楼宇自控系统(Building Automation System,BAS)发出报警,报警方式在设计联络中确定。

(9)梳齿板后的第一块地板应采用螺栓可靠固定在支撑结构上。

2.2.5 扶手装置

扶手装置是与梯级以相同速度(速度差在0~+2%以内)运行的,供乘客扶手的部件,主要由扶手带、扶手带驱动装置、护壁板、扶手支架及导轨、扶手带张紧装置、围裙板、内盖板、外盖板等组成。

1)扶手带

扶手带是一种边缘向内弯曲的封闭型橡胶带,它由橡胶层、织物层、钢丝或纤维芯层、抗摩擦层组成。

依据扶手带内表面的形状,可将其分为C形扶手带和V形扶手带,如图2.2-34所示。

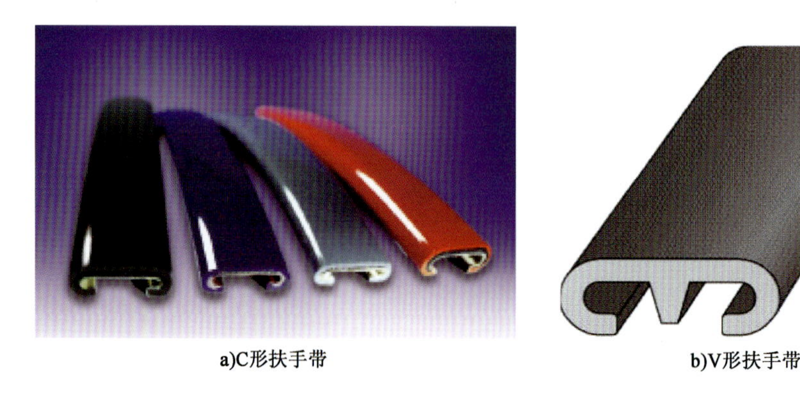

图2.2-34 扶手带

设置扶手带的主要目的是确保乘客的安全,但由于扶手带的材质,导致扶手带的寿命相较扶梯其他部件短得多,是自动扶梯在运营过程中需经常保养和更换的部件之一。

具体来说,扶梯全寿命周期设计选型对扶手带的要求有:

(1)扶手带结构应与扶手带驱动装置相配套。

(2)扶手带应采用高强度耐磨的橡胶制造,应由内加有防伸纤维和加强钢丝的高级阻燃合成橡胶制成。扶手带内侧应采用防水合成尼龙纤维,外侧应采用表面黑色阻燃合成橡胶。

(3)扶手带应可抗25kN的破断力。

(4)应具有去静电装置。

(5)只有一个硫化接头,且应在工厂已连接完成。接头破断强度与扶手带强度一致。

(6)扶手带基材阻燃性为阻燃或自熄型。

(7)在正常运行工况下,要保证扶手带表面温度与车站环境温度的差值不超过5℃。

(8)室外型扶梯的扶手带,在雨天直接淋雨应能正常工作,并能抗阳光暴晒。

(9)扶手带顶端到梯级的垂直距离介于0.9~1.1m之间。扶手带的设计应能满足乘客的身材,在危险状况下能够很方便地抓住。

(10)扶手带导轨应用不锈钢制作。

(11)扶手带采用V形。

2)扶手带驱动装置

扶手带驱动装置就是驱动扶手带运行,并保证扶手带运行速度与梯级运行速度偏差不大于2%的驱动装置。

扶手带驱动装置一般分为摩擦轮驱动、压滚轮驱动和端部轮式驱动三种形式。

(1)摩擦轮驱动

图2.2-35所示为一种摩擦轮驱动方式的扶手系统。扶手带围绕若干组导向轮群、进出口的导向滚轮群及特种形式的导轨构成一闭合环路,扶手带与梯路由同一驱动装置驱动,并保证二者的速度基本相同,其基本驱动机构如图2.2-36所示。

如图2.2-36所示,扶手带围绕主动滑轮,偏斜滑轮、支承滚柱群以及特种形式导轨等形成闭合环路，同样由梯路驱动装置获得动力。扶手带的张紧则由在下分支增加的中间迂回环路来实现。由于在上下出入口处的扶手带及扶手滑轮要求位于同一垂直平面内，所以扶手胶带绕过迂回环路后，必须再回到原来的平面之内。为使扶手带绕过迂回环路时不与主环路相碰，中间迂回环路的动滑轮应偏斜安置，动滑轮与张紧重锤相连。这种结构的动滑轮与定滑轮间的扶手带扭角大，因而扶手带磨损较快。

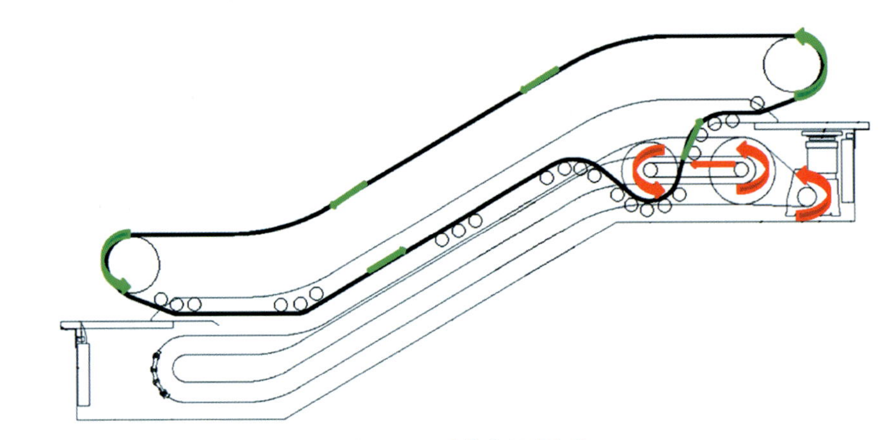

图 2.2-35 摩擦轮驱动方式

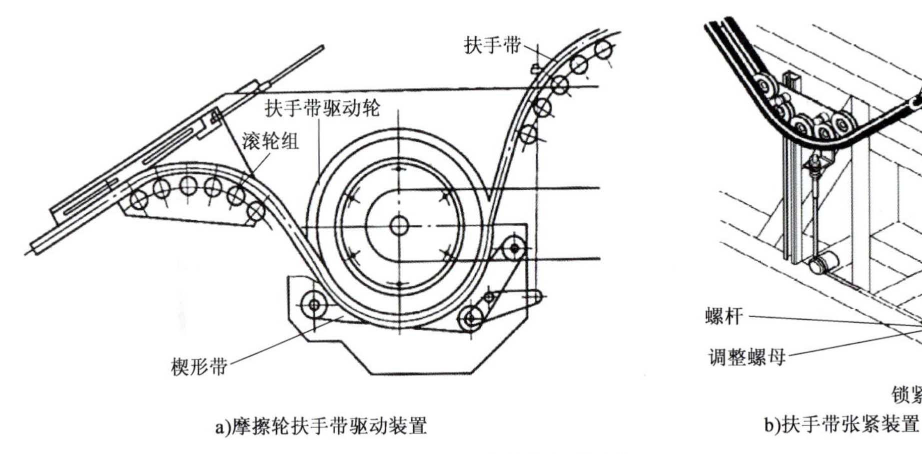

a)摩擦轮扶手带驱动装置　　b)扶手带张紧装置

图 2.2-36 摩擦轮驱动机构

由上述结构可知：驱使扶手带运动是依靠驱动滑轮与扶手带间的摩擦力，而要形成足够的摩擦力，必须借助张紧装置使扶手带保持一定的张力。当摩擦力不足以驱动而导致扶手带打滑时，由于构造上的原因，驱动轮的包角不能再增加，因而只能再增加压带装置来加大摩擦力，这将使结构复杂。上述扶手系统由于扶手胶要进行多次弯曲和反复弯曲，多次经过导向滑轮、导向滚柱组、改向滚柱组，增加了扶手带的僵性阻力等，而这些阻力又随扶手带的张力增大而增大。

(2)压滚轮驱动

压滚轮扶手带驱动装置的作用原理是：扶手带通过一系列相对压紧的轮子的转动来获得驱动力，来驱动扶手带做循环运动，如图2.2-37所示。

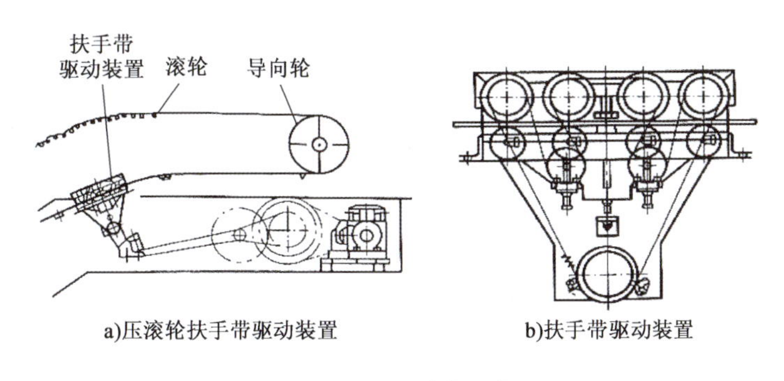

图2.2-37 压滚轮驱动

这种扶手驱动系统由扶手带的上下两组压滚组成。上压滚组由自动扶梯的驱动主轴获得动力来驱动扶手带，下压滚组从动，压紧扶手带，这种结构的扶手带基本上是顺向弯曲，较少反向弯曲，弯曲次数大大减少，降低了扶手带的僵性阻力。

由于不是摩擦轮驱动，扶手带不再需要启动时的初张力，只需装一调整装置以调节扶手带长度的制造误差，因而，可以大幅度减少运行阻力，同时，也可延长扶手带的使用寿命。

一般应用的压滚驱动系统是上压滚固定并传递动力，下压滚活动，用弹簧压紧。另一种结构是将传递动力的上压滚装在活动板上，可垂直滑动；而将起压紧作用的下压滚装在固定板上，使其固定。这种结构的特点是传递动力的上压滚增加了对扶手带上的压力，从而增加了驱动功率。

(3)端部轮式驱动

端部轮式驱动扶手带装置因其结构原因只能用在不锈钢扶手栏板的自动

扶梯上如图2.2-38所示。

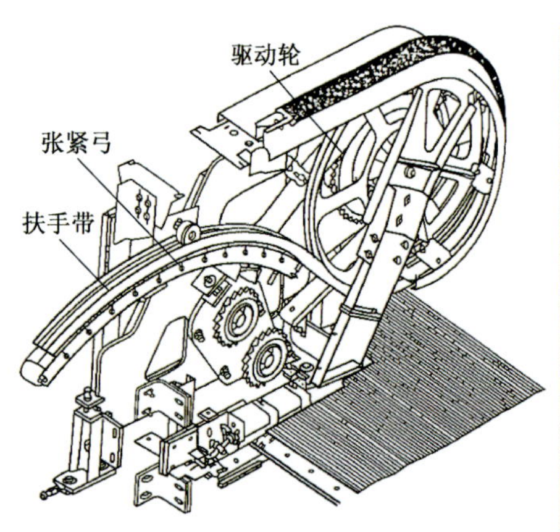

a)端部轮式驱动扶手带驱动装置

b)驱动装置实物

图2.2-38　端部轮式驱动

一般来说,扶手带与扶手带驱动装置相配套:C形扶手带一般应用于大摩擦轮驱动装置,V形扶手带一般应用于端部驱动装置。

综合扶手带的类型及优缺点见表2.2-4。

C形、V形扶手带优缺点对比　　表2.2-4

扶手带形	优　点	缺　点
C形	1. 制造工艺较简单; 2. 设备费用低	摩擦面形状规则,摩擦接触面积小,摩擦力较小。当室外雨水进入或扶梯提升高度过大时,扶手带与驱动轮宜发生打滑,造成扶手带与梯级的速度不同步
V形	摩擦面形状不规则,摩擦接触面积大,摩擦力大,扶手带与驱动轮不会发生打滑,扶手带与梯级的速度始终同步	1. 制造工艺较复杂; 2. 设备费用较高

因此,对于人流量大、服务时间长的公共交通运行场景中,推荐采用V形扶手带+端部驱动装置的方案。

具体来说,扶梯全寿命周期设计选型对扶手带驱动装置的要求有:

- 扶手带驱动装置应采用上端部驱动轮驱动。
- 结构应简单,不宜采用多级链条传动。扶手带驱动链条应有足够的强度,安全系数不小于5。

- 传动链轮应采用优质材料制造，并经过合理的热处理，确保其工作寿命不小于20年。
- 对室外型梯，驱动装置应能适应全天候工作，在雨天也能保持扶手带速度的要求。
- 扶手驱动轮与扶手带配合面要有一定表面粗糙度和尺寸精度，既要考虑驱动摩擦力，也要考虑扶手带减摩层寿命。
- 扶手带的导向和张紧装置应能使扶手带在正常工作时不会脱离扶手导轨。为减小摩擦力，在扶手带的返程区域要增加导向轮，以减少由于扶手带抖动和弯曲而增加的运动阻力。
- 上、下回转轮轴承使用全寿命油脂润滑，维修寿命不小于20年。

3）扶手装置

扶手装置按其材料不同可分为：钢化玻璃扶手护壁板和不锈钢扶手护壁板。

（1）钢化玻璃扶手护壁板

采用钢化玻璃扶手护壁板（图2.2-39）的自动扶梯乘客可以透过扶手护壁板看到自动扶梯对面的景象，开阔了视野，使乘客在心理上感觉增加了建筑物空间。

（2）不锈钢扶手护壁板

采用不锈钢扶手护壁板（图2.2-40）的自动扶梯，结构强度大，适用于客流量大的场合。

综合考虑扶手护壁板的优缺点，通常在轨道交通领域，自动扶梯应采用不锈钢护壁板；在客运站、机场自动扶梯多采用钢化玻璃护壁板；在铁路系统，一般在地道内采用不锈钢护壁板，在车站内与天桥处采用钢化玻璃护壁板。

具体来说，自动扶梯全寿命周期设计选型对不锈钢材质的扶手装置的要求有：

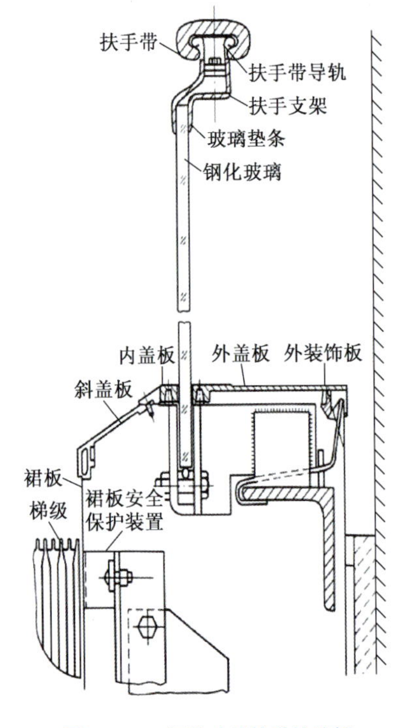

图 2.2-39 钢化玻璃扶手护壁板

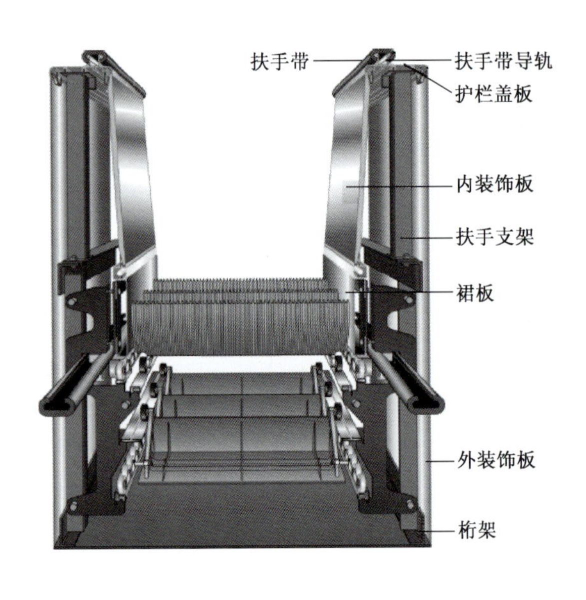

图 2.2-40 不锈钢制成扶手护壁板

- 扶手装置由护壁板、内外盖板、围裙板等构成,应满足《自动扶梯和自动人行道的制造与安装安全规范》(GB 16899—2011)的技术要求。

- 扶手装置均采用发纹不锈钢,发纹方向与梯级运动方向相同。护壁板厚度不小于 2mm,围裙板厚度不小于 2mm,盖板厚度不小于 2mm。

- 不锈钢板材料应采用抗腐蚀性不低于 0Cr18Ni9(同日本 JISSSU304、美国 AISI304)的不锈钢材料。

- 护壁板之间采用折弯对接,折弯圆角均匀、接缝平整且内工艺圆角半径不大于 2mm。

- 护壁板之间所有接缝与梯级运动方向垂直,在弯曲段不能有接缝。所有板材应保证平整,不能有明显的视觉折光。

- 围裙板应有足够的刚度,围裙板间采用平接,接缝与梯级运动方向垂直。围裙板应满足《自动扶梯和自动人行道的制造与安装安全规范》(GB 16899—2011)中的规定要求。在裙板的适当位置装毛刷防止乘客无意接触裙板。应采用双排结构的毛刷,毛刷密度达到不透光的原则,底座材质为铝合金,可拆卸长度应与每块裙板同长。安装方法应方便拆卸,如采用螺钉紧固,螺孔应有足够的螺纹长度,有效螺纹长度不应小于螺纹直径。螺孔的螺纹还应有足够的强度,以能承受反复的拆装。

- 全部不锈钢制件应在表面覆盖塑料膜加以保护,安装完毕才去除。

若选用钢化玻璃护壁板,则要求有:

- 护壁板采用高透明安全钢化玻璃,厚度不小于10mm,透光率不低于75%,强度不低于59N/mm^2。相邻玻璃缝与桁架垂直,接合处间隙为2mm。
- 内、外盖板采用厚度不小于2mm的发纹不锈钢板。盖板弯曲部分必须采用圆弧曲线过渡。
- 围裙板采用厚度不小于3mm发纹不锈钢板。
- 外装饰板采用厚度不小于1.5mm的发纹不锈钢板。
- 扶手导轨及支架采用厚度不小于1.5mm的发纹不锈钢板。

2.2.6 其他装置

1)润滑系统

机械零件经相对运动摩擦后会产生大量热量,如不采取措施,久而久之,会造成机件严重磨损,破坏设备的结构性能。

目前自动扶梯润滑系统分为人工润滑和自润滑系统。人工润滑效果差、不方便。

自润滑系统配备自动加油润滑装置,可以减少机件摩擦产生的热量,降低运行噪声,延长使用寿命,如图2.2-41所示。自润滑系统主要由润滑泵、梯级链条润滑刷头、驱动链条润滑刷头、扶手带驱动链条润滑刷头等组成,如图2.2-42所示。

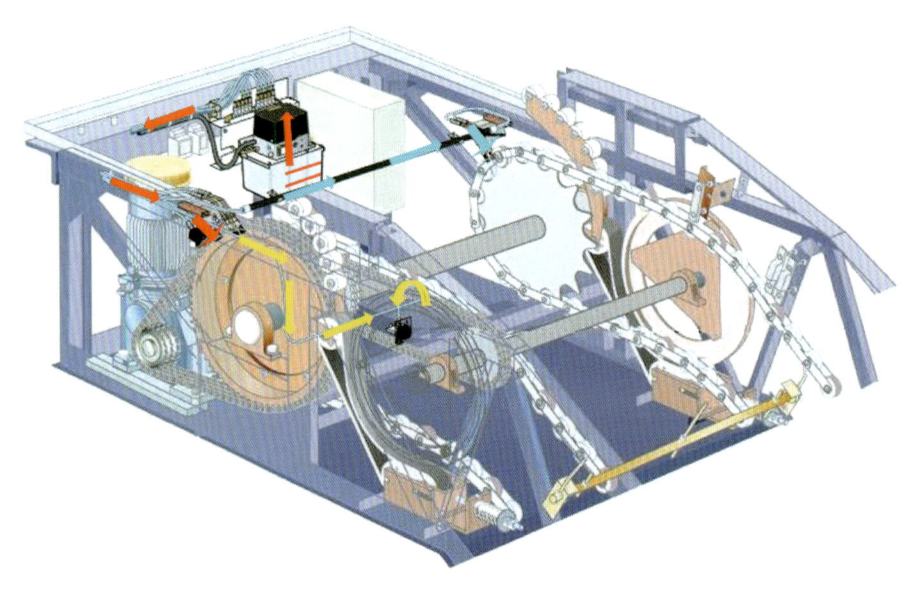

图 2.2-41　自动润滑系统

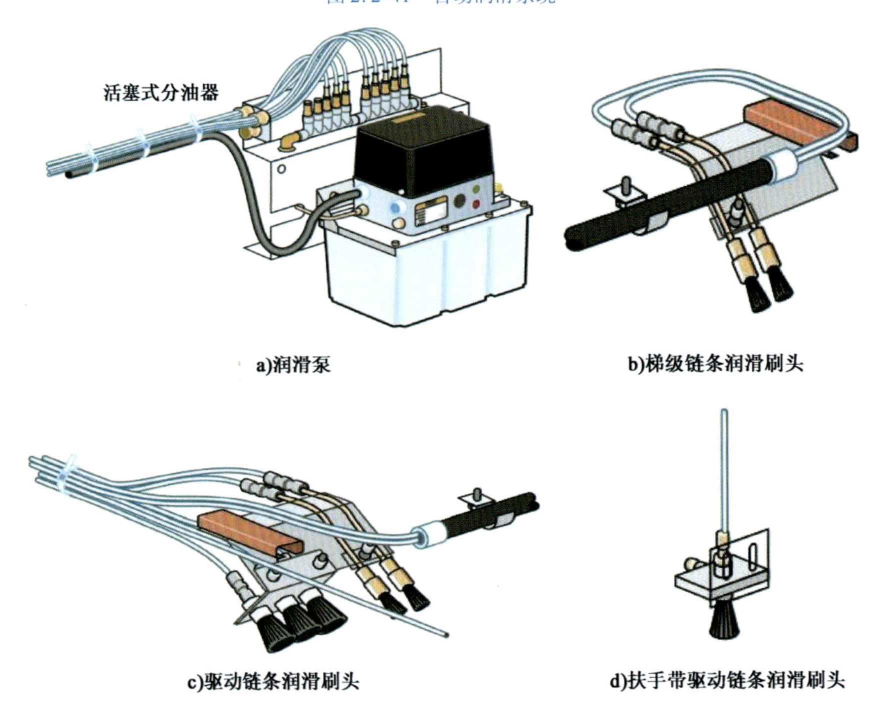

图 2.2-42　自动润滑系统主要组成部件

具体来说,扶梯全寿命周期设计选型对润滑系统要求有:

(1)自动扶梯应有自动润滑系统。

(2)全部需要用稀油润滑的零部件采用油泵自动润滑,在润滑油泵旁边设有金属标牌,标出需润滑部位和对润滑油的要求。

(3)应采用双路供油系统,能对梯级链与其他链条(驱动链、扶手带驱动链)进行不同时间间隔、不同持续供油时间以及不同油量的供油。润滑时间间隔应能无级调节,每一油路每次供油的持续时间也应能分别无级调节,调整的方法应简单,对润滑时间间隔和每一油路的供油时间的选定应有数字或刻度显示。当以"维修速度"启动时,不应导致自动润滑。对于室外梯除实现以上要求外,还应同时实现每次启动时润滑一次。

(4)润滑油嘴的工作位置应是固定的,只有使用机械工具才能改变其位置。油箱容量应足够大,至少足够供15d以上运行使用。室内梯的油箱容量应不小于6L,室外梯应不小于13L。

(5)系统应有故障和油位报警。当油泵故障或油箱油位低于警戒线时,扶梯不能再启动,并有故障代码显示。

2)接油盘与集尘盘

(1)所有需润滑的运动部件下面均需设接油盘,如梯级链、驱动链和扶手带驱动链下面,还应采取有效措施保证能在链条的全长上有效地收集滴下的润滑油。接油盘用1mm厚不锈钢板制成,同时考虑方便装拆、废油能自动排出,便于清理。

(2)每部扶梯回转站和驱动站的梯级回转下端设有集尘盘(图2.2-43),每台扶梯应配置一套固定式自动清扫装置用于清理梯级踏面。扶梯自动清扫装置清理下的垃圾应能自动进入集尘盘。集尘盘的大小要能有效储存回转梯级掉下的灰尘和可能的异物,集尘盘用不锈钢板制成,同时要考虑方便清洁。

(3)室外型扶梯下水平段考虑设置油水分离装置,油水分离装置如图2.2-44所示。

3)外包板

自动扶梯设备作为车站的大型设备,已成为车站环境的一部分。站内自动扶梯穿越站厅、站台层,侧面及桁架底部的外包板作为安全部件起到隔离乘客与设备运动部分的作用,是提高自动扶梯寿命的重要一环。

图 2.2-43　集尘盘

图 2.2-44　油水分离装置

具体来说,扶梯全寿命周期设计选型对外包板要求有:

(1)自动扶梯在桁架侧面的全高安装外包板(靠墙一侧扶梯顶面用外包板延伸至墙面,外包板可承受 300N/m^2 的荷载),两台扶梯并列布置时,两台扶梯的扶栏顶面用水平外包板相接。

(2)自动扶梯底部可视部分均应安装外包板。

(3)外包板水平宽度超过 300mm,以及两扶梯并列布置中间宽度超过 400mm 时,应每隔 3m 设一个防滑行装置。

(4)外包板内不允许用木板或其他可燃材料支承或加固,外包板发纹方向为竖向。

(5)外包板应有足够的强度和刚度,在其表面任何部位,垂直施加一个 500N 的力(非冲击力)在 25cm^2 的面积上不应出现深度大于 4mm 的凹陷或永久变形。

(6)外包板及凸台使用发纹不锈钢板,厚度不小于 1.5mm。

(7)外包板的设计应和桁架设计统一进行。外包板和扶梯桁架的连接不得采取焊接等破坏桁架镀锌层的方案。

(8)凡扶梯上部和下部机房的下方人员可到达的,必须安装有外包板,以防止在维修中工具或物品坠落砸伤乘客或工作人员。

4）控制柜

(1)自动扶梯应采用微机控制，扶梯的驱动、变频及控制装置均设在扶梯上端的驱动站内。

(2)低压开关设备和控制设备应符合《低压开关设备和控制设备》(GB/T 14048)的相关要求。电气设备应在本工程各车站的安装环境下正常运行，并应考虑防水(滴水、溅水)措施及通风散热措施。

(3)控制柜内全部电气元件均应符合《自动扶梯和自动人行道的制造与安全规范》(GB 16899—2011)的要求。图纸和控制柜上电气符号应符合国家标准。在控制柜内装有带超荷刻度的电流表和小时计，柜门内壁上有经久耐用的电路图。柜内继电器、接触器等应有永久性标识。端子排上的接线均应有线码。

(4)电子器件的平均无故障工作时间不小于5万h。控制主板寿命应达到10年以上。

(5)控制柜须为BAS提供硬线接口以及通信接口，具体传送信息见3.1节与环境设备监控系统的接口。控制柜内留有与车站控制室综合后备盘(Integrated Backup Panel，IBP)的急停按钮接口。

(6)控制柜的设计应充分考虑设置地区的气候条件，对室外梯机房应考虑夏天阳光强烈照射下的温度(45℃)，应按“机房外部环境最高温度＋机房最大温升＋控制柜内最大温升”来考虑控制柜的最高工作温度。室外梯应有高湿度天气的防结露措施。

(7)控制柜设有强制通风装置(风扇)，确保柜内温度不高于计算机系统允许的最高工作温度。强制通风应纳入故障检测系统的监控，当扶梯在运行过程中，风扇发生故障时，扶梯应能继续保持正常运行，但应能报出风扇故障代码。且进出风口应有防尘措施。

(8)自动扶梯控制柜内设置温度传感器，对控制柜内温度进行监视，一旦温度超过设定值将报故障,并有相应的故障代码显示;控制框内要设置声音报警装置。

5）变频器

自动扶梯系统是能耗大户,其每天运行的时间都接近 20h,但运行在额定负载下的情况却很短,大多数时间都处于空载和轻载情况下运行,造成大量电能浪费。根据相关城市地铁扶梯运行统计资料,采用合理的节能运行方式,可节约用电 30% ~40%。

目前自动扶梯主要的节能方式有输入电压采用 Δ/Y 变换、旁路变频和全变频三种。

(1)Δ/Y 变换方案

当扶梯启动时,按 Y 接法进行启动,但不再是通过时间原则切换成 Δ 接法运行,而是当扶梯上的乘客达到某一数量之前,扶梯一直在 Y 接法下运行,当乘客达到设定的数量之后,自动扶梯才切换成 Δ 接法运行;当乘客减少到设定的数量以下时,自动扶梯又切换成 Y 接法运行,如此循环往复。图 2.2-45 为 Δ/Y 变换方案原理图。

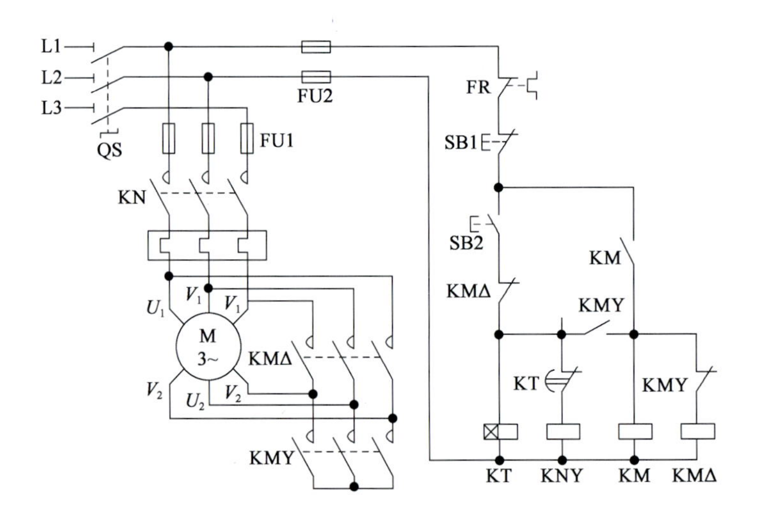

图 2.2-45 Δ/Y 变换方案原理图

要实现该运行方式,可在普通的自动扶梯进出口处加装光电计数装置,根据扶梯的运行方向,将上下计数器分别设定成递增和递减。当然,根据这种思路,也可以把电动机的转速作为切换的条件进行监控,或者把电动机的电流作为切换的条件进行监控。

(2)旁路变频方案

无人乘梯时由旁路控制电动机变频低速运行,当乘客进入时,由旁路变频器拖动扶梯运行到额定速度,然后切换到电网,以额定速度运行;乘客离开后,扶梯切入旁路变频控制,并在减速后进入低速节能运行模式。

旁路变频接线原理如图 2.2-46 所示,当旁路接触器断开,主回路中运行接触器、上/下行接触器和主路接触器接通时,电网直接驱动电动机,扶梯进入高速上/下行运行状态;当主回路中的接触器均断开,旁路接触器接通,变频器驱动电动机,扶梯进入加减速或低速运行状态。

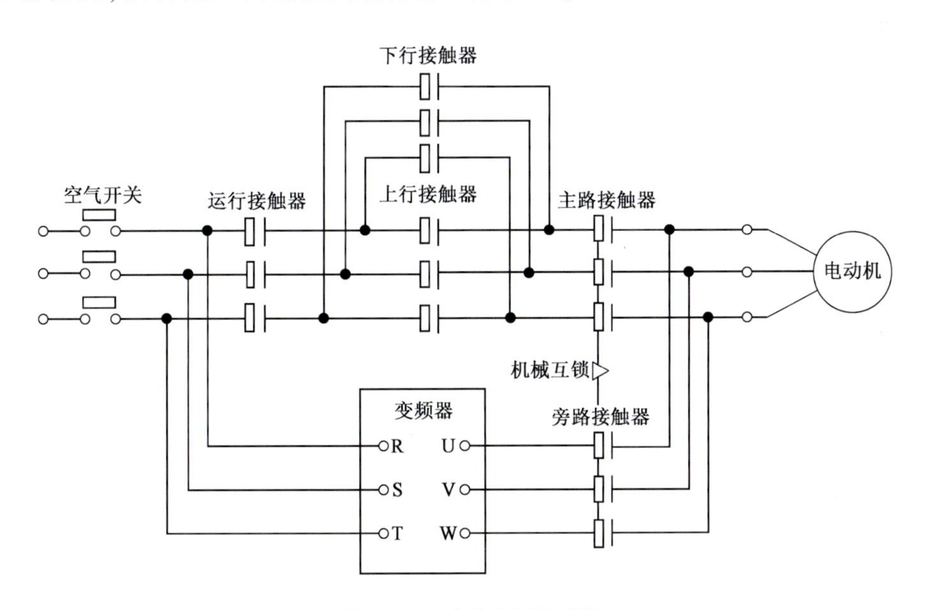

图 2.2-46 旁路变频原理图

自动扶梯在额定速度运行时,由工频电源供电,变频器不投入运行,当出现无人乘梯一段时间后,扶梯将由工频电源控制切换到变频器控制,并进行低速运行或停止,从而达到节能的目的。

如果有人再次乘用扶梯时,扶梯立即由变频器加速到额定速度,到达额定速度后,再由变频器控制切换到工频电源控制运行如此周而复始,其运行时序如图 2.2-47 所示。

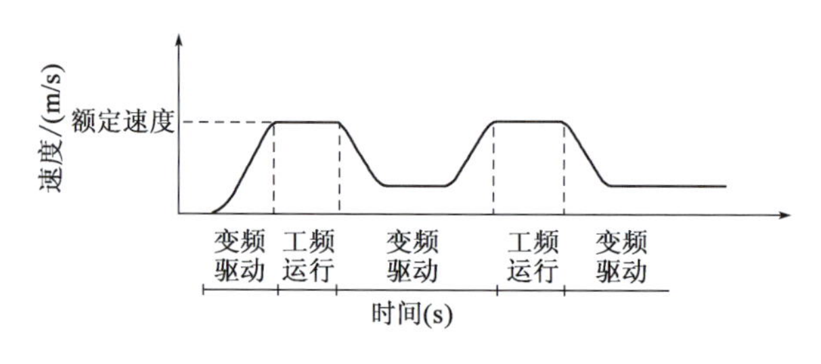

图 2.2-47　旁路变频运行时序图

旁路变频的优点是实现了无人乘梯时低速运行或停止,从而达到节电降噪减少磨损的目的。

由于采用了变频控制,系统的调速平稳,对机械系统的冲击较小,但在高速运行时变频并未参与控制,所以变频器的功率可比驱动电动机的功率小,具体选型可按变频器额定输出电流大于或等于驱动电动机额定电流(扶梯空载运行时的电流)的经验选用。与全变频相比,旁路变频技术因不需要制动电阻,减少了机房发热。

旁路变频方案的缺点是,三相电压与变频器输出端短接将会引起变频器爆炸,所以需设计完善的电气保护回路。另外,若变频控制与工频控制强行切换,会带来对驱动电动机的冲击,这也是一个需要克服的技术难题。

(3)全变频方案

全变频方案是采用变频器驱动曳引电动机,通过变频器来调节曳引电动机的转速,在没有乘客使用的时候使扶梯慢速运行或者停止,可很方便实现节能运行。

采用全变频驱动方案,在不同速度之间可实现平滑切换。由于扶梯对控制精度要求并不高,变频器可选择不带编码器的开环控制模式。但是变频器功率需大于等于曳引电动机功率选用,使得成本较难降低。此外,还需考虑制动电阻在扶梯有限的机房空间的散热问题。

具体来说,扶梯全寿命周期设计选型对变频器要求有:

- 变频器须满足《电磁兼容 电梯、自动扶梯和自动人行道的产品系列标准 抗扰度》(GB/T 24808—2009)中对电磁兼容的相关要求,应有输入端、输出端的射频干扰及谐波影响防止措施,不会对电网和其他用电设备产生高频谐波影响,应配置滤波器和电抗器。
- 变频器不应安装在控制柜内,应单独设变频器柜,放置在上部机房中。变频器柜的外壳保护等级室外型扶梯不小于 IP55,能适应 50℃ 的工作环境温度。
- 变频采用全变频的方式,变频器的额定输出电流应大于或等于电动机额定电流的 1.25 倍。
- 室外扶梯应有高湿度天气的防结露措施。
- 变频器额定效率不低于 97%;应有自动能量优化功能。

6)线缆

(1)自动扶梯所用线缆应阻燃、低烟、无卤。阻燃特性试验应符合 IEC 332-2 标准的要求;低烟试验应符合 IEC 1034-2 标准的要求;无卤特性试验应符合 IEC 754-2 标准的要求。

(2)线缆应符合《自动扶梯和自动人行道的制造与安装安全规范》(GB 16899—2011)的要求和《电力工程电缆设计规范》(GB 50217—2018)的要求。线缆截面面积为 1.5 ~ 35mm^2 时应是 450/750V 级的,线缆截面面积为 50mm^2 时应是 650/1000V 级的。

(3)电磁兼容性要求符合下列标准:

《电磁兼容 试验和测量技术 抗扰度试验总论》(GB/T 17626.1—2006)

《电磁兼容 试验和测量技术 静电放电抗扰度试验》(GB/T 17626.2—2018)

《电磁兼容 试验和测量技术 射频电磁场辐射抗扰度试验》(GB/T 17626.3—2016)

《电磁兼容 试验和测量技术 电快速瞬变脉冲群抗扰度试验》(GB/T 17626.4—2018)

(4)设备之间的电线、电缆应为管接并需采用防水接头。设备中的电缆排布要高、低压分开,数据线、模拟线(若有)分开,数据信号不得发生串扰。

(5)在桁架内,所有电缆外层保护可用铠装电缆(薄壁不锈钢)或薄壁不锈钢铠装软管、薄壁不锈钢管或薄壁不锈钢线槽,但保证其中的电缆充填率不大于60%并且线管、线槽不得有积水。所有的电线、电缆不能有中间接头;所有的连接端子应该清楚分开,并设明显标识。

(6)线槽外的导线应穿入具有防水功能的金属复合软管内,其中室外梯应采用不锈钢线管材料。导线与开关等电气件的接头处有支座和管接头,与线槽的接口处应有防尘罩。设计上应考虑防止线槽的水倒灌到线管。

(7)穿线金属软管与线槽应采用密封连接件连接。

(8)穿线金属软管应采用不锈钢扎带固定在结构件上,其他扎带也应采用不锈钢扎带。

7)故障及运行状态显示

(1)自动扶梯上、下梯头应具有运行状态显示功能。运行状态主要显示“正常停止”“上行(额定)”“下行(额定)”“紧急停止”“故障”“维修模式”扶梯故障显示板(LIFP)和BAS监视内容见表2.2-5。

扶梯故障显示板(LIFP)和BAS监视内容表　　表2.2-5

序号	状态描述	LFIP监视	BAS监视	备注
运行状态				
1	正常停止	√	√	
2	上行(额定)	√	√	
3	下行(额定)	√	√	
4	故障	√	√	
5	紧急停止	√	√	
6	维修模式	√	√	

续上表

序号	状 态 描 述	LFIP 监视	BAS 监视	备注
故障状态				
7	上端急停按钮	√		
8	下端急停按钮	√		
9	倾斜部急停按钮	√		如果有
10	上部左端梳齿板开关	√	√	
11	上部右端梳齿板开关	√	√	
12	下部左端梳齿板开关	√	√	
13	下部右端梳齿板开关	√	√	
14	上部左侧裙板安全开关	√	√	
15	上部右侧裙板安全开关	√	√	
16	倾斜左侧裙板安全开关	√	√	
17	倾斜右侧裙板安全开关	√	√	
18	下部左侧裙板安全开关	√	√	
19	下部右侧裙板安全开关	√	√	
20	上部左侧扶手带入口保护开关	√	√	
21	上部右侧扶手带入口保护开关	√	√	
22	下部左侧扶手带入口保护开关	√	√	
23	下部右侧扶手带入口保护开关	√	√	
24	电动机过流/过载保护开关	√		
25	电源错、断相保护开关	√		
26	对地漏电保护开关	√		
27	扶梯超速保护开关	√		
28	扶梯倒转保护开关	√		
29	扶梯欠速保护开关	√		
30	机械制动故障	√	√	
31	主驱动链断裂	√		
32	左侧梯级链断裂	√		
33	右侧梯级链断裂	√		
34	左侧扶手带驱动链断裂(扶手带上驱动梯)	√		
35	右侧扶手带驱动链断裂(扶手带上驱动梯)	√		
36	扶手带驱动链断裂(扶手带中间驱动梯)	√		
37	左侧扶手带断裂	√		
38	右侧扶手带断裂	√		

续上表

序号	状 态 描 述	LFIP 监视	BAS 监视	备注
故障状态				
39	上部梯级塌陷	√		
40	下部梯级塌陷	√		
41	左侧扶手带超速/欠速	√		
42	右侧扶手带超速/欠速	√		
43	上部机房地板打开信号	√	√	
44	下部机房地板打开信号	√	√	
45	扶梯上端头停止开关	√		
46	扶梯下端头停止开关	√		
47	维修控制盒停止按钮	√	√	
48	手动盘车停止开关	√		
49	机械制动磨耗板报警	√		
50	润滑油低位报警	√	√	
51	水位报警开关	√	√	
52	乘客逆向进入报警	√		
53	控制柜温度状态	√	√	
54	变频器控制柜温度状态	√	√	

(2)自动扶梯应具有故障自诊断功能。当设备发生故障时可通过显示装置判断出故障发生位置、原因、时间等,并在一段时间内有足够内存保持这些信息(内存容量不少于1000条故障信息)。可通过便携式计算机现场下载每台扶梯的故障信息、运行时间、停梯时间、检修时间等信息。

(3)每台扶梯控制柜均须配有报警装置,以响应自动扶梯机房盖板缺失、乘客逆向进入、就地紧急停止按钮及安全开关的动作。就地紧急停止按钮及安全开关动作时,蜂鸣器应报警。

8)开关、插座及照明

(1)在扶手带入口处附近,设有带蜂鸣器的操纵钥匙开关和方向转换开关。

(2)在扶梯上、下水平段的桁架内应提供手动盘车控制开关,以方便在手动盘车时切断电动机电源。

(3)在上、下水平桁架内,应设有直流36V、5A、2极安全电源插座和220V、5A、3极照明电源及相关插座;在上、下机房内应各设置一个36V的安全防爆灯,旁边设开关。安全开关外壳保护等级室外型梯不小于IP67;钥匙开关外壳保护等级不小于IP55;停止按钮、插座外壳保护等级不小于IP54。

(4)所有钥匙开关、急停开关、停止开关等操纵开关和维修、照明等专用插座开关应有操作方向等永久性标志。各种开关应有代号标识,所有标识均使用中文。

(5)在驱动站和转向站应装设一只能切断电动机、制动器释放装置和控制电路电源的主开关。

(6)在保证操作人员在操作时能看到整个扶梯的位置情况下设置起动、停止、方向转换开关。

(7)在位于自动扶梯出、入口附近,明显而易于接近的位置上分别设置紧急停止开关。该开关不能自恢复,重新启动扶梯必须通过启动开关。对于提升高度大于9米的扶梯,应按有关标准增设紧急停止开关。所有的紧急停止开关的设置应有防止误操作的措施,按压开关不是直接的,应有一个类似于可开启的有机玻璃盖子的结构。在紧急停止开关旁有醒目的操作提示。

(8)在驱动站和转向站内设置检修控制装置用防水插座,两插座不能同时使用。

9)安全隔离栅及手动盘车

(1)驱动站和转向站内设备的布置,应保证维修人员安全、方便地接近所有部件。在驱动站和转向站内,维修人员与梯级之间设置可方便取出的安全隔离栅(图2.2-48),也称梯级挡板。

(2)每台扶梯配有一套手动盘车装置,以及工作制动器释放工具,外表涂黄色油漆,如图2.2-49所示。

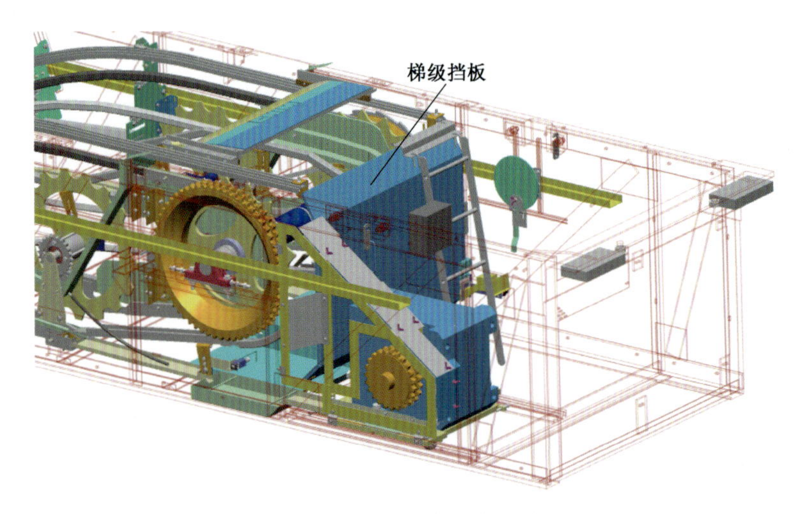

图 2.2-48　安全隔离栅(梯级挡板)

图 2.2-49　手动盘车轮

(3)在手动盘车装置上有永久性的箭头指示盘车方向(上或下)。

10)维修控制盒

(1)每台扶梯提供一台便携式维修控制盒,外壳防护等级为 IP55。

(2)应有电源开关、上行与下行开关、报警开关、急停开关,其中急停开关应是非自动复位的。其余均为自动复位式按钮开关。按下维修盒上的上行与下行按钮,便能使扶梯以维修速度运动。

(3)采用检修控制盒启停扶梯前,应先打蜂鸣进行提醒,然后才能开梯。

(4)桁架内设维修盒插座,上下水平段各设一个。当维修盒插上时,扶梯只能用维修盒操纵,而钥匙开关失效。两个插座不能同时使用。当两个维修盒都插上时,则同时失去作用。

(5)维修控制盒应配有防水铠装电缆,电缆长度要大于5m,并不小于扶梯全长的一半。

11)指示灯

在扶梯上下出入口便于乘客看到的位置设置运行状态指示灯。该灯可显示运行方向及停止信息,见表2.2-6。

指示灯信息表　　表2.2-6

序号	功 能 描 述	灯箱显示信号	
		下端	上端
1	扶梯停运	θ	θ
2	上行	↑	θ
3	下行	θ	↓

2.2.7 安全装置

人们在乘梯时,与扶梯部件的接触、碰撞以及其速度的突然变化都会对设备及乘用人员造成安全隐患。因此,自动扶梯应设置一定的安全保护装置以避免各种潜在危险事故的发生,确保乘用人员和设备的安全,并把事故对设备和建筑物的破坏降至最低。安全装置如图2.2-50所示。

(1)扶手带入口安全保护装置

扶手带是运动部件,在自动扶梯的上下端各有一个出入口,运动着的扶手带从出入口进出。为防止乘用人员好奇用手触摸,造成不必要的伤害,因此标准中规定,扶手带出入口必须装设安全保护装置,以防止乘用人员受到伤害,并装设安全保护开关,开关一旦动作,自动扶梯就会停止运行。扶手带入口安全保护装置如图2.2-51所示。

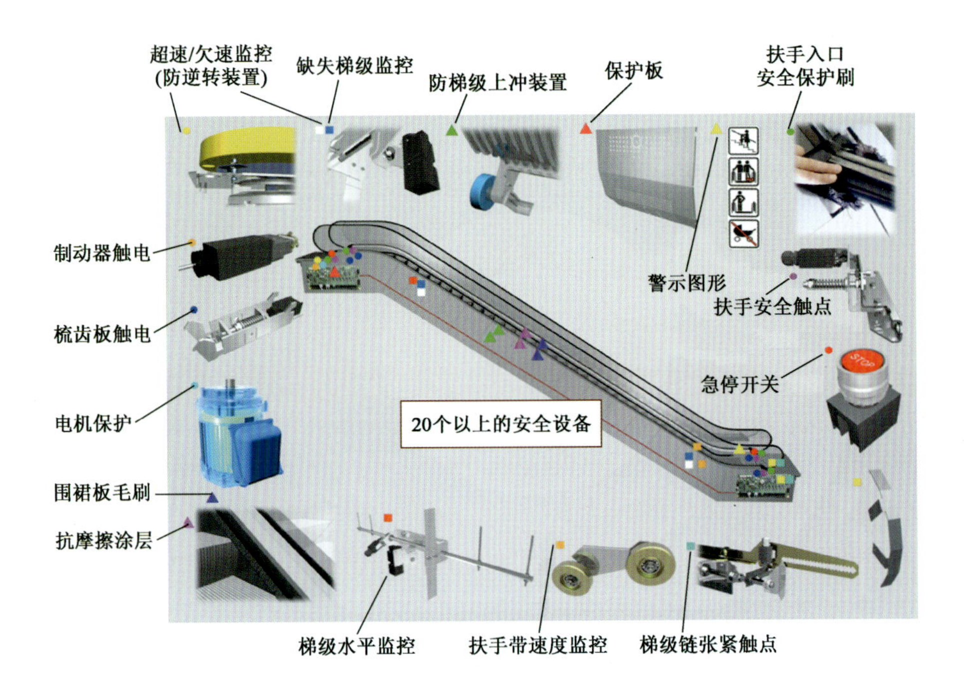

图 2.2-50 安全装置(部分)

图 2.2-51 扶手带入口安全保护装置

图 2.2-52 所示为一种形式的出入口保护装置。自动扶梯的扶手带入口保护装置是在扶手带入口处设有一橡胶圈,扶手带穿过橡胶圈运行,当有异物

卡住时，橡胶圈向内移动，与之相连的触发杆将向内移动，切断安全开关，使自动扶梯停止运行。

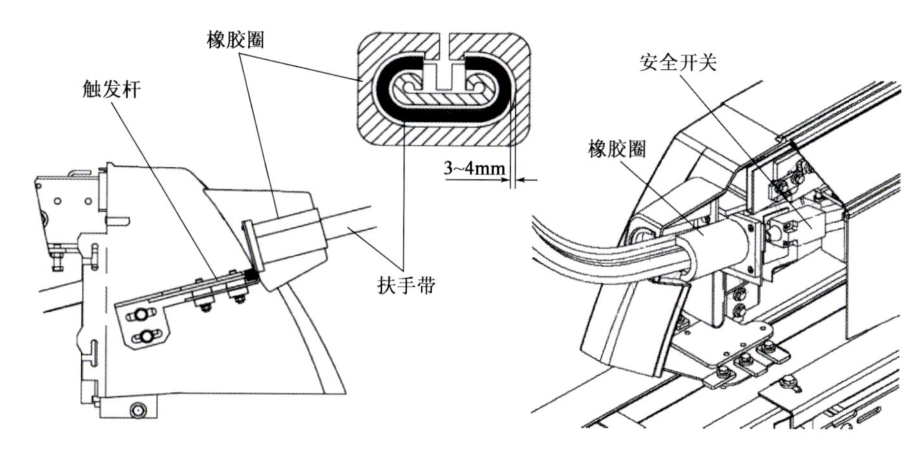

图 2.2-52 一种扶手带入口安全保护装置

(2)扶手带断带安全保护装置

扶手带断带安全保护装置是自动扶梯在扶手带断带时停止运行的装置，在断带或扶手带过分伸长失效时，安全开关均可动作，从而切断安全回路，使自动扶梯停止运行。

图 2.2-53 所示的是一种扶手带断带安全保护装置。

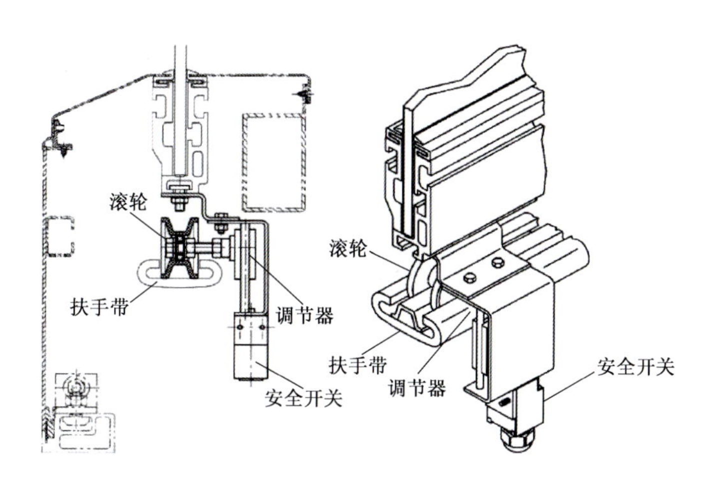

图 2.2-53 扶手带断带安全保护装置

滚轮式断带安全保护装置如图 2.2-54 所示。滚轮在重力作用下靠贴在扶手带内表面，并在摩擦力作用下滚动。扶手带一旦断裂，摇臂就会上抬，触动安全开关，使自动扶梯控制电路断开，停止运动。

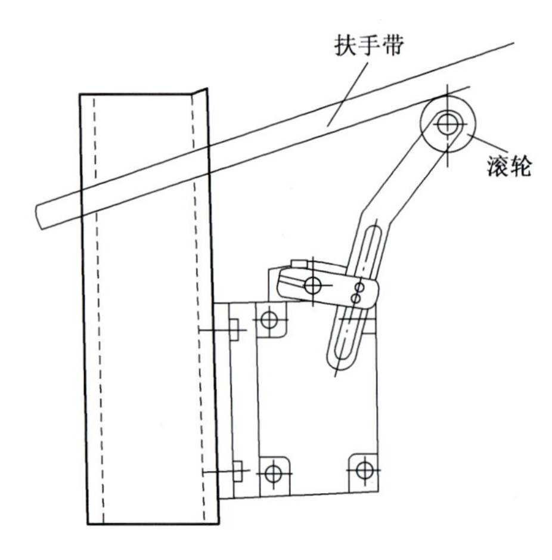

图 2.2-54　滚轮式扶手带断带安全保护装置

(3)扶手带去静电装置

扶手带属橡胶制品，在运动时扶手带与导轨之间不停摩擦，会产生静电。静电荷在扶手表面达到一定量时，就会使人手有触电的感觉，所以要装设扶手带去静电装置。

常见的去静电装置如图 2.2-55 所示。该装置使用紫铜刷或铜质导向件与扶手表面接触，经桁架接地去静电。

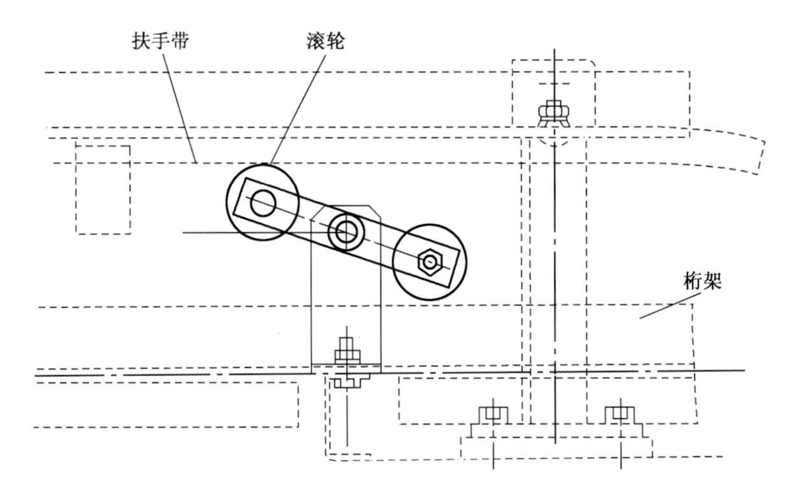

图 2.2-55　扶手带去静电装置

(4)扶手带同步检测装置

扶手带正常工作时应与梯级同步(标准中规定了扶手带对梯级速度的允许偏差为0～+2%)。如果相差过大,作为重要的安全设施的活动扶手带就会失去意义,特别是在扶手带过分慢时,会将乘客的手臂向后拉,为此,需设置扶手带监控装置。常见的扶手带同步检测装置如图2.2-56所示。

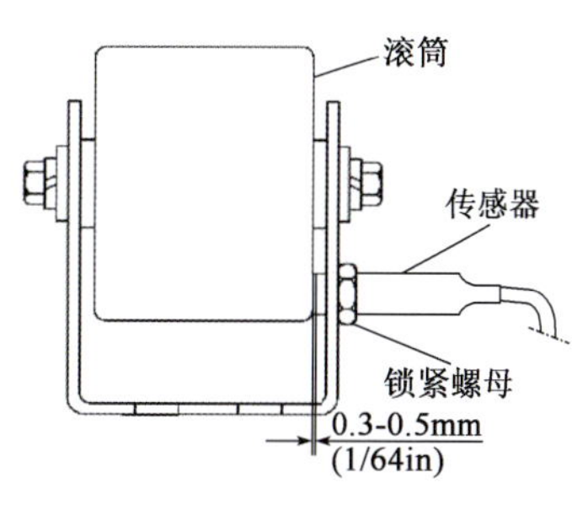

图2.2-56 扶手带同步检测装置

(5)梯级塌陷安全保护装置

梯级是运载乘客的重要部件,如果损坏是很危险的。有时,由于梯级轮外圈的橡胶剥落或梯级轮轴断裂或梯级的弯曲变形等情况发生时,如果没有被检测出来,在进入梳齿和转向壁时,会损坏扶梯的重要零部件,造成事故,因此自动扶梯上必须装设有梯级塌陷或严重变形的保护装置。梯级塌陷安全保护装置如图2.2-57所示。

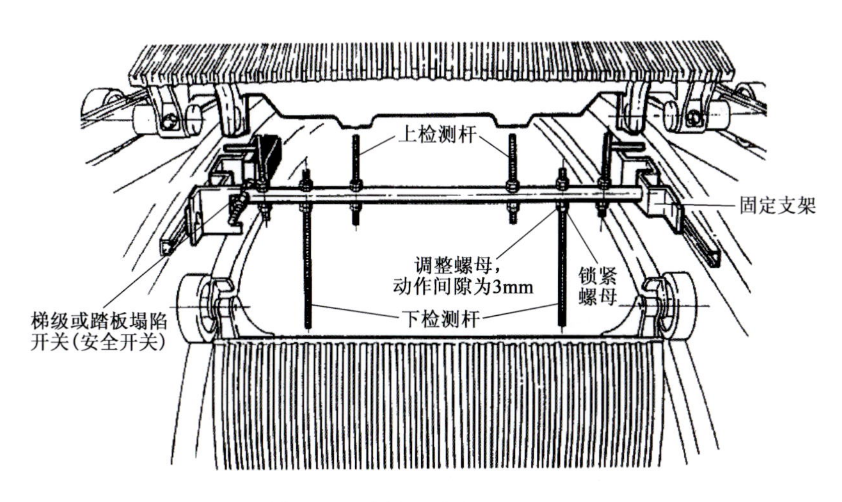

图2.2-57 梯级塌陷安全保护装置

当引起梯级轮外圈的橡胶剥落或梯级轮轴断裂或梯级弯曲变形或超载使梯级下沉时,梯级会碰到上下检测杆,轴随之转动,碰击开关,自动扶梯停止运行。此时应检查或更换、修复损坏的梯级。故障排除后,手动将检测杆复位,安全开关随即复位,自动扶梯便可重新运转。

(6)梳齿板安全保护装置

梳齿通过螺钉连接在梳齿板上,梳齿与梯级踏板面的凹槽相配合,配合间隙一般在 3 ~4mm,以铲除一些垃圾和异物。但有时如果有异物卡到梳齿与梯级之间,就有可能将梳齿打断或损坏梯级。因此,自动扶梯上必须设有梳齿板异物卡住时的保护装置。梳齿板安全保护装置如图 2.2-58 所示。

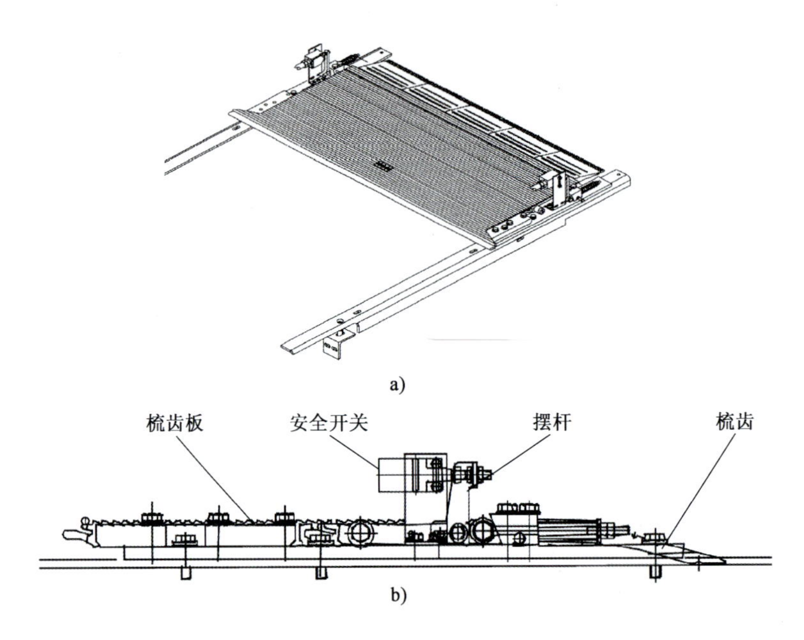

图 2.2-58　梳齿板安全保护装置

这种梳齿板保护装置可以在水平和竖直两个方向上切断安全回路。当有异物卡在梳齿之间时,梳齿板会向后移动,连接在梳齿板上的可调摆杆将安全开关的触点切断;当梳齿板向上抬起时,通过摆杆转化成摆杆的水平移动,同样可以将开关切断。

(7)裙板安全保护装置

自动扶梯裙板与梯级侧面存在着间隙,在正常运行时裙板与梯级之间的间隙,单边不大于 4mm,两侧之和不大于 7mm。特别是在上下转弯处,梯级除作水平方向外,还有垂直方向动,容易将异物卡入间隙造成危险。为保证乘客的安全,自动扶梯一般都装有裙板安全开关(图 2.2-59),一旦出现异物卡入间隙时,能使自动扶梯立即停止运行。

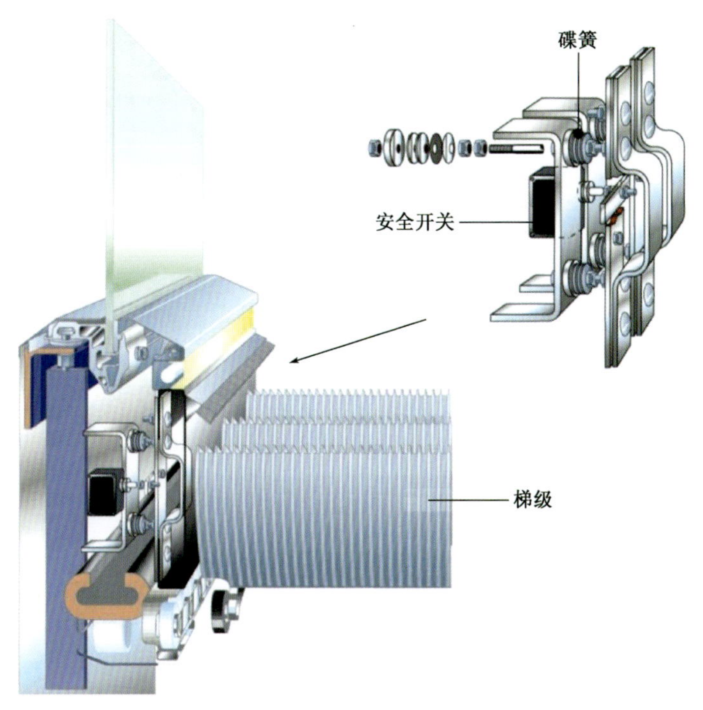

图 2.2-59　裙板安全开关

为了不使人的鞋、小腿与裙板接触,可在自动扶梯两侧的裙板上安装防接触装置。常见的防接触装置有毛刷型和橡胶条型,如图 2.2-60 所示。

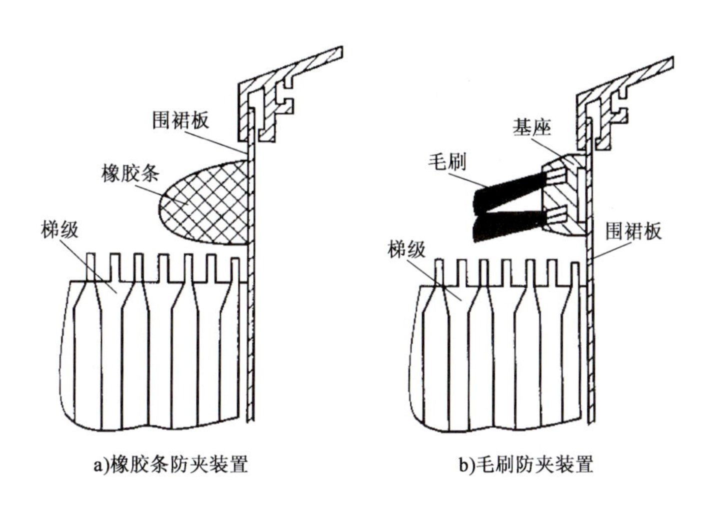

图 2.2-60　裙板防接触装置

(8)梯级链断裂安全保护装置

梯级链在使用中随着磨损会发生伸长甚至断裂。伸长的主要原因是链条节点处的销轴与轴套的磨损,使节距增大,伸长太多就会导致梯级系统产生不正常振动和噪声,并在返回时会出现被卡住的可能。在标准中规定,自动扶梯必须装设当梯级链过度伸长或断裂时使扶梯停止安全保护装置。梯级链保护装置一般与梯级链张紧装置是同一结构,如图 2.2-61 所示。

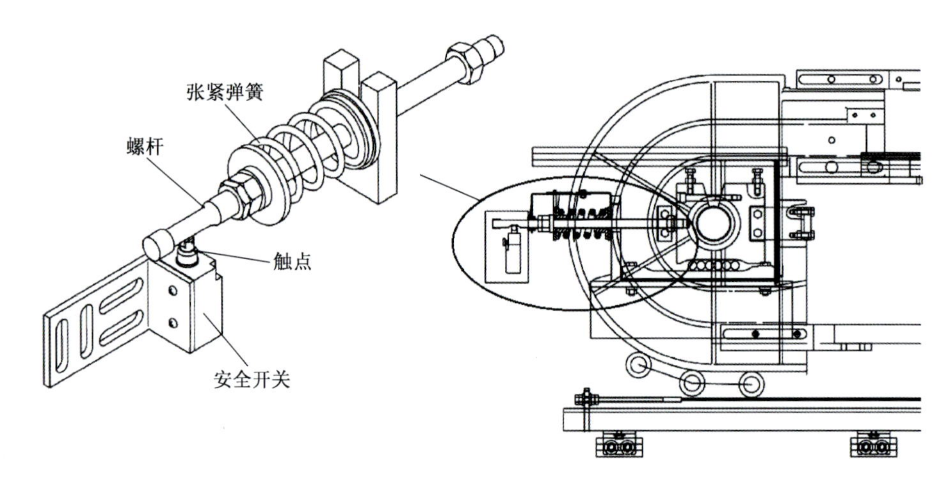

图 2.2-61 梯级链断裂安全保护装置

(9)梯级缺失探测器

梯级缺失探测器(图 2.2-62)是一个安全装置,用于探测梯路中梯级的缺失,由两个接近开关组成。一旦发现梯级带出现空隙,梯级缺失指示器就会关闭自动扶梯。当两个接近开关同时报告没有梯级时,很显然出现了梯级带空隙,接近开关位于上下反向站内,使得在梯级带空隙可见之前梯级带就被制动。

(10)驱动链断链保护装置

标准规定,当驱动链发生断链时,应使自动扶梯停止运行。采用链式驱动的自动扶梯应装有驱动链断链保护装置。

驱动链断链保护装置如图 2.2-63 所示,作用有两种:一是在链条断裂时发出断链信号使附加制动器立即动作;二是当链条过分松弛时,切断自动扶梯安全电路,使自动扶梯工作制动器动作。

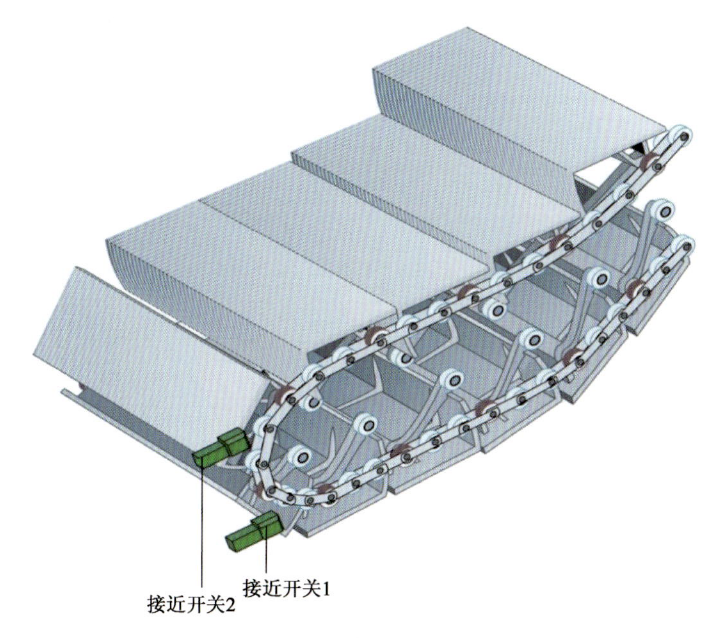

图 2.2-62 梯级缺失探测器

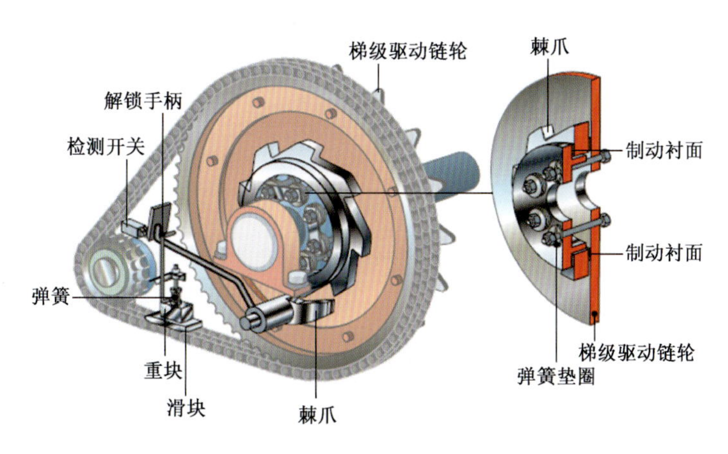

图 2.2-63 驱动链断链保护装置

(11)电动机超速检测装置

标准规定,当电动机的转差率大于 10% 或电动机与梯级间的转动存在摩擦时,就必须有超速检测装置,并在自动扶梯发生超速达到额定速度 1.2 倍前切断控制电路。

图 2.2-64 所示是一种电子式速度监控装置,其速度传感器是一个旋转编

码器,安装在电动机轴上。电动机转动时,旋转编码器产生脉冲信号,并将脉冲发送到控制柜。控制柜使用脉冲数计算自动扶梯的速度和方向。

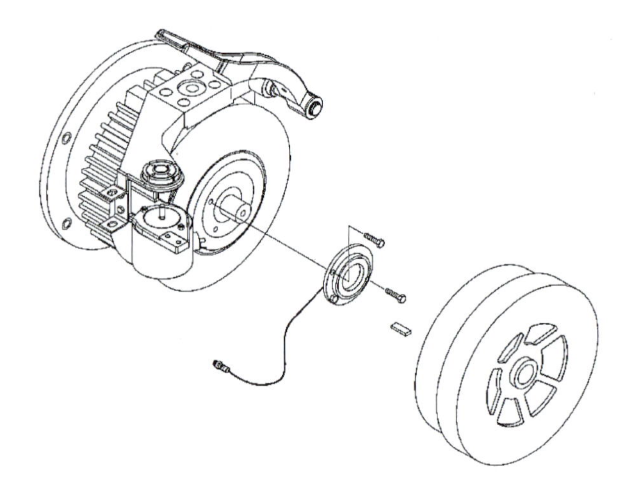

图 2.2-64 电动机超速检测装置

(12)楼层盖板保护装置

楼层盖板保护装置(图 2.2-65)是楼层盖板开关,如果底坑盖打开,安全回路被切断,自动扶梯停止运行。楼层盖板开关防止在楼层盖板打开的时候机械运动发生意外伤害。在楼层盖板盖上前,自动扶梯不能启动。

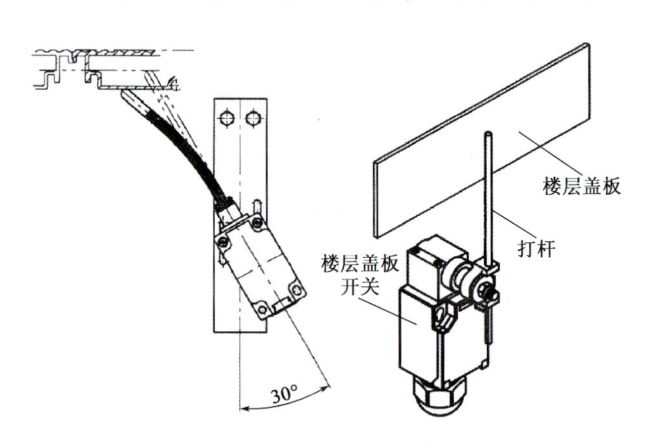

图 2.2-65 楼层盖板保护装置

(13)急停开关

急停开关(图 2.2-66)安装在自动扶梯上明显的地方,遇到紧急情况时,按下急停开关,自动扶梯将制停。一般位于自动扶梯的上下扶手入口面板处,超长的自动扶梯应在自动扶梯中部位置增加一个或若干个急停开关。

图 2.2-66 急停开关

(14)电动机过载保护装置

当电动机过载时应加设一个装置使自动扶梯立即停止运行。因此,在自动扶梯上都装有电动机过流保护继电器,或采用能直接切断电流的具有过载保护功能的自动开关,以保护电动机不在过载状态下工作。

(15)相位保护

当电源相位接错或相位脱开时,自动扶梯应不能运行。

(16)梯级间隙照明装置

在梯路上下水平区段与曲线区段的过渡处,梯级在形成阶梯,或在阶梯的消失过程中,乘客的脚往往踏在两个梯级之间而发生危险。为了避免上述情况的发生,在上下水平区段的梯级下面各安装一个绿色荧光灯,使乘客经过该处看到绿色荧光灯时,及时调正在梯级上站立的位置。

(17)非操纵逆转保护装置

非操纵逆转保护装置(图 2.2-67)应该在梯级改变规定运行方向时动作,使自动扶梯自动停止运行,重新启动后方能改变运行方向。

(18)驱动装置与转向装置距离保护装置

驱动装置与转向装置之间应设保护装置,当驱动装置与转向装置之间的距离(无意性)缩短时,自动扶梯或自动人行道应自动停止运行。

图 2.2-67　非操纵逆转保护装置

2.3 本章小结

本章对自动扶梯的选型技术进行了系统性介绍,通过自动扶梯的系统功能介绍了扶梯的总体性情况,以及其与乘客息息相关的载客特性。本章着重介绍了自动扶梯全寿命周期管理的理念,并基于全寿命周期内的安全性和经济性,阐述了自动扶梯主要部件选型技术。通过对自动扶梯整机选型、主要部件与装置(包括支撑结构、驱动系统、运载系统、扶手装置、其他装置、安全装置等)的详细分析,基于全寿命周期理论,考虑自动扶梯从生产制造到报废回收周期内的综合经济性、整体安全性,并结合工程实际和理论分析,给出自动扶梯主要部件的选型原则。

3 工程全过程智能设计技术

3.1 全过程设计概述

利用数据驱动应用的理念，研发应用于城市公共交通设计领域，且能够指导自动扶梯设备选型、工程设计和快速成图的全过程智能设计系统。该系统包括应用体系、维护体系、标准体系、管理体系4个体系，数据资源层、集成服务层、计算机辅助设计层、协同设计层4个结构层次。4个体系是系统功能开发的外围体系，4个结构层是系统功能实现的内部结构，如图3.1-1所示。

应用体系是系统功能的表现方式，是用户能够操作的功能，包括自动扶梯的智能选型，预可行性研究阶段设计、可行性研究阶段设计、初步设计阶段设计、专业协同会签、施工图阶段设计、全寿命周期管理7个子功能。

维护体系是系统保密性、安全性、数据正确性的功能体系，扶梯相关基础数据、设计规范、运维标准等如发生变化，均在本体系功能内修改，保证系统所应用的数据是统一的、正确的。包括统一运维管理、数据质量管理、元数据管理、安全管理。

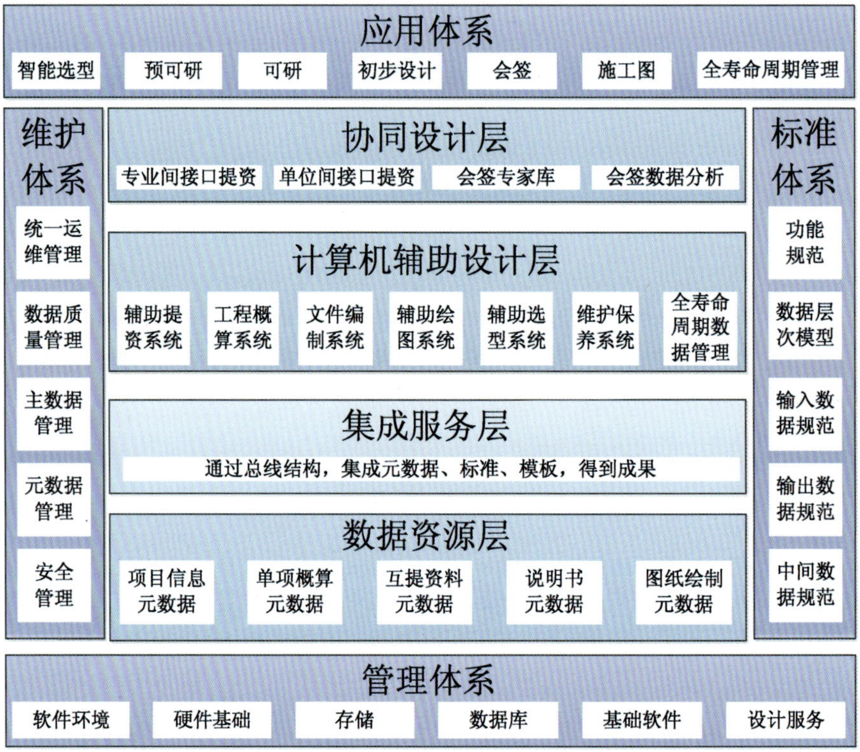

应用体系
智能选型 预可研 可研 初步设计 会签 施工图 全寿命周期管理

维护体系
统一运维管理
数据质量管理
主数据管理
元数据管理
安全管理

协同设计层
专业间接口提资 单位间接口提资 会签专家库 会签数据分析

计算机辅助设计层
辅助提资系统 工程概算系统 文件编制系统 辅助绘图系统 辅助选型系统 维护保养系统 全寿命周期数据管理

集成服务层
通过总线结构，集成元数据、标准、模板，得到成果

数据资源层
项目信息元数据 单项概算元数据 互提资料元数据 说明书元数据 图纸绘制元数据

标准体系
功能规范
数据层次模型
输入数据规范
输出数据规范
中间数据规范

管理体系
软件环境 硬件基础 存储 数据库 基础软件 设计服务

图 3.1-1 “数据驱动”的全过程智能设计总体方案

标准体系是搭建的公共交通自动扶梯设计层次数据模型,为系统开发提供标准化数据资源和规则、规范、模板。包括功能规范、数据层次模型、输入数据规范、输出数据规范、中间数据规范。

管理体系是系统的硬件环境、系统环境、数据库等开发及应用的管理体系,是系统开发的外部基础。包括软件环境、硬件基础、存储模式、数据库、基础软件、设计服务。

数据资源层是对标准体系及维护体系中元数据的整理归纳和程序化,是最小的设计参数化数据,后续的功能核心均是通过元数据的不同组合以及对应用的驱动实现的,包括项目信息元数据、单项概算元数据、互提资料元数据、说明书元数据、图纸绘制元数据。

集成服务层是通过总线结构对元数据进行集成,并与结构化标准模板结合,形成中间成果或中间数据的功能层,通过集成服务层可以避免数据交叉读取导致的数据结构复杂、难以维护、不可溯源等问题。包括通过总线结构、集成元数据、标准、模板、得到成果。

计算机辅助设计层是数据驱动全过程辅助设计的子功能层,是应用体系中各个功能的子功能层。应用体系是按设计阶段、设计深度、设计需求进行划分的功能模块,而应用体系中每一个设计阶段可能均涉及计算机辅助设计层中的子模块。包括辅助提资系统、工程概算系统、文件编制系统、辅助绘图系统、辅助选型系统、维护保养系统、全寿命数据管理系统。

协同设计层是计算机辅助设计层的并行层,是多专业、多单位间协同工作的功能层,保证公共交通自动扶梯全过程涉及的各专业、各单位间的协同数据一致。包括专业间接口提资、单位间接口提资、会签专家库、会签数据分析。

综上,在车站自动扶梯设计领域,提出“数据驱动应用”的理念,并通过4个层次结构,4个外部体系,全过程数字化的一致性驱动各类应用平台,实现全过程数字化智能设计,保证全过程设计及接口的一致性、正确性、高效性。

3.2 全过程设计数据标准研究

3.2.1 自动扶梯智能设计层次数据模型

基于数据层次结构搭建自动扶梯数据标准,为系统开发提供数据基础。建立统一的数据平台规范和标准,保障系统整体建设及长远期建设数据标准一致性,后建的应用系统直接使用制定的同一套数据标准,有利于后期建设的延续性和各业务系统间的数据一致。根据自动扶梯工艺设计全过程和工艺设计参数,按照图3.2-1的数据标准分类建设。

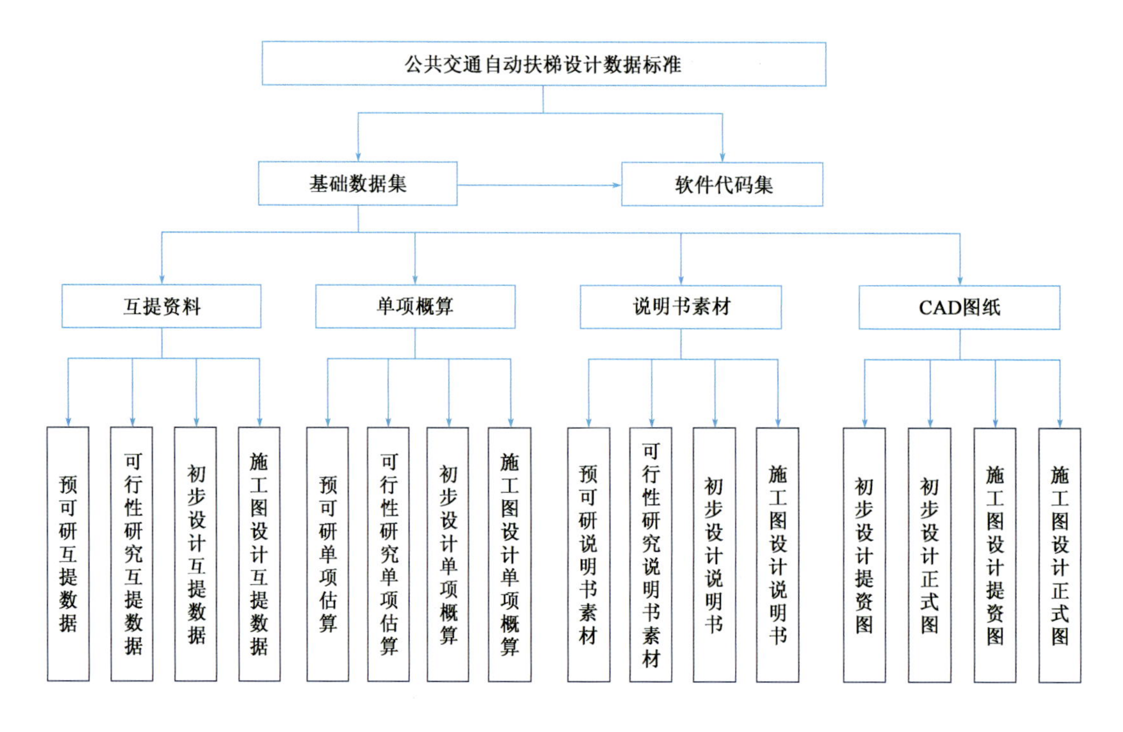

图 3.2-1　公共交通自动扶梯设计数据标准

为了保证数据结构的清晰,将所有数据分层,形成层次结构,并对最终的元数据进行标准化,最终将数据转化为系统代码。图 3.2-2 为自动扶梯设计层次数据模型,以设计阶段为最顶层,逐步细化,最终操作元数据形成应用程序。

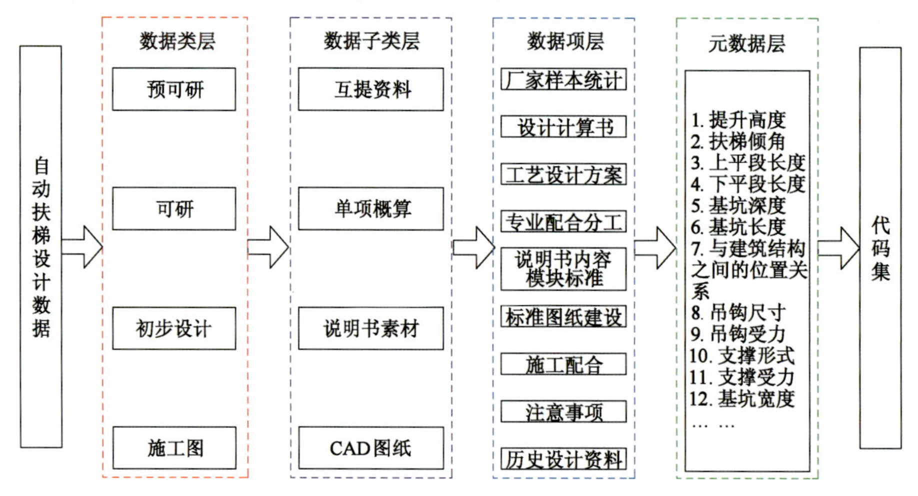

图 3.2-2　自动扶梯设计层次数据模型

3.2.2 自动扶梯包容设计

自动扶梯必须在工厂装配后,运至现场整体吊装,如图3.2-3所示。其安装单元庞大(长约9m、高约5m、宽约1.7m),而且不同地域、各个厂家的扶梯标准(尤其是与土建及其他系统接口)各异。作为大型非标设备,生产、精调出厂后,返厂整改难度极大,对比国外自动扶梯先投产再进行土建基础施工的模式,国内公共交通项目建设周期快,要求土建基础施工与设备系统设计、生产、安装同步进行。自动扶梯作为大型非标设备,且在我国这种特殊的建设需求,包容性设计至关重要。

a)

b)

c)

图3.2-3 自动扶梯现场吊装图

总结蒂森克虏伯、日立、迅达、康力、奥的斯、通力等扶梯厂家产品的参数,利用包容设计方法研究与相关专业接口工艺,对自动扶梯安装工艺图中表达要素进行通用、标准、全面的研究。形成包容设计标准见表3.2-1。

包容性设计标准(部分) 表3.2-1

序号	数据名称	范围1	范围2	范围3	范围4	范围5
1	H(mm)	4500～5500	5501～7000	7001～9000	9001～12000	12001～15000
2	K(mm)	≤1740	≤1740	≤1740	≤1740	≤1740
3	$L_{平上}$(mm)	5020	5020	5020	5020	5020

续上表

序号	数据名称	范围1	范围2	范围3	范围4	范围5
4	$L_{平下}$(mm)	3500	3500	3500	3500	3500
5	$h_{上}$(mm)	≤1700	≤1700	≤1700	≤1700	≤1700
6	$h_{下}$(mm)	≤1300	≤1300	≤1300	≤1300	≤1300
7	$D_{上室内}$(mm)	≥1900	≥1900	≥1900	≥1900	≥1900
8	$D_{上室外}$(mm)	≥2300	≥2300	≥2300	≥2300	≥2300
9	$D_{下室内}$(mm)	≥1500	≥1500	≥1500	≥1500	≥1500
10	$D_{下室外}$(mm)	≥1600	≥1600	≥1600	≥1600	≥1600
11	E(mm)	≤1490	≤1150	≤1150	≤1150	≤1150
12	中间支撑(个)	无	1	1	1	2
13	吊钩数量(对)	3	3	3	4	5
14	R_1(kN)	189	76	85	113	95
15	R_2(kN)	206	83	94	113	120
16	R_3(kN)		176	200	223	163
17	R_4(kN)					191
18	Q_1(kN)	≥80	≥80	≥80	≥80	≥80
19	Q_2(kN)	≥80	≥80	≥80	≥80	≥80
20	Q_3(kN)	≥80	≥80	≥80	≥80	≥80
21	Q_4(kN)				≥80	≥80
22	Q_5(kN)					≥80
23	功率(kW)	≥15	≥18.6	≥24	≥30	≥2×18.6

自动扶梯安装工艺图中要表达的要素可分为扶梯尺寸、基坑尺寸、中间支撑、吊钩4个部分。除此之外，根据站内扶梯与出入口扶梯安装条件、土建基础的不同，站内扶梯要标明与车站结构柱的位置关系，出入口扶梯要标明集水井及检修孔的位置。

每张图纸上要表达的尺寸、位置、受力等60多个要素，对工艺图至关重要的尺寸有扶梯提升高度、扶梯倾角、扶梯布置形式、上平段长度、下平段长度、上基坑深度、下基坑深度、中板开孔长、井道投影长、扶梯井道宽度等。图3.2-4为站内扶梯正视断面图出图要素，图3.2-5为出入口扶梯正视断面图出图要素。

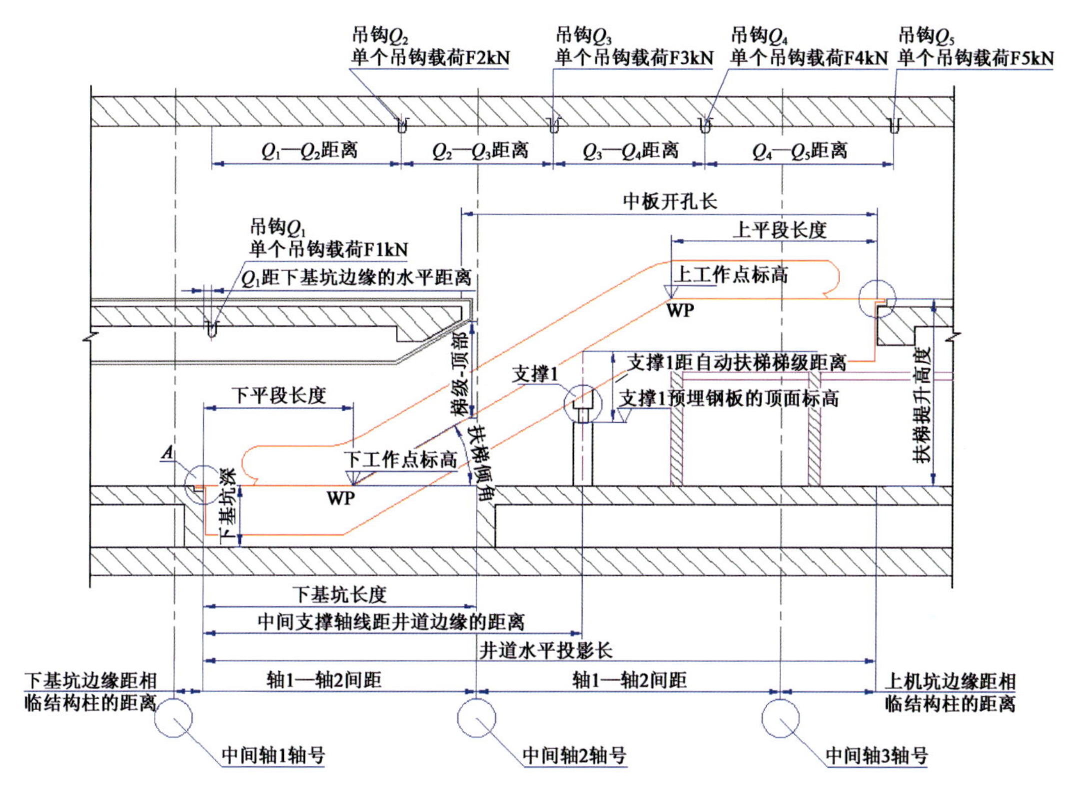

图 3.2-4 站内扶梯正视断面图出图要素

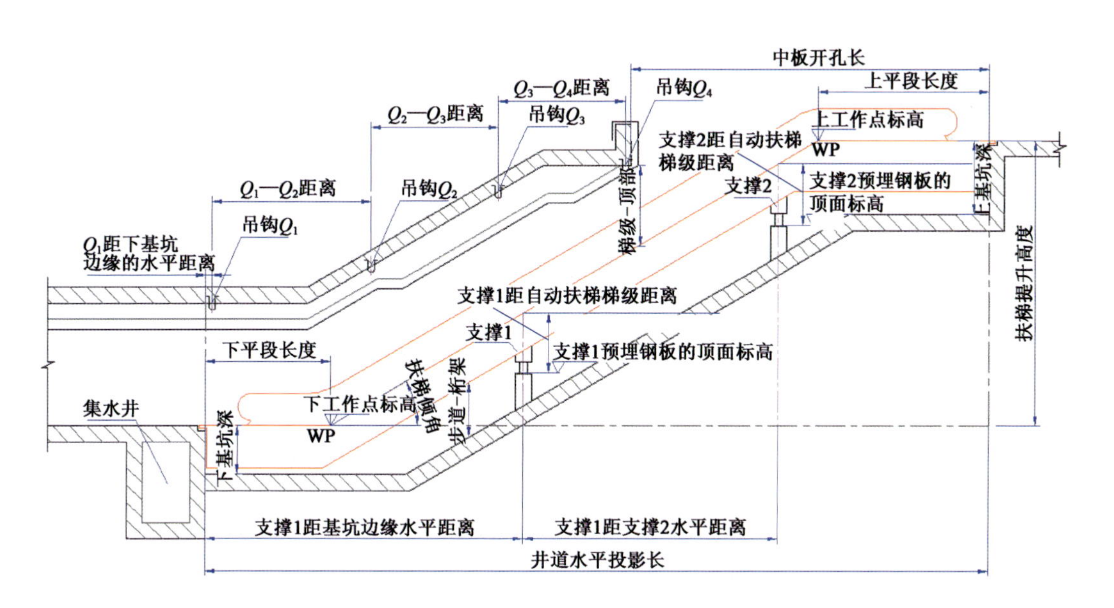

图 3.2-5 出入口扶梯正视断面图出图要素

其中有多个尺寸相互关联：

(1)扶梯提升高度=上工作点标高－下工作点标高。

(2)井道水平投影长=下平段长度+上平段长度+扶梯提升高度/tan(扶梯倾角)。

(3)自动扶梯的倾斜角度不大于30°,与楼梯并列布置且提上高度大于9m的室外型自动扶梯,一般采用27.3°。

(4)端部预埋钢板长=扶梯井道宽度。

(5)中间支撑数量、受力可根据提升高度计算;其位置在井道水平投影长上均布(在没有土建结构影响的情况下);支撑预埋钢板顶面标高可根据支撑水平位置、扶梯倾角、下工作点标高进行计算。

(6)吊钩数量、受力可根据提升高度或井道水平投影长计算;其位置在井道水平投影长上均布(在没有土建结构影响的情况下)。

以往全过程设计过程中,无法保证4个设计阶段、6类设计资料、8个接口专业、5个协同单位间数据传递的包容、正确、一致,导致包容设计不精准、各阶段设计脱节、各专业接口干涉、各单位间信息错漏等问题,造成预留接口的返工或者浪费,影响建设工期。必须在工期、人力资源有限的前提下,解决包容设计难、接口易错漏、各阶段脱节的难题。

3.2.3 标准化接口数据

1）互提资料标准输入、输出

公共交通自动扶梯工艺设计主要相关专业有建筑、结构、BAS、综合监控系统(Integrated Supervisory Control System,ISCS)、供电、通信、装修。互提资料将固定的设计标准数据或其他设计经验、包容尺寸等(最大输送能力、扶梯布置要求、踏步面到顶部的建筑物吊顶面的垂直净空高度、扶梯用电要求等)直接默认写在设计系统中,将随项目变化的数据形成参数化输入标准。互提资料标准输入输出数据见表3.2-2。

互提资料标准输入、输出数据 表3.2-2

设计阶段	标准输入数据			标准输出数据	
	序号	名称	类型	名称	类型
预可研	1	自动扶梯倾角要求	String	对相关专业要求	Word
	2	出入口梯级加热要求	String		
可研	1	自动扶梯倾角要求	String	对相关专业要求	Word
	2	出入口梯级加热要求	String		
初步设计	1	提资图信息(图号)	String	对建筑专业要求	Word
	2	扶梯编号	String		
	3	扶梯编号的意义	String	对建筑专业要求	Word
	4	扶梯倾角要求	String		
	5	负荷等级及其他要求	String	对电力专业要求	Word
	6	对通信要求内容	String	对通信专业要求	Word
	7	对FAS/BAS要求内容	String	对FAS/BAS要求	Word
	8	对ISCS要求内容	String	对ISCS要求	Word
施工图	1	提资图信息(图号)	String	对建筑专业要求	Word
	2	扶梯编号	String		
	3	扶梯编号的意义	String		
	4	扶梯倾角要求	String		
	5	负荷等级及其他要求	String	对电力专业要求	Word
	6	对通信要求内容	String	对通信专业要求	Word
	7	对FAS/BAS要求内容	String	对FAS/BAS要求	Word
	8	对ISCS要求内容	String	对ISCS要求	Word

2)单项概算标准输入、输出

本专业自动扶梯为自编概算,地铁项目没有“铁路工程投资控制系统”,每次进行地铁项目设计时,都需要人工建立概算表并进行计算,因此造成很多不便,本程序需要利用计算机技术,通过参数化方法,将计算参数通过程序输入,再生产标准的单项概算表格,从而大大减少设计人员的工作量。单项概算标准输入、输出数据见表3.2-3。

单项概算标准输入、输出数据　　表 3.2-3

设计阶段	标准输入数据			标准输出数据	
	序号	名称	类型	名称	类型
预可研	1	自动扶梯数量	Integer	概算资料提供单和送审单	Word
	2	自动扶梯单价	Double		
	3	运杂费系数	Double		
	4	安装工程费系数	Double		
	5	人工费系数	Double	单项概算附件	Excel
	6	辅料费系数	Double		
	7	机械费系数	Double		
可研	1	出入口自动扶梯数量	Integer	概算资料提供单和送审单	Word
	2	站内自动扶梯数量	Integer		
	3	出入口自动扶梯单价	Double		
	4	站内自动扶梯单价	Double		
	5	运杂费系数	Double		
	6	安装工程费系数	Double	单项概算附件	Excel
	7	人工费系数	Double		
	8	辅料费系数	Double		
	9	机械费系数	Double		
初步设计	1	出入口扶梯按提升高度(5.5m/9m/12m)分段数量	Integer	概算资料提供单和送审单	Word
	2	站内扶梯按提升高度(5.5m/9m/12m)分段数量	Integer		
	3	出入口扶梯按提升高度(5.5m/9m/12m)分段单价	Double		
	4	站内扶梯按提升高度(5.5m/9m/12m)分段单价	Double		
	5	运杂费系数	Double	单项概算附件	Excel
	6	安装工程费系数	Double		
	7	人工费系数	Double		
	8	辅料费系数	Double		
	9	机械费系数	Double		
施工图	1	出入口扶梯按提升高度(5.5m/9m/12m)分段数量	Integer	概算资料提供单和送审单	Word
	2	站内扶梯按提升高度(5.5m/9m/12m)分段数量	Integer		

续上表

设计阶段	标准输入数据			标准输出数据	
	序号	名称	类型	名称	类型
施工图	3	出入口扶梯按提升高度(5.5m/9m/12m)分段单价	Double	概算资料提供单和送审单	Word
	4	站内扶梯按提升高度(5.5m/9m/12m)分段单价	Double		
	5	运杂费系数	Double	单项概算附件	Excel
	6	安装工程费系数	Double		
	7	人工费系数	Double		
	8	辅料费系数	Double		
	9	机械费系数	Double		

3）说明书素材标准输入、输出

初步设计之前自动扶梯需提供说明书素材，初步设计之后自动扶梯说明书单独成册，因为电梯与自动扶梯在提资、概算、说明书中同属于一个部分，所以智能设计系统在文件输出功能中，也补充的电梯技术文件输出功能。说明书素材要实现参数化，首先要根据各城市不同的技术要求，对说明书进行结构化，再提取随项目因素变化的参数，最终实现说明书文档的输出。说明书素材标准输入、输出数据见表3.2-4。

说明书素材标准输入、输出数据　　表3.2-4

设计阶段	标准输入数据			标准输出数据	
	序号	名称	类型	名称	类型
预可研	1	自动扶梯所在章节	String	预可研说明书素材及其提供单、送审单	Word
	2	所在章节名称	String		
	3	地下站数量	String		
	4	高架站数量	String		
	5	随项目变化的特殊说明	String		
	6	国产化率	String		
可研	1	自动扶梯所在章节	String	可研说明书素材及其提供单、送审单	Word
	2	所在章节名称	String		
	3	地下站数量	String		
	4	高架站数量	String		

续上表

设计阶段	标准输入数据			标准输出数据	
	序号	名称	类型	名称	类型
可研	5	扶梯倾角(27.3°/30°)	String	可研说明书素材及其提供单、送审单	Word
	6	随项目变化的特殊说明	String		
	7	国产化率	String		
	8	设备维修单位名称	String		
	9	出入口扶梯数量	Integer		
	10	站内扶梯数量	Integer		
	11	扶梯数量	Integer		
初步设计	1	所属篇章	String	单独成册的说明书文件及其提供单、送审单	Word
	2	篇章名称	String		
	3	工程地点	String		
	4	工程长度	String		
	5	地下站数量	Integer		
	6	高架站数量	Integer		
	7	设计年限	String		
	8	上阶段审查意见	String		
	9	设备维护单位名称	String		
	10	扶梯是否设梯级加热	String		
	11	自然环境特点	String		
	12	国产化率	String		
	13	主要设备概述表(与概算对应分段给出)	String		
	14	图纸目录(结构参数图和典型布置图)	String		
	15	图纸图号	String		
施工图	1	所属篇章	String	单独成册的说明书文件及其提供单、送审单	Word
	2	篇章名称	String		
	3	工程地点	String		
	4	工程长度	String		
	5	地下站数量	Integer		
	6	高架站数量	Integer		
	7	设计年限	String		
	8	上阶段审查意见	String		

续上表

设计阶段	标准输入数据			标准输出数据	
	序号	名称	类型	名称	类型
施工图	9	设备维护单位名称	String	单独成册的说明书文件及其提供单、送审单	Word
	10	扶梯是否设梯级加热	String		
	11	自然环境特点	String		
	12	国产化率	String		
	13	主要设备概述表（与概算对应分段给出）	String		
	14	图纸目录（结构参数图和典型布置图）	String		
	15	图纸图号	String		

4）图纸标准输入、输出

自动扶梯图纸参数化绘制功能，是智能设计系统的核心，也是解决自动扶梯设计效率和标准化问题的关键，为实现系统参数化自动成图，必须总结自动扶梯的布置形式，以及绘制自动扶梯施工图的出图要素，对本专业工艺图纸中的所有内容全部呈现在图中。通过总结得到自动扶梯的出图参数主要有：自动扶梯下基坑位置、自动扶梯提升高度、井道水平投影长、上平段长度、下平段长度、扶梯倾角、下基坑深度、上基坑深度、中间支撑尺寸位置，吊钩数量尺寸位置等，达 60 多个参数，其中有多个参数项关联，可利用编程内部语言进行整理，从而减少设计人员需要输入的参数。智能设计系统要设计的绘图类型主要有：初步设计提资图、初步设计正式图、施工图设计提资图、自动扶梯施工图。表 3.2-5 为施工图图纸的标准输入数据（只列出标准输入数据，输出为带有尺寸标注和位置关系的 AutoCAD 图纸）。

施工图标准输入数据表　　表 3.2-5

站内扶梯			出入口扶梯		
序号	名称	类型	序号	名称	类型
1	下基坑位置	String	1	下基坑位置	String
2	上工作点标高	Double	2	上工作点标高	Double
3	下工作点标高	Double	3	下工作点标高	Double

续上表

站内扶梯			出入口扶梯		
序号	名称	类型	序号	名称	类型
4	提升高度	Double	4	提升高度	Double
5	扶梯倾角	Double	5	扶梯倾角	Double
6	井道水平投影长	Double	6	井道水平投影长	Double
7	下平段长度	Double	7	下平段长度	Double
8	上平段长度	Double	8	上平段长度	Double
9	下基坑深度	Double	9	下基坑深度	Double
10	下基坑长度	Double	10	上基坑深度	Double
11	中板开孔长	Double	11	中板开孔长	Double
12	梯级距顶装饰完成面距离	Double	12	梯级距顶装饰完成面距离	Double
13	下机室深度	Double	13	检修步道距桁架底部 Y 方向距离	Double
14	上机室深度	Double	14	下机室深度	Double
15	斜机室深度	Double	15	上机室深度	Double
16	下扶手高度	Double	16	斜机室深度	Double
17	上扶手高度	Double	17	下扶手高度	Double
18	斜扶手高度	Double	18	上扶手高度	Double
19	扶梯布置形式	String	19	斜扶手高度	Double
20	井道宽度	Double	20	扶梯布置形式	String
21	扶梯桁架宽度	Double	21	井道宽度	Double
22	楼梯宽度	Double	22	扶梯桁架宽度	Double
23	楼梯第一梯级距扶梯上工作点水平距离	Double	23	楼梯宽度	Double
24	端部预埋钢板长	Double	24	楼梯第一梯级距扶梯上工作点水平距离	Double
25	端部预埋钢板宽	Double	25	端部预埋钢板长	Double
26	端部预埋钢板高	Double	26	端部预埋钢板宽	Double
27	扶梯下预埋钢板受力	Double	27	端部预埋钢板高	Double
28	扶梯上预埋钢板受力	Double	28	扶梯下预埋钢板受力	Double
29	是否有中间支撑	Boolean	29	扶梯上预埋钢板受力	Double
30	支撑放大图形式	String	30	是否有中间支撑	Boolean
31	中间支撑数量	Integer	31	支撑放大图形式	String
32	支撑 1 距下基坑边缘的水平距离	Double	32	中间支撑数量	Integer
33	支撑 1 预埋钢板的顶面标高	Double	33	支撑 1 距下基坑边缘的水平距离	Double
34	支撑 1 距自动扶梯梯级的垂直距离	Double	34	支撑 1 预埋钢板的顶面标高	Double
35	支撑 1 受力	Double	35	支撑 1 距自动扶梯梯级的垂直距离	Double

续上表

站内扶梯			出入口扶梯		
序号	名称	类型	序号	名称	类型
36	支撑2距下基坑边缘的水平距离	Double	36	支撑1受力	Double
37	支撑2预埋钢板的顶面标高	Double	37	支撑2距下基坑边缘的水平距离	Double
38	支撑2距自动扶梯梯级的垂直距离	Double	38	支撑2预埋钢板的顶面标高	Double
39	支撑2受力	Double	39	支撑2距自动扶梯梯级的垂直距离	Double
40	中间支撑预埋钢板长	Double	40	支撑2受力	Double
41	中间支撑预埋钢板宽	Double	41	中间支撑预埋钢板长	Double
42	中间支撑预埋钢板高	Double	42	中间支撑预埋钢板宽	Double
43	支撑预埋钢板间距/π字形支撑高度	Double	43	中间支撑预埋钢板高	Double
44	支撑预埋钢板与井道边缘垂直距离/π字形支墩间距	Double	44	支撑预埋钢板间距/π字形支撑高度	Double
45	吊钩数量	Integer	45	支撑预埋钢板与井道边缘垂直距离/π字形支墩间距	Double
46	吊钩1距下基坑边缘水平距离	Double	46	吊钩数量	Integer
47	吊钩1受力	Double	47	吊钩1距下基坑边缘水平距离	Double
48	吊钩2距1水平距离	Double	48	吊钩1受力	Double
49	吊钩2受力	Double	49	吊钩2距1水平距离	Double
50	吊钩3距2水平距离	Double	50	吊钩2受力	Double
51	吊钩3受力	Double	51	吊钩3距2水平距离	Double
52	吊钩4距3水平距离	Double	52	吊钩3受力	Double
53	吊钩4受力	Double	53	吊钩4距3水平距离	Double
54	吊钩5距4水平距离	Double	54	吊钩4受力	Double
55	吊钩5受力	Double	55	吊钩5距4水平距离	Double
56	吊钩6距5水平距离	Double	56	吊钩5受力	Double
57	吊钩6受力	Double	57	吊钩6距5水平距离	Double
58	吊钩7距6水平距离	Double	58	吊钩6受力	Double
59	吊钩7受力	Double	59	吊钩7距6水平距离	Double
60	吊钩8距7水平距离	Double	60	吊钩7受力	Double
61	吊钩8受力	Double	61	吊钩8距7水平距离	Double
62	结构柱形状	String	62	吊钩8受力	Double
63	结构柱直径/宽度	Double	63	是否有集水井	Boolean
64	柱中心与基坑/楼梯边缘 Y 方向距离1	Double	64	集水井与下基坑位置关系	String
65	柱中心与基坑/楼梯边缘 Y 方向距离2	Double	65	集水井距扶梯井道边缘的 X 方向距离	Double

续上表

站内扶梯			出入口扶梯		
序号	名称	类型	序号	名称	类型
66	左1轴轴号	String	66	集水井距扶梯井道边缘的Y方向距离	Double
67	左2轴轴号	String	67	检修孔与楼梯休息平台位置关系	String
68	左3轴轴号	String	68	检修孔长	Double
69	下基坑边缘距相邻结构柱距离	Double	69	检修孔宽	Double
70	轴2与轴1间距	Double	70	检修孔距扶梯井道边缘的X方向距离	Double
71	轴3与轴2间距	Double	71	检修孔距扶梯井道边缘的Y方向距离	Double
72	支撑放大图	String	72	支撑放大图	String
73	下工作点放大图	String	73	下工作点放大图	String
74	上工作点放大图	String	74	上工作点放大图	String
75	图形说明	String	75	图形说明	String

智能设计系统根据初步设计包容设计尺寸，利用上工作点和下工作点标高的输入直接在程序中默认填入其他尺寸值，以减少操作者的操作时间，提高程序的自动化程度，同时保留各个参数可编辑和记忆特性，这样能够适应施工图阶段不同的土建工况。数据中“string”“integer”“Boolean”几种数据类型，主要为了判定图形类型所设置，每一次判定，决定接下来绘图的走向，数据中“double”数据是需要表达在工艺布置图上的实际尺寸。

除上述单张图纸参数外，成册图纸的绘制还需要封面参数、目录以及设计说明。

3.2.4 全寿命数据的正向指导与反馈优化

如图3.2-6所示，基于选型、设计、施工、运维全寿命周期一体化，实现监测数据评价结果对设计优化的闭环反馈，不断循环迭代提升安全性。搭建公共交通自动扶梯20多个关键部件、30余种安全装置、变频节能等工艺方案的数据模型，实现对扶梯25项运行故障、31项保养内容的数据管理，利用资源共享平台和虚拟云平台技术，采用“自上而下逐步求精”的数据流，实现全寿命周期数据共享，最终操作元数据的不同组合，实现自动扶梯选型、设计、施工、运维一体化，保证了阶段数据的可追踪、系统功能易拓展。建立了自动扶梯设备选型、工程设计、运营维护的专家数据库，以结构化分析和设计为核心，采用"自上而下逐步求精"的数据流，实现扶梯全寿命周期数据的挖掘分析，可通过数据查询到扶梯寿命，实现设备维修、更换的智能管理。运营维护数据导入系统后，实现对设备选型和工程设计的正反馈，结合记录设计数据的同类型对比，形成多种设备选型、设计方案的优化对比，并且运用这种循环上升的数据挖掘，大大提高了设备选型、设计的安全性、可靠性。

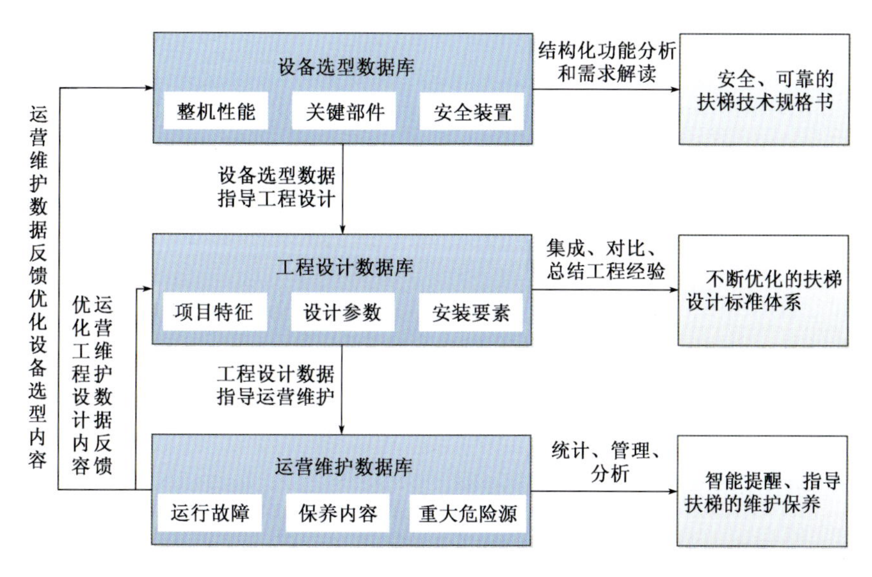

图 3.2-6　全寿命周期正向指导与优化反馈机制

建立了自动扶梯设备选型、工程设计、运营维护的 SQLSever 数据库，利用 ADO. NET 技术首次实现了设备选型数据、工程设计数据、运营维护数据之间的无缝连接，并且利用数据挖掘技术实现扶梯故障数据、扶梯维护保养记录的智能分析，指导公共交通扶梯的维护保养工作。同时能够实现扶梯寿命追踪、日常巡检提示、大修更换提醒等智能管理功能，从而大大提高了扶梯运行使用的安全性。

如图 3.2-7 所示，开发自动扶梯关键部件、整机性能、安全装置功能分析和需求解读模块。数据可直接存储到全寿命周期管理数据库中,可对不同项目、不同类型的部件进行性能对比,从而提高选型质量,提高自动扶梯设计的可靠性和安全性。

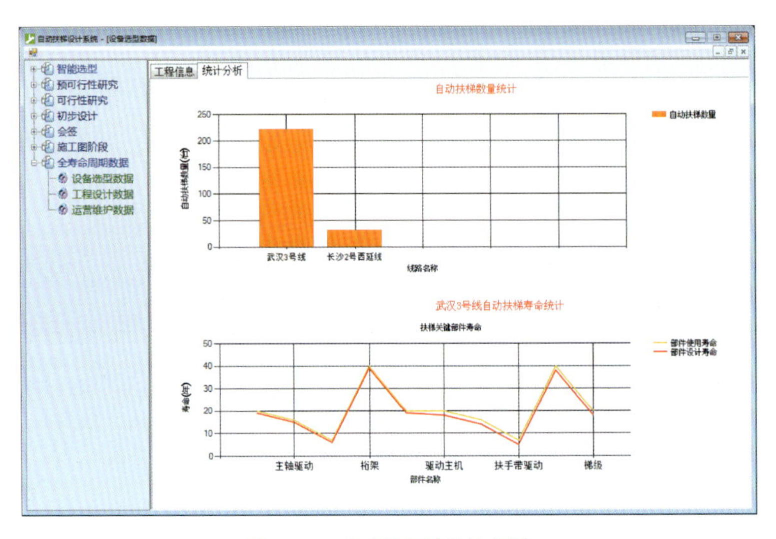

图 3.2-7　选型数据的统计分析

如图 3.2-8 所示,选型数据、设计数据可以通过前面的保存,存储到数据库中永久记忆,便于工程经验的总结和对比分析,并且可以对关键部件的使用寿命进行分析。

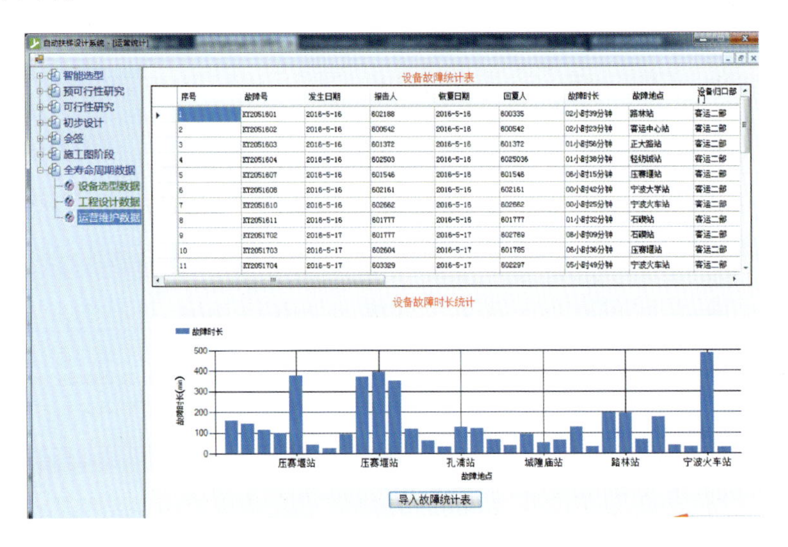

图 3.2-8　数据管理界面

3.2.5 基于全寿命周期的自动扶梯设计优化反馈机制

在自动扶梯的工程设计、工程建造、运营维护全寿命周期内,在每个阶段内利用数据分析方法建立内循环,保证阶段成果的准确、可靠、安全,同时构建设计元数据库、建造元数据库、运维元数据库,用于记录有效的阶段性驱动数据,实现信息数据的不断积累,同时通过全寿命不同阶段间的正向指导和反向的反馈,实现自动扶梯安全性的迭代优化。如图3.2-9所示,通过设计数据指导工程建造,通过工程建造数据指导运营维护,对自动扶梯的运营维护进行智能提醒,指导自动扶梯的维护保养。通过工程建造和运营维护数据反馈优化自动扶梯的原始设计方案。通过运营维护数据优化反馈自动扶梯的工程建造,不断优化设计标准体系和积累建造施工经验,最终全寿命周期的维护自动扶梯的设计、建造、运营安全。

1)工程设计阶段

通过设计经验数据积累、分析的内循环,和基于ECA规则与CBR技术相结合的智能设计方法,实现设计方案快速匹配的准确性和不断学习的智能性。基于ECA规则与CBR技术相结合的智能设计方法如下:

ECA规则(Event—Condition—Action,事件—条件—动作规则)是运用自动扶梯设计经验的主动数据库研究和系统应用过程中普遍案例的一种控制和规范主动数据库行为的规则。在自动扶梯智能设计系统中,除原有的应用体系外,通过标准体系对自动扶梯的智能设计进行判别和参数化修改,该标准体系由已经定义或设计的各种自动扶梯选型参数及工程设计规则组成。通过不断扩充外界工程经验和数据库中数据的变化情况,一旦发现某个已设置在规则库中的设计输入,就立即主动触发其后的设计行为,从而输出相应的设计成果。下面针对本方法给出ECA的相关定义。

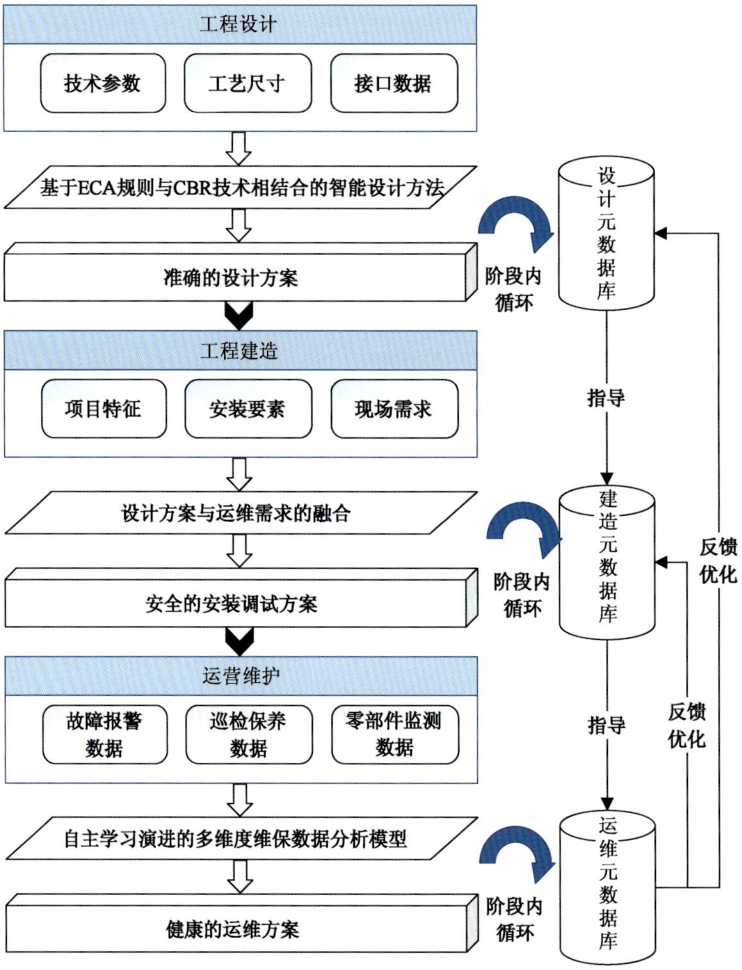

工程设计
技术参数
工艺尺寸
接口数据
基于ECA规则与CBR技术相结合的智能设计方法
准确的设计方案
阶段内循环
设计元数据库
指导
工程建造
项目特征
安装要素
现场需求
设计方案与运维需求的融合
安全的安装调试方案
阶段内循环
建造元数据库
反馈优化
运营维护
故障报警数据
巡检保养数据
零部件监测数据
指导
反馈优化
自主学习演进的多维度维保数据分析模型
健康的运维方案
阶段内循环
运维元数据库

图 3.2-9　全寿命数据的正向指导与反馈优化

定义 1　$R=(E,C,A)$。其中,E 为激活自动扶梯设计规则的项目概况,如城市、客流、载重等;C 为输入条件,用以反映设计中的不同情况;A 为不断根据工程经验积累的输出规则。

定义 2　当数据发生变化时,即发生了更新事件。E 为函数将时间 T 映射为布尔值。可以表示为:

$$E:T\to\{\text{True},\text{False}\}$$

当 T 时刻发生改变则 $E(T)$ 为 true,否则为 False。

通过 ECA 规则触发主动数据库行为，让系统只传输满足条件的更新数据给设计人员，减少数据信息传输量，也降低错误数据产生的可能性。

事件发生时条件的判断通过自动扶梯设计实例推理技术（Case Base Reasoning，CBR 技术）来实现。CBR 技术将以往的成功设计经验从数据库中检索出来，与当前的数据进行关联度解析（求解灰关联度），通过比较当前数列与参考数列的关联度，结合设计人员经验进行干预调整，得到最终方案的智能化设计技术。在自动扶梯智能设计系统中，为了实现对新设计问题的求解，用户可输入自动扶梯相关参数特征与经验数据库中已有的旧实例进行匹配。为了计算新旧实例之间的相似度，本系统采用了灰度关联分析方法，具体步骤如下：

（1）确定数据列

将以往自动扶梯工程经验数据的特征值作为参考数：

$$X_i = \{X_i(j), j = 1,2,\cdots,k\} \tag{3.2-1}$$

当前发生的工程设计的特征值作为比较数列：

$$X_0 = \{X_0(j), j = 1,2,\cdots,k\} \tag{3.2-2}$$

（2）计算当前发生与经验设计的灰关联系数

参考数列 X_i 与比较数列 X_0 之间的关联系数为：

$$\delta_i(j) = \frac{\min\limits_i \min\limits_j |X_0(j) - X_i(j)| + \rho \max\limits_i \max\limits_j |X_0(j) - X_i(j)|}{|X_0(j) - X_i(j)| + \rho \max\limits_i \max\limits_j |X_0(j) - X_i(j)|} \tag{3.2-3}$$

其中，ρ 为分辨系数，一般取 $\rho = 0.5$。可以得到 X_i 与 X_0 的关联系数为：

$$\delta_i = \{\delta_i(j), j = 1,2,\cdots,k\} \tag{3.2-4}$$

(3)计算灰关联度

将比较数列在各特征值上的关联系数作数学平均,即得到当前设计数据相对于参考设计的灰关联度 $\gamma(X_0, X_i)$。

$$\gamma(X_0, X_i) = \frac{1}{k}\sum_{j=1}^{k}\delta_i(j) \tag{3.2-5}$$

其中,灰关联度 $\gamma(X_0, X_i)$ 反映了当前设计项目与工程经验项目的相似程度,灰关联度越大,相似度越高。在系统中设定阈值,当灰关联度大于该阈值时,则认为当前设计项目与工程经验项目匹配成功,从而输出新项目的近似设计结果,再结合设计人员的经验人工干预调整参数,得到最终方案。新的设计方案经过验证可存储为新实例,供新设计使用或参考。因此通过不断地运用和积累,实例库将逐渐增大,实例匹配的概率必然提高,推理速度也会得到相应的提升。

2)工程建造阶段

主要依赖设计方案的正向指导和运维数据的反向反馈,通过两个方向的数据融合分析,实现既匹配项目特征,符合安装条件,又满足现场需求的安全安装调试过程。

3)运维阶段

通过自主学习演进的多维度维保数据分析模型,实现自动扶梯状态的多维度参数同步监测,在线监测数据、维系保障数据(维保次数、周期、零件)、故障零件数据的在线存储,基于 PCA 算法对数据进行降维处理,分析多维状态信息,判断设备零部件健康状态,再通过零部件健康状态综合分析设备状态,提高设备状态监测的准确度,保障自动扶梯的运行安全。

3.3 基于层次数据模型的全过程智能设计

3.3.1 技术方法

基于设计单元最小化,搭建自动扶梯设计层次数据模型,实现各阶段、专业、单位间最小化数据源的智能判断,保证设计数据的正确性。以设计深度、数据类型、数据内容、元数据4层结构建立数据标准,层层细化搭建公共交通自动扶梯20多个关键部件、30余种安全装置、变频节能等工艺方案的数据模型。系统采用单一状态数据固化、多状态数据参数化方法,突破性地将预可研、可研、初步设计、施工图各设计阶段的扶梯设计接口资料、工程概算、说明书文件结构化、参数化、模块化,建立了公共交通自动扶梯设计最小元数据模型。研究扶梯相关技术标准,形成包含标准体系、基础数据、验收规范、设计经验、运维标准的专家知识库。通过元数据与专家知识库的对比分析,智能判断设计数据的正确性,解决了以往自动扶梯设计模式需要通过复核、专册、处总多级审核,存在文件标准不统一,易出现人工错漏,审核耗时长等非技术性问题。

用业务层面的分解和程序化理论,将设计标准数据或设计经验数据固定化,将随项目变化的数据参数化,实现预可研、可研、初步设计、施工图各设计阶段的扶梯设计互提资料、工程概算、说明书文件结构化、参数化、模块化,并利用Office宏程序的开发,实现了数据驱动的公共交通自动扶梯全过程设计文件的标准化输出功能。

各个阶段的多个资料数据之间存在一定的关联性,为了避免参数的混乱和重复输入,利用ADO. NET技术,设置了项目信息列表,在设计阶段不断深入的过程中，完善项目信息表，并且实现设计全过程数据的关联性、完整性、正确性、记忆性智能设计，全过程地提高了设计质量。图3.3-1为全过程智能设计功能开发流程。

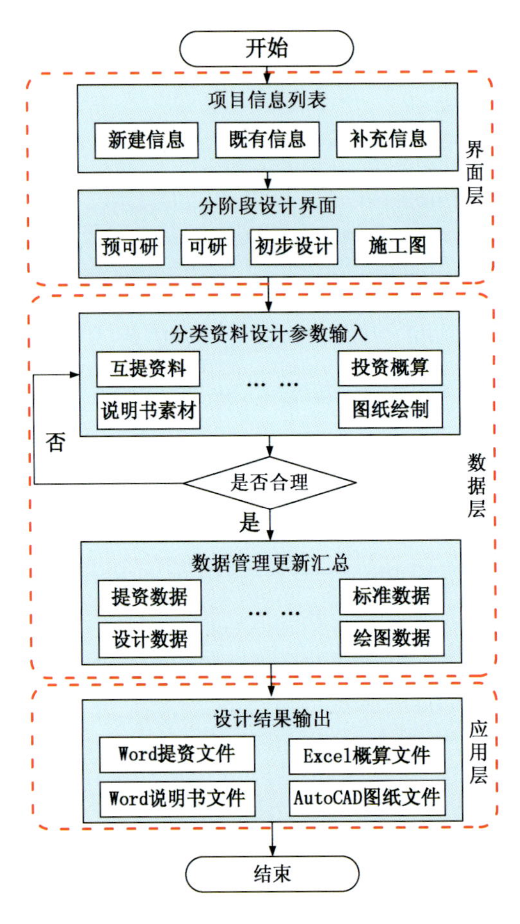

图3.3-1 全过程智能设计功能开发流程

如图3.3-2所示，设计资料多以文本形式输出，要实现文本资料的标准输出，首先要对以往规格制式不统一的文本进行结构化，形成统一的结构标准，从而才可以进一步实现参数化输出功能。通过项目信息表，记录各阶段共性的信息，在设计阶段不断深入的过程中，完善项目信息表，最终完成设计任务，同时项目信息表中的数据也可以作为项目设计记录。项目信息表的建立，主要利用数据库技术，将项目信息不断填充到后台数据库中，并用ADO.NET技术实现数据标的更新、编辑、读取等功能。统计的数据源可以保证全过程设计资料的协同一致,如图3.3-3所示。

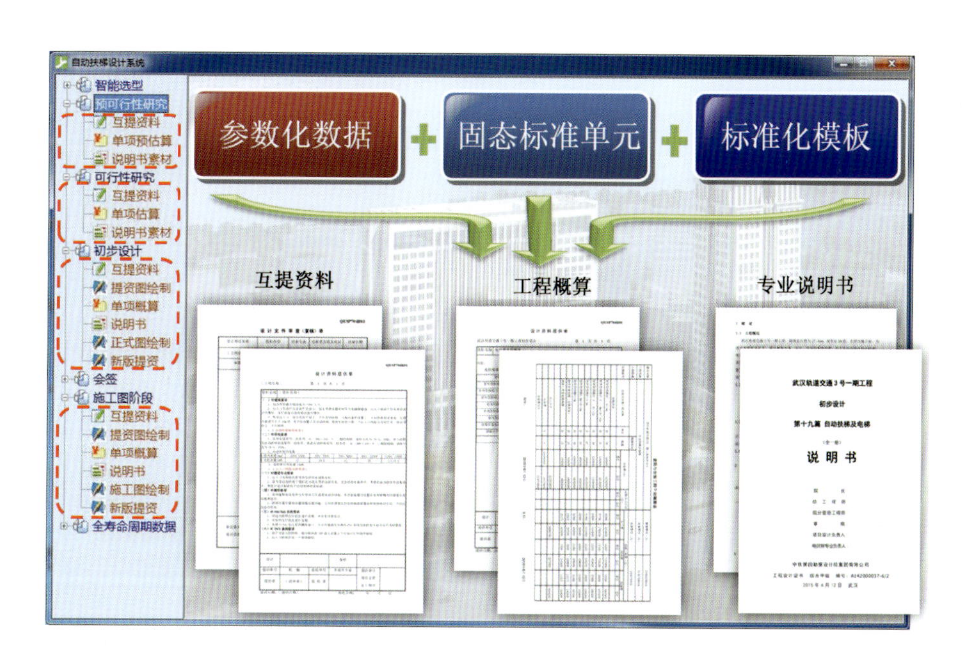

图3.3-2 设计成果结构化、标准化输出模式

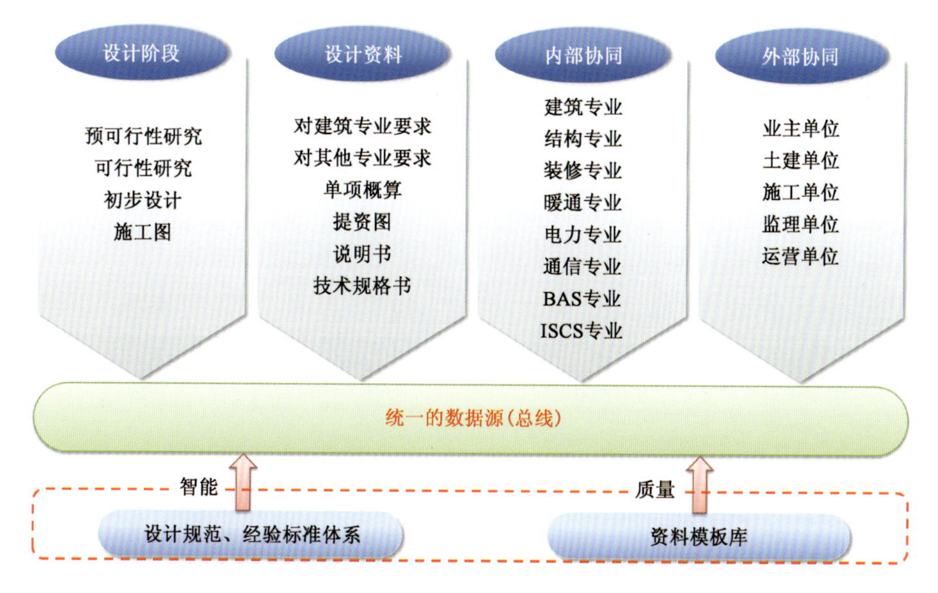

图3.3-3 全过程设计资料的协同一致

3.3.2　系统功能

1）互提资料功能

将各阶段互提资料标准输入做成数据输入界面。图 3.3-4 所示为可研阶段互提资料模块界面，图 3.3-5 所示为初步设计互提资料模块界面。施工图阶段互提资料模块界面与初步设计类似，这里不再累述。

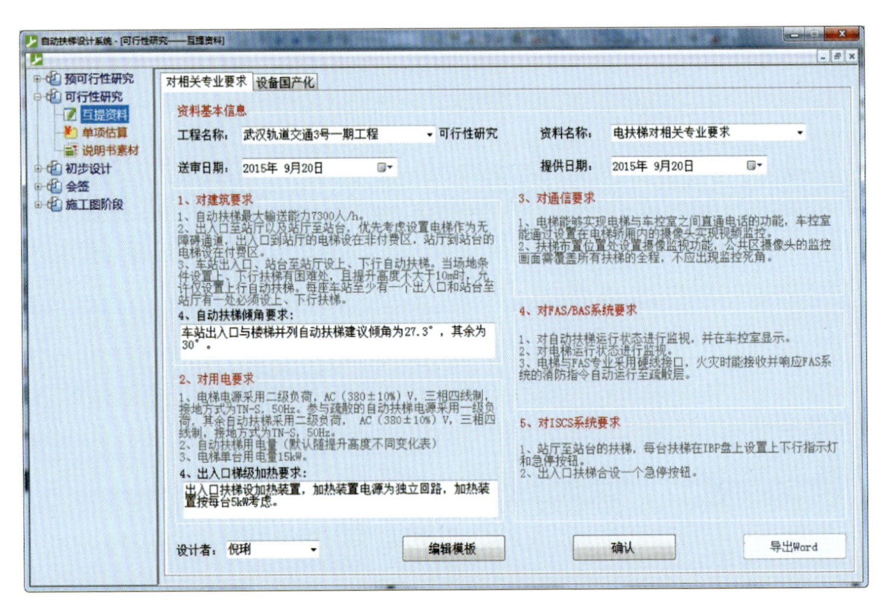

图 3.3-4　可研阶段互提资料模块界面

点击“编辑模板”按钮，可以对程序内设计模板进行编辑，参数输入完成后，可以单击“确认”（如果输入参数有问题，系统会自动报错，并提示错误的位置），点击“导出 Word”，即可实现互提资料的导出。主要是通过“打开 Word 模板”“替换文本中变量”“另存 Word”“释放 Word 程序”文本几个操作完成。

2）单项概算功能

将各阶段单项概算标准输入做成数据输入界面。图 3.3-6 所示为可研阶段单项概算模块界面,图 3.3-7 所示为初步设计单项概算模块界面。施工图阶段单项概算模块界面与初步设计类似,这里不再累述。

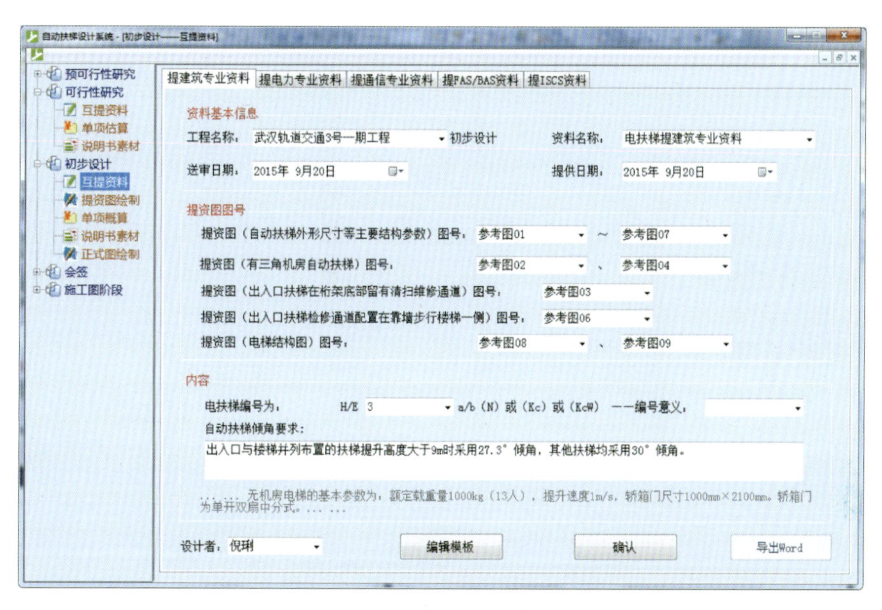

图 3.3-5 初步设计互提资料模块界面

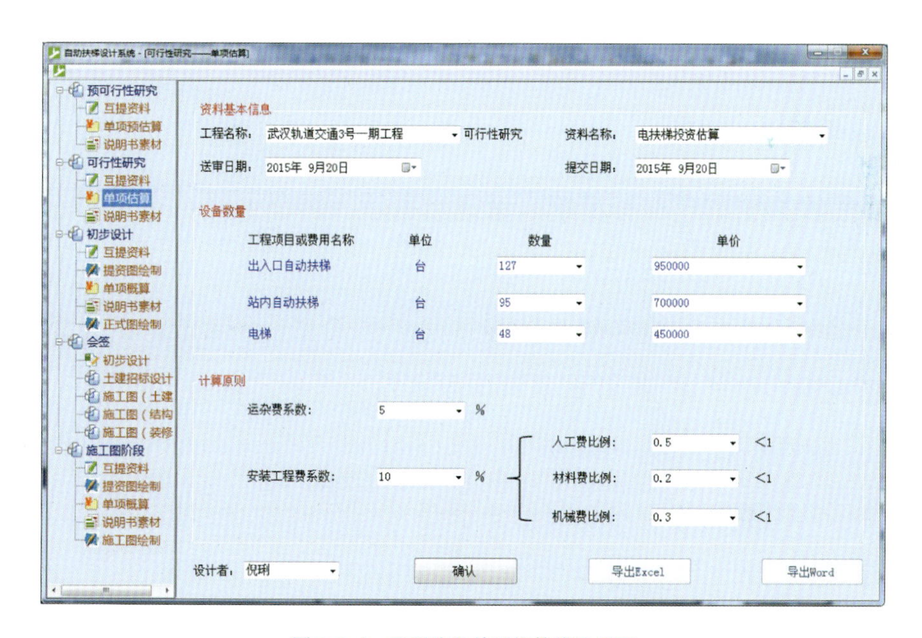

图 3.3-6 可研阶段单项概算模块界面

输入完整的设计参数后,可以单击"确认"(如果输入参数有问题,系统会自动报错,并提示错误的位置),点击“导出 Word”,即可实现“单项概算 Word 提供单”和“审查单”的导出,点击“导出 Excel”,即可实现“单项概算 Excel 附件”的导出。主要是通过“打开 Word/Excel 模板”“替换文本中变量”“另存 Word/Excel”“释放 Word/Excel 程序”几个步骤完成。

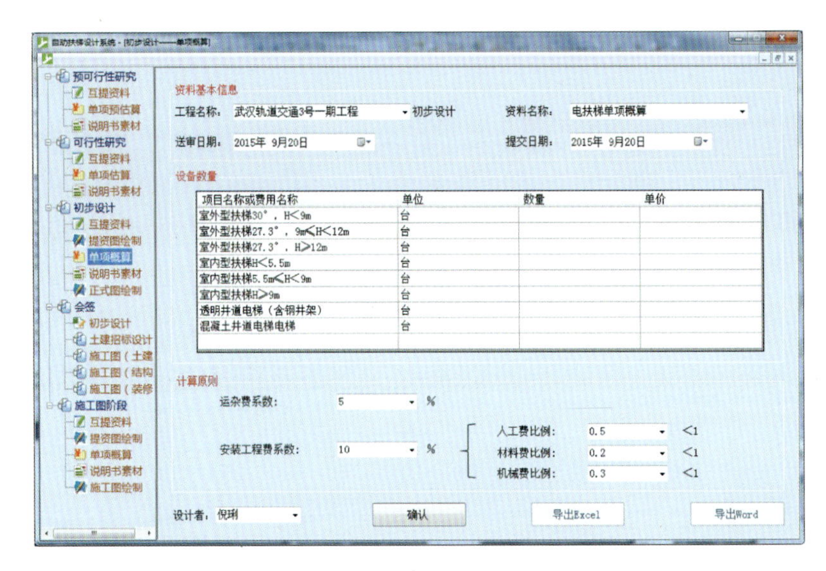

图 3.3-7　初步设计单项概算模块界面

3)说明书素材功能

将各阶段说明书素材标准输入做成数据输入界面。图 3.3-8 所示为可研阶段说明书素材模块界面,图 3.3-9 所示为初步设计(施工图)说明书素材模块界面。对于输入内容较多的初步设计之后的阶段,将设备数量概数和图纸目录单独列为一个界面,也有利于单项概算与设备数量概数、施工图与图纸目录的对应,如图 3.3-10 所示。

每个子功能界面的项目基本信息都是从运行时的项目信息表自动读入,所以操作者不需要输入过多信息,文本资料的命名为系统根据“工程名称 + 阶段名称 + 资料名称 + 格式符号”默认设置,以减少操作人员输入需求。在文本资料设计界面提供了编辑模板功能,因为项目总有特殊性,所以系统提供模板修改接口,以适应特殊要求或特殊结构的文本资料自动输出功能。图 3.3-11 所示为文本资料导出操作。

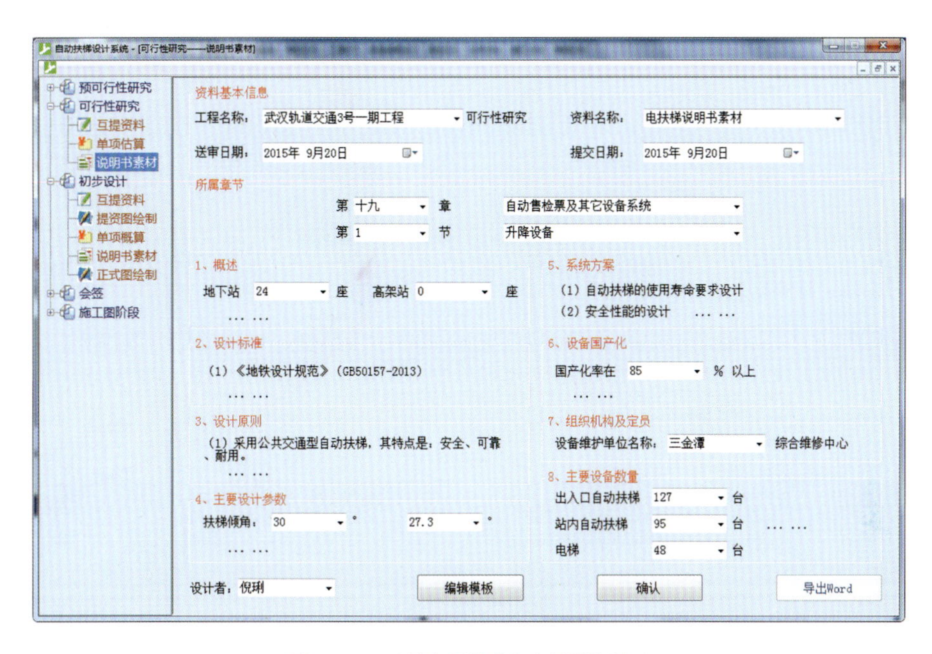

图 3.3-8 可研阶段说明书素材模块界面

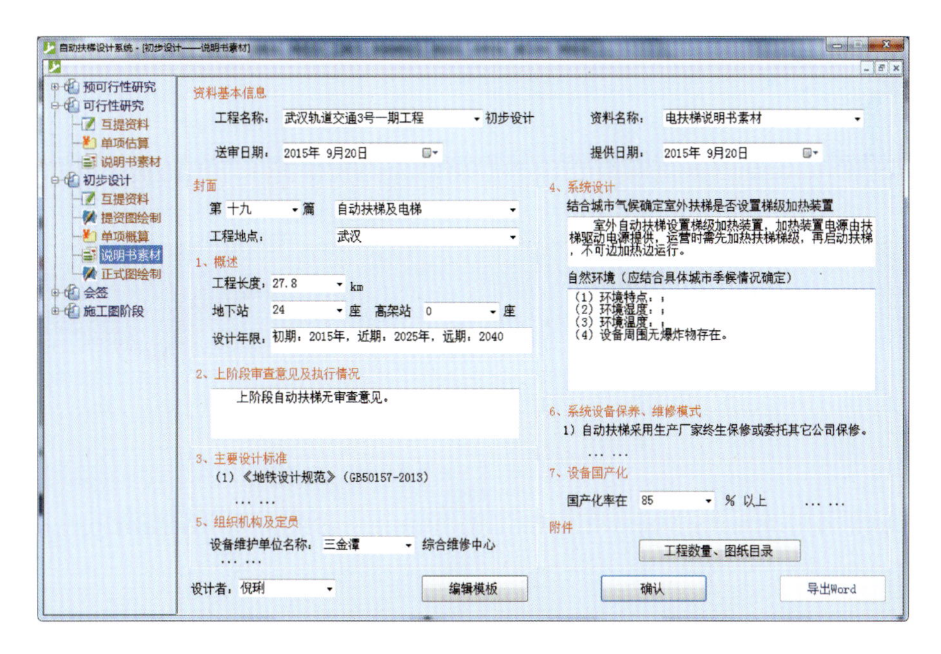

图 3.3-9 初步设计阶段说明书素材模块界面

图 3.3-10　工程数量与图纸目录界面

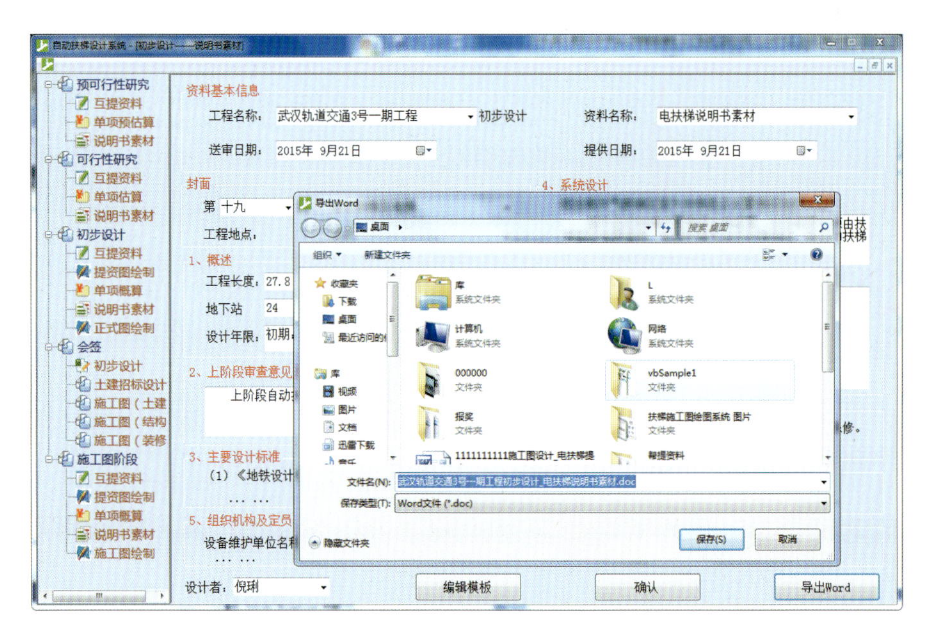

图 3.3-11　文本资料导出操作

3.3.3 应用效果

通过系统可以自动生成预可研、可研、初步设计、施工图各阶段的互提资料、单项概算、说明书素材等文本资料，并且自动生成带有项目信息、资料信息、设计者信息的资料提供单和审查单。

3.4 参数自适应的自动扶梯施工图“一键成图”方法

3.4.1 技术方法

1）数据驱动 CAD 的智能导向绘制方法

如图 3.4-1 所示，通过点击“信息关联计算”“图形特征聚类”，实现数据驱动 CAD 的绘图手段，以下基坑原点为坐标基点，结合自动扶梯单元图形数据特征，计算出整张图形的坐标点，再通过颜色定义图层、绘制基点、绘制扶梯外形、绘制建筑结构、绘制放大图块、标准工艺尺寸、书写设计说明的技术开发，完成图纸绘制。单张图纸通过点坐标偏移，统筹正视图、俯视图、侧视图、上下工作点放大图、支撑放大图、设计说明等几部分的全局分布，保证图纸协调美观，再运用单张图整体坐标变量，实现适应复杂土建情况的扶梯成册施工图图纸的精准快速绘制。

AutoCAD 对象类的引用有两种方式，常用的一种方式是直接利用编程语言中的程序属性，在 COM（Component Object Model，组件对象模型）中选择引用 AutoCAD 程序，在运行绘图命令时直接利用 GetObject 或

CreateObject打开计算机中对应版本的AutoCAD;另一种方式是利用读取AutoCAD程序注册表,利用key.OpenSubKey打开对应注册表的AutoCAD。后一种方式开发的系统可不受AutoCAD版本的限制,但这种方式会导致多种图元类型(比如填充)混乱,所以本次扶梯绘图系统的开发是采用前一种方式。

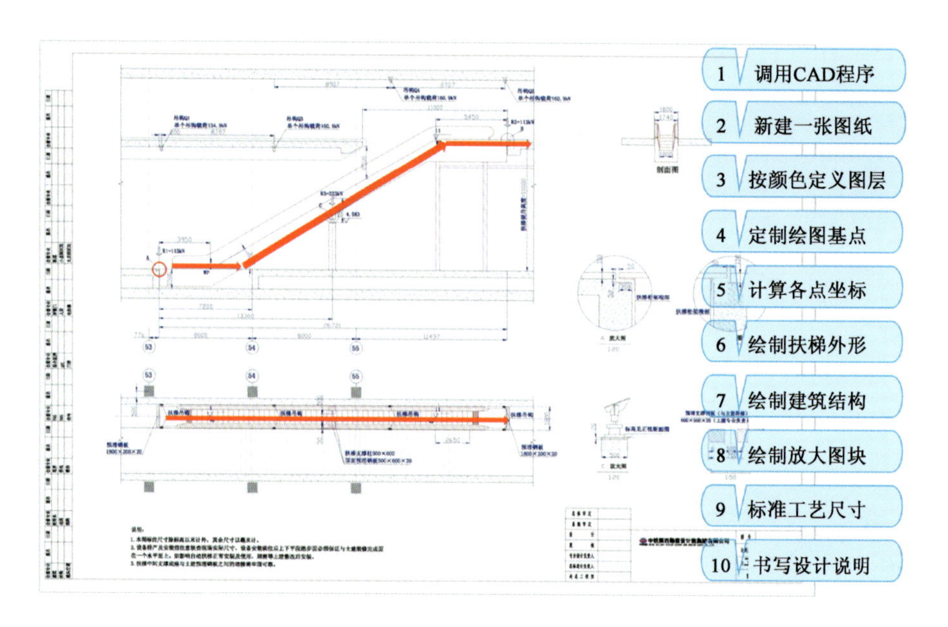

图3.4-1 系统智能绘图流程

将AutoCAD引用到编程环境中,添加Autodest.AutoCAD、Autodest.AutoCAD.Interop、Autodest.AutoCAD.Interop.Common类,利用引用类中的Layers(图层)、AcadLine(线)、AcadLWPolyline(多段线)、AcadCircle(圆)、AcadArc(弧)、AcadHatch(填充)、AcadDimAligned(线性标注)、AcadMText(多行文字)、AcadBlock(块)等对象,进行自动扶梯施工图的编程绘制。将自动扶梯图纸要素转化为AutoCAD对象的坐标,利用坐标完成各个图元的绘制,利用坐标之间的约束,绘制自动扶梯安装布置图。绘图程序编写的基本流程如图3.4-2所示,智能导向流程如图3.4-3所示。

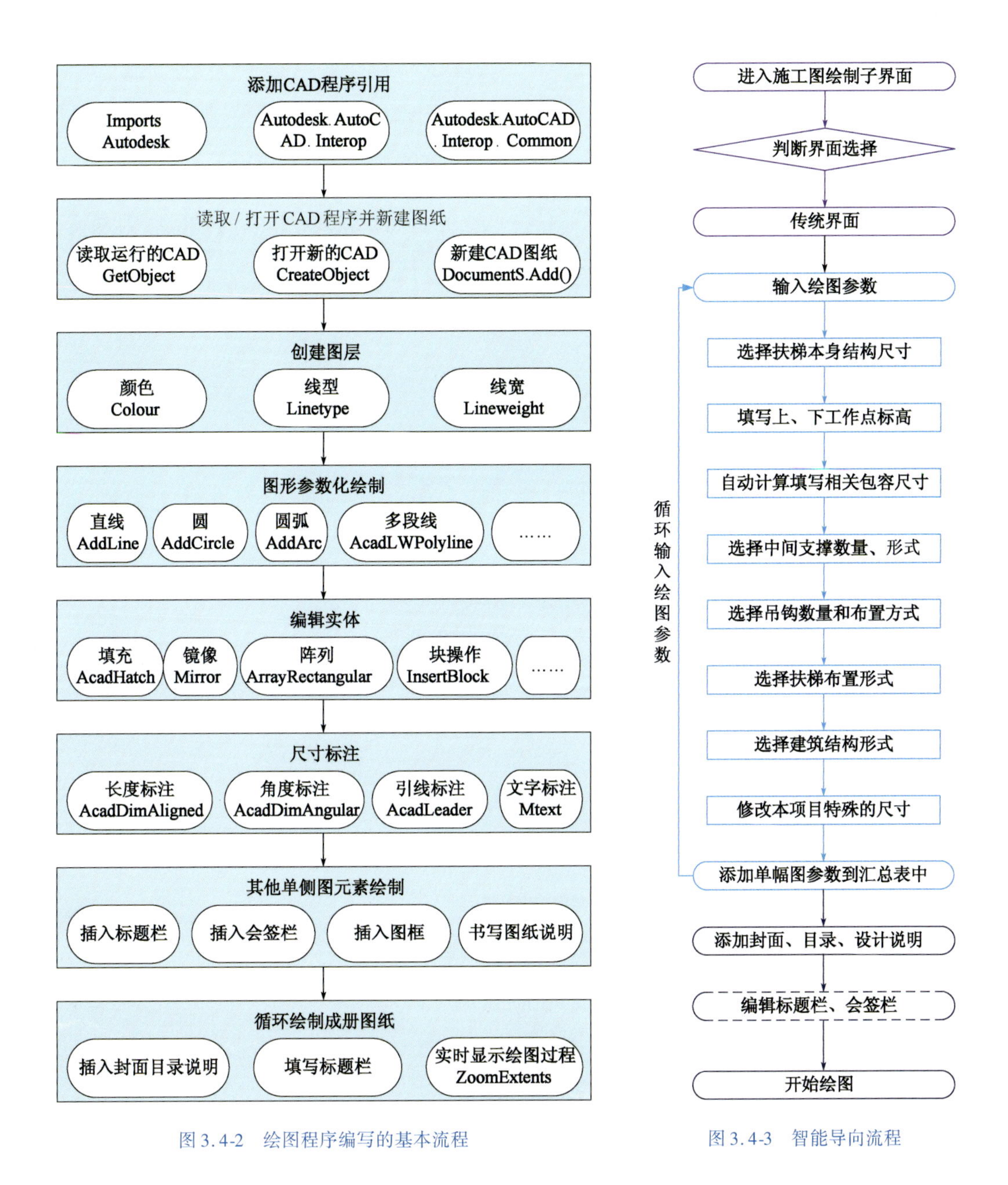

图3.4-2　绘图程序编写的基本流程

图3.4-3　智能导向流程

2）参数自适应的自动扶梯施工图“一键成图”方法

通过专业会签参数表与施工图的无缝对接技术，实现成册图纸120s“一键成图”，可成倍缩短设计周期。为了既能保证扶梯按图施工后顺利验收，又提高自动扶梯图纸对土建方案变化的快速适应能力，加快设计效率，本系统创新性地将专业会签参数表与施工图一键对接，即记录的会签数据一键导入形成绘图参数，直接可以生成施工图图纸，实现数据驱动的施工图"一键成图"，绘制完整的一册公共交通自动扶梯安装布置图（外封+内封+目录+设计说明+8张安装图）仅需120s，解放了生产力，有限的设计人员可将精力集中在方案思考和质量优化等设计工作中，缩短设计周期10倍以上，完成工程设计领域参数化成图的突破。"一键成图"流程如图3.4-4所示。

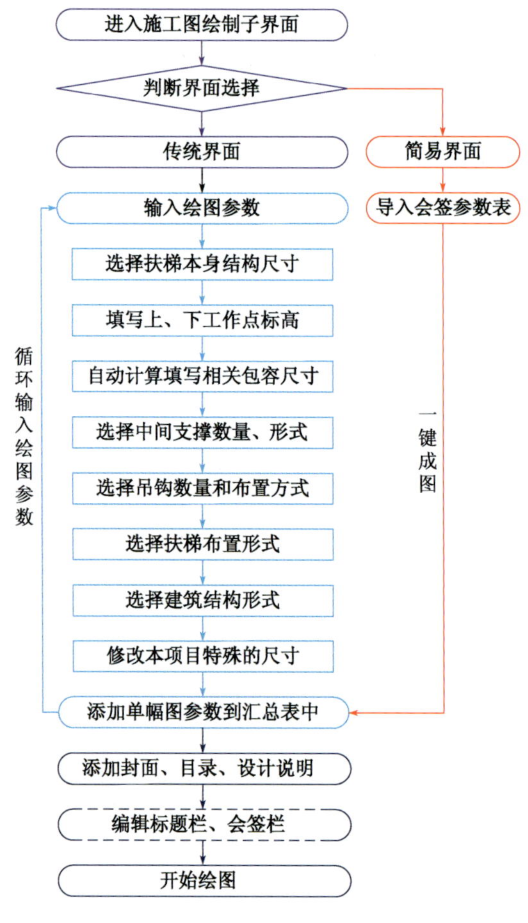

图3.4-4 "一键成图"方法流程

为保证绘图原始数据的存储，本系统还开发了Excel参数导入导出功能。利用VBA的Office二次开发技术，定义Excel表的工作对象分为Excel. Application、Excel. Workbook、Excel. Worksheet。具体开发流程如图3.3-5所示。

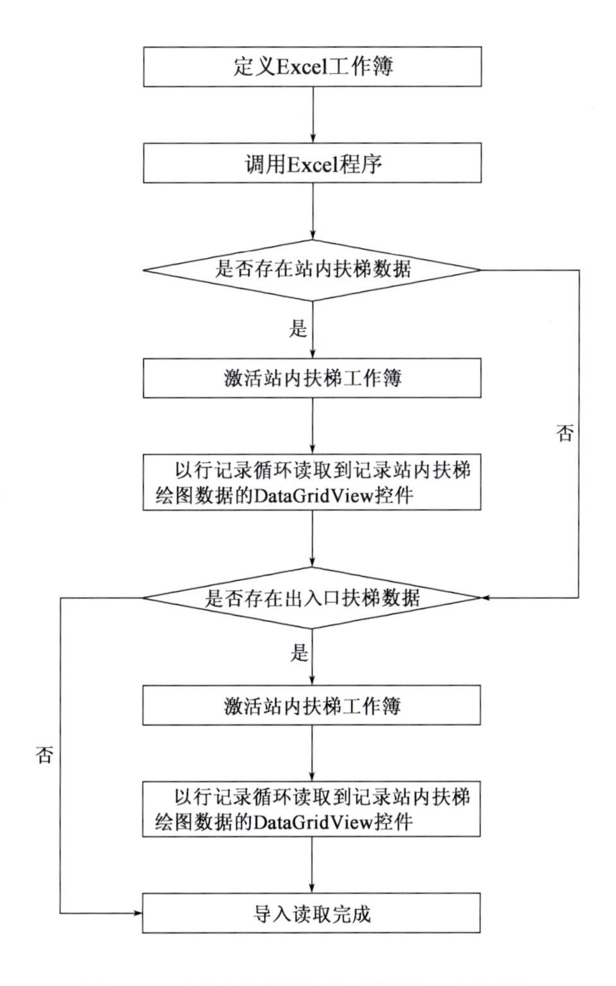

图 3.4-5 专业会签数据与施工图的接口开发流程

3.4.2 系统功能

1）包容设计图纸绘制功能

初步设计阶段提资图、正式图、施工图阶段提资图的界面类似，都是先导入包容设计尺寸表，导入后可编辑修改，并记录下来，然后通过在基本结构图系列和典型布置图系列表中填写“提升高度”“扶梯倾角”“使用环境”“有无三角机房”“布置形式”几个参数，从而系统在包容尺寸表中选择对应的数据，并读取为绘图参数，从而实现包容设计图形绘制。

包容设计图纸绘制主要流程如图3.4-6所示。如图3.4-7所示为包容设计参数表读取编辑界面，读取参数表在系统的虚拟数据内存中，以便绘图时随时调用，如果编辑并保存，则数据表中的参数将会更新到数据库中永久记忆。读入包容尺寸参数表后，只需要在成册图纸表格中输入扶梯提升高度、选择扶梯倾角、使用环境、有无三角机房几项内容，典型布置图还需选择“扶梯的布置形式”，单击“图纸绘制”即可实现初步设计提资图的绘制，如图3.4-8所示。选择绘制初步设计正式图绘制，还需要编辑成册图纸的封面，如图3.4-9所示。

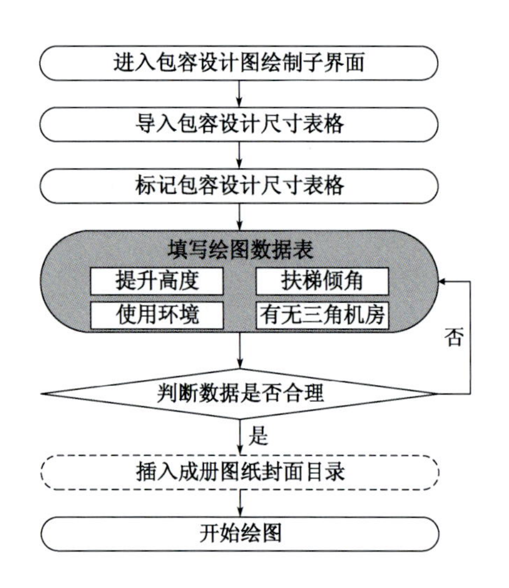

图3.4-6 包容设计图绘制流程

初步设计规范参数表

id	符号	范围1	范围2	范围3	范围4	范围5
1	H mm	4500-5500	5501-7000	7001-9000	9001-12000	12001-15000
2	K mm≤	1740	1740	1740	1740	1740
3	L平上mm=	5020	5020	5020	5020	5020
4	L平下mm=	3500	3500	3500	3500	3500
5	h上mm≤	1700	1700	1700	1700	1700
6	h下mm≤	1300	1300	1300	1300	1300
7	D上室内mm≥	1900	1900	1900	1900	1900
8	D上室外mm≥	2300	2300	2300	2300	2300
9	D下室内mm≥	1500	1500	1500	1500	1500
10	D下室外mm≥	1600	1600	1600	1600	1600
11	E mm≤	1490	1150	1150	1150	1150
12	中间支撑	无中间支撑	一个中间...	一个中间...	一个中间...	二个中间...
13	吊钩数量	3对吊环	3对吊环	3对吊环	4对吊环	5对吊环
14	R1 kN	189	76	85	113	95
15	R2 kN	206	83	94	113	120
16	R3 kN		176	200	223	163
17	R4 kN					191
18	Q1 kN	≥80	≥80	≥80	≥80	≥80
19	Q2 kN	≥80	≥80	≥80	≥80	≥80
20	Q3 kN	≥80	≥80	≥80	≥80	≥80
21	Q4 kN				≥80	≥80
22	Q5 kN					≥80
23	电机功率...	15	18.6	24	30	2×18.6

编辑 保存 取消

图3.4-7 包容设计参数表读取编辑界面

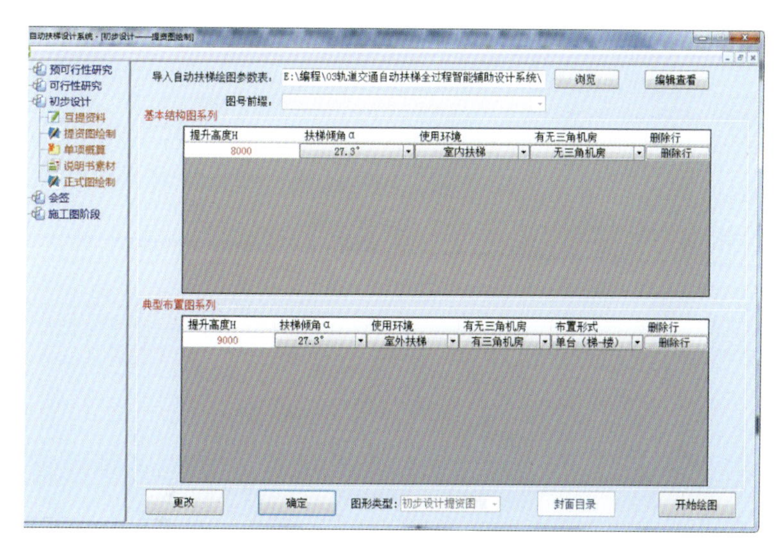

图 3.4-8　提资图(正式图)绘制界面

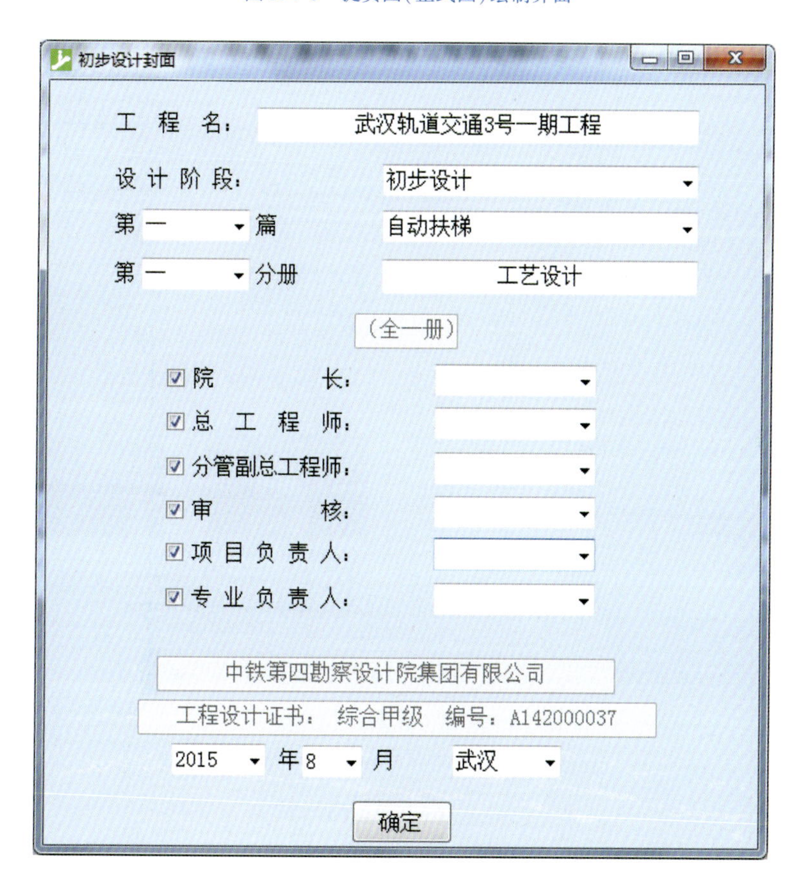

图 3.4-9　正式图封面编辑界面

2)施工图图纸绘制

(1)站内自动扶梯参数输入

站内自动扶梯参数输入界面如图 3.4-10 所示。在输入“上工作点标高”和“下工作点标高”后,系统将自动计算“提升高度”,并根据标准工艺设计参数对“中间支撑数量”“吊钩位置”“上下端钢板受力”用洋红色字体进行提示;选择“扶梯倾角”后,系统自动计算“井道水平投影长”;根据是否有中间支撑给“图形说明”赋默认值;根据“下基坑位置”选择显示的上下工作点局部放大图;选择“扶梯布置形式”后,系统为“扶梯井道宽度”“端部预埋钢板长”赋默认值。为方便使用,减少使用者需要填写的参数,系统为多个参数赋经验默认值,使用者也可以根据具体的土建结构情况对参数进行实时修改。

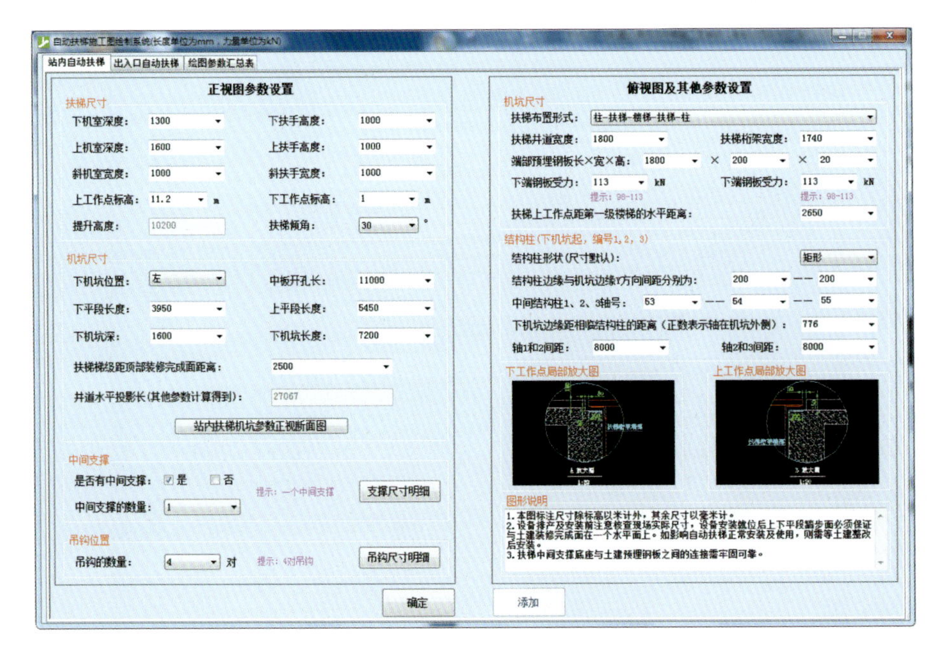

图 3.4-10 站内自动扶梯参数输入

(2)出入口自动扶梯参数输入

出入口自动扶梯参数输入界面如图 3.4-11 所示。界面参数与站内自动扶梯参数输入界面类似,区别在于出入口自动扶梯参数中还包括“下基坑处是否有集水井”“集水井位置”“检修孔尺寸位置”，不包括“结构柱”的形状、尺寸、位置。

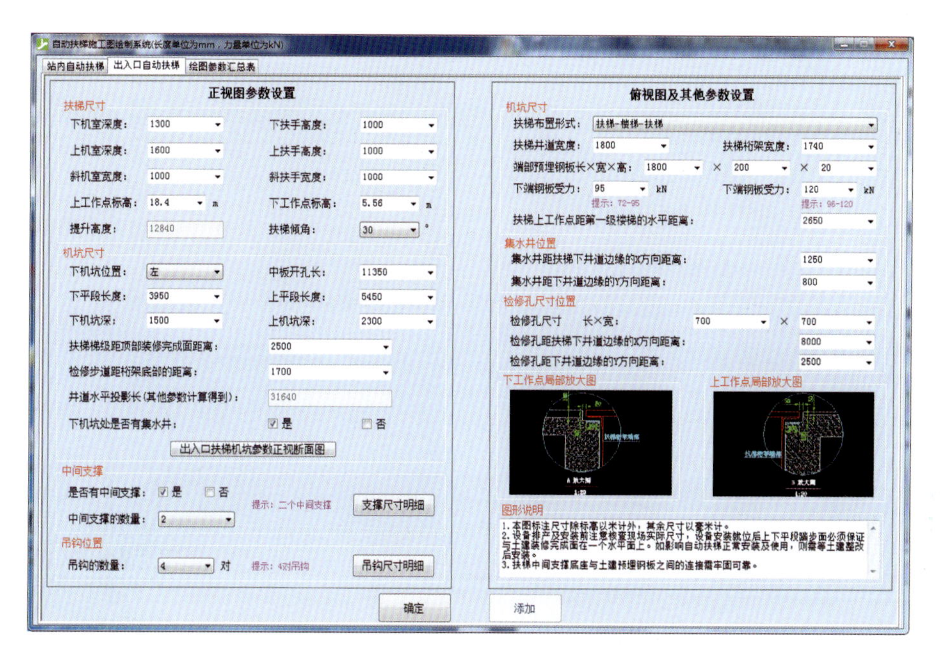

图 3.4-11　出入口自动扶梯参数输入界面

(3)中间支撑详细尺寸位置

提升高度和扶梯倾角确定后，系统将根据包容设计标准，对中间支撑数量、位置、标高、受力给出洋红色提示或直接给出默认值。在选择“中间支撑的数量”或点击“支撑尺寸明细”进入“中间支撑详细尺寸位置”界面。

根据“下基坑位置”在左或右，确定“中间支撑局部放大图”是左起还是右起，使用者可以根据工程实际选择“中间支撑放大图形式”为“传统型”或“π字形”。

根据不同的“扶梯布置形式”，中间支撑预埋钢板尺寸和位置对应变化，当两扶梯并列布置时，传统型中间支撑默认中间支撑预埋钢板中间是 1280mm × 500mm × 20mm 的钢板，两端是 600mm × 500mm × 20mm 的钢板，站内扶梯与出入口扶梯中间支撑详细尺寸位置参数相同。图 3.4-12所示为传统型中间支撑详细尺寸位置参数输入界面及示意图，图 3.4-13 所示为 π 字形中间支撑详细尺寸位置参数输入界面及示意图。

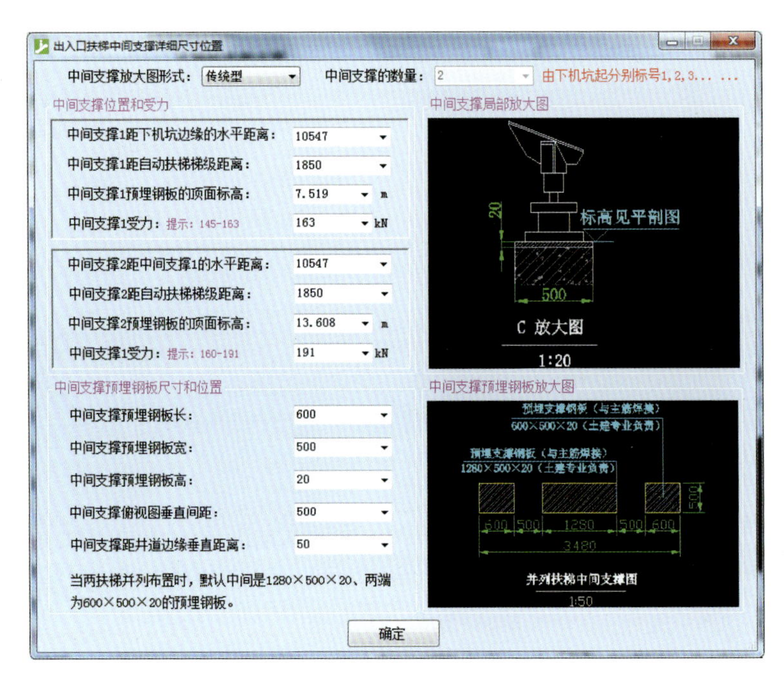

图 3.4-12　传统型中间支撑详细尺寸位置参数输入界面

图 3.4-13　π 字形中间支撑详细尺寸位置参数输入界面

(4)吊钩详细尺寸位置

系统会根据不同的扶梯形式和基坑位置显示吊钩布局示意图。扶梯吊钩详细尺寸位置及布局示意图界面如图3.4-14所示。也可选择吊钩均布方案，均布受力。

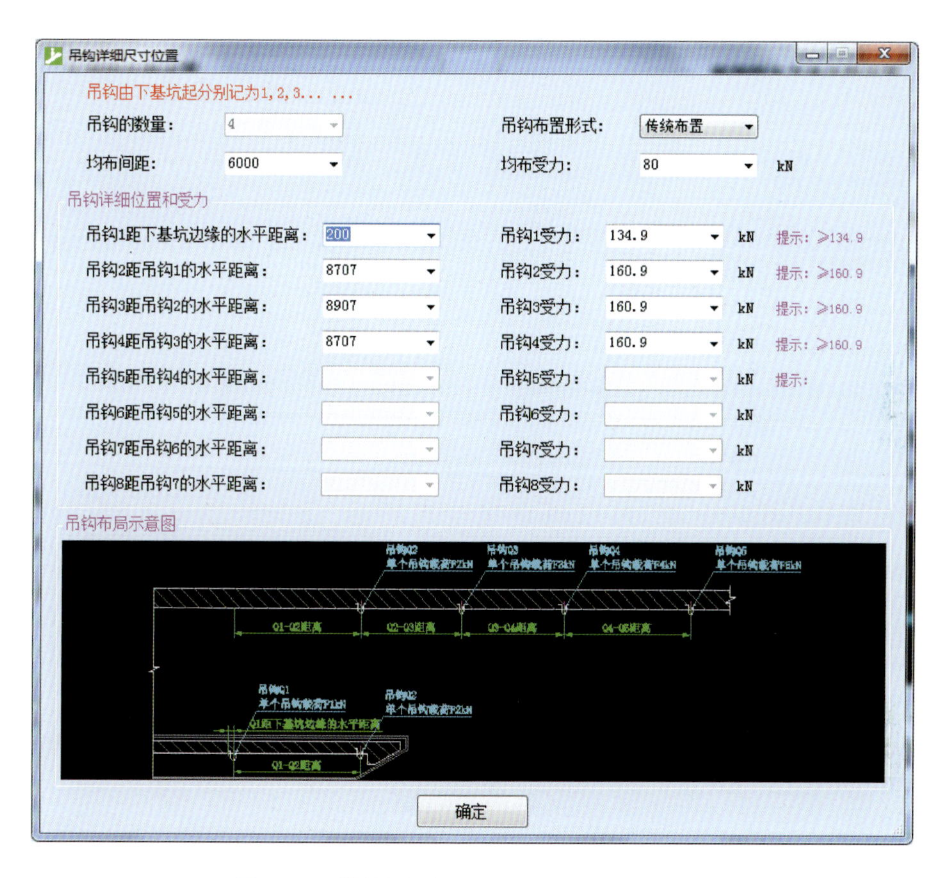

图3.4-14 扶梯吊钩详细尺寸位置及布局示意图界面

(5)参数汇总界面

站内、出入口参数输入界面用于输入每幅图绘图参数，然后单击“确定”按钮后，如果绘图参数漏填或不合理，系统将提示使用者补充填写或重新填写相应参数，如果输入参数完整且合理，点击“添加”按钮即可添加到绘图参数汇总表中。这样将1幅图的绘图参数形成1行数据，通过循环绘图实现成册图纸绘制。参数汇总界面如图3.4-15所示。

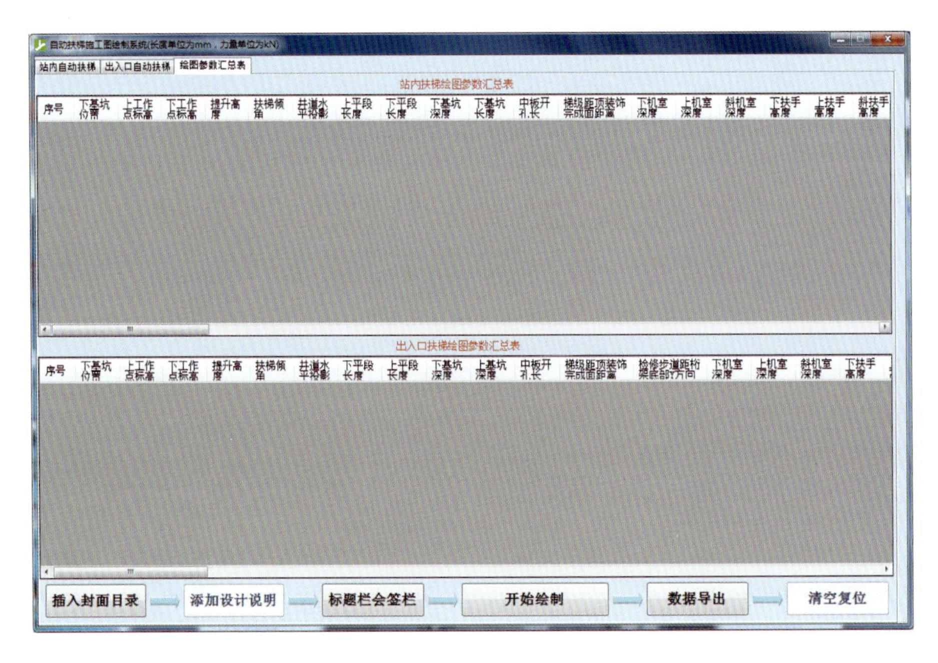

图 3.4-15 参数汇总界面

直接点击“开始绘制”按钮可直接绘制图形，此时绘制出来的图没有封面、目录、说明和标题栏信息；依次点击“插入封面目录”“添加设计说明”按钮，此时绘制出来的成册图纸具有完整的封面、目录、说明和标题栏信息。

点击“数据导出”按钮可以将绘图参数汇总表导出为 Excel 文件。点击“清空复位”按钮可以将绘图参数汇总表清空，系统复位为初始状态。

(6)封面、目录、说明编辑界面

在绘图参数汇总表界面中，可以一步步添加封面、目录、说明，系统会针对输入的自动扶梯图幅数量、布置形式，自动生成目录和设计说明中的主要设备数量表。使用者可以根据工程实际对工程图图号、扶梯编号、图纸名称、设计说明等进行修改。封面编辑界面如图 3.4-16 所示，目录编辑界面如图 3.4-17 所示，设计说明界面如图 3.4-18 所示。

(7)“一键成图”界面

如图 3.4-19 所示，使用者只需要具有规范的 Excel 参数表就可以直接利用“数据导入”按钮，将表格中的数据导入到“参数集中输入表”中，接下来的操作与“智能成图”中成册图纸绘制的方法一样，按“插入封面目录”“添加设计说明”“开始绘制”“清空复位”顺序逐步完成成册图纸的绘制。“一键成图”中同样提供了“左起站内扶梯参数示意图”“右起站内扶梯参数示意图”“左起出入口扶梯参数示意图”“右起出入口扶梯参数示意图”。

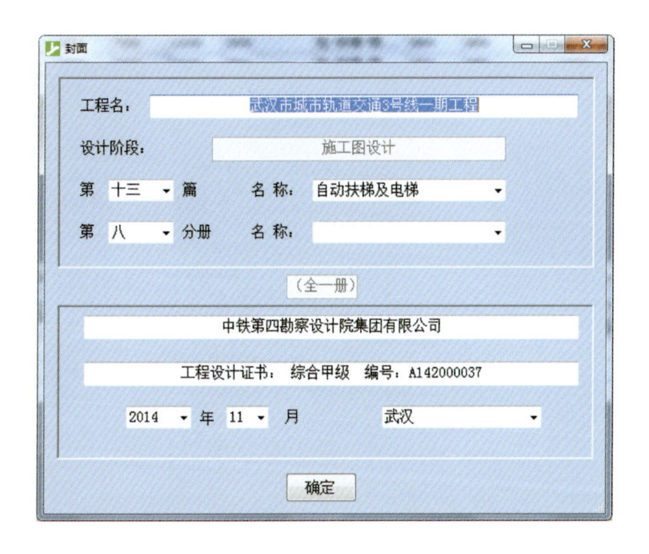

图 3.4-16　封面编辑界面

目录

工程图图号（前面固定编号）：04（2）416-S-DFT-02　扶梯编号（斜杠前）：E417

序号	工程图图号	图纸名称
1	04（2）416-S-DFT-02-01	设计说明（一）
2	04（2）416-S-DFT-02-02	设计说明（二）
3	04（2）416-S-DFT-02-03	车站总体平面布置图
4	04（2）416-S-DFT-02-04	站内自动扶梯E417/01(N)、E417/02(N)安装布置图
5	04（2）416-S-DFT-02-05	站内自动扶梯E417/03(N)、E417/04(N)安装布置图
6	04（2）416-S-DFT-02-06	站内自动扶梯E417/05(N)、E417/06(N)安装布置图
7	04（2）416-S-DFT-02-07	站内自动扶梯E417/07(N)、E417/08(N)安装布置图
8	04（2）416-S-DFT-02-08	Ⅰ号出入口自动扶梯E417/09(KⅠ)、E417/10(KⅠ)安装布置图
9	04（2）416-S-DFT-02-09	Ⅱ号出入口自动扶梯E417/11(KⅡ)、E417/12(KⅡ)安装布置图
10	04（2）416-S-DFT-02-10	Ⅲ号出入口自动扶梯E417/13(KⅢ)、E417/14(KⅢ)安装布置图

确定

图 3.4-17　目录编辑界面

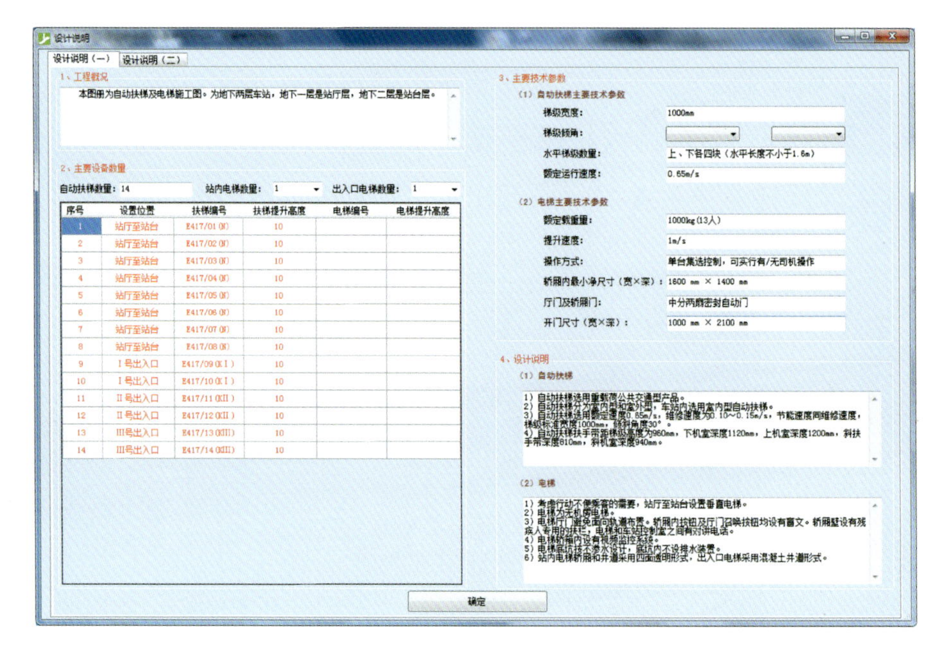

图 3.4-18　设计说明界面

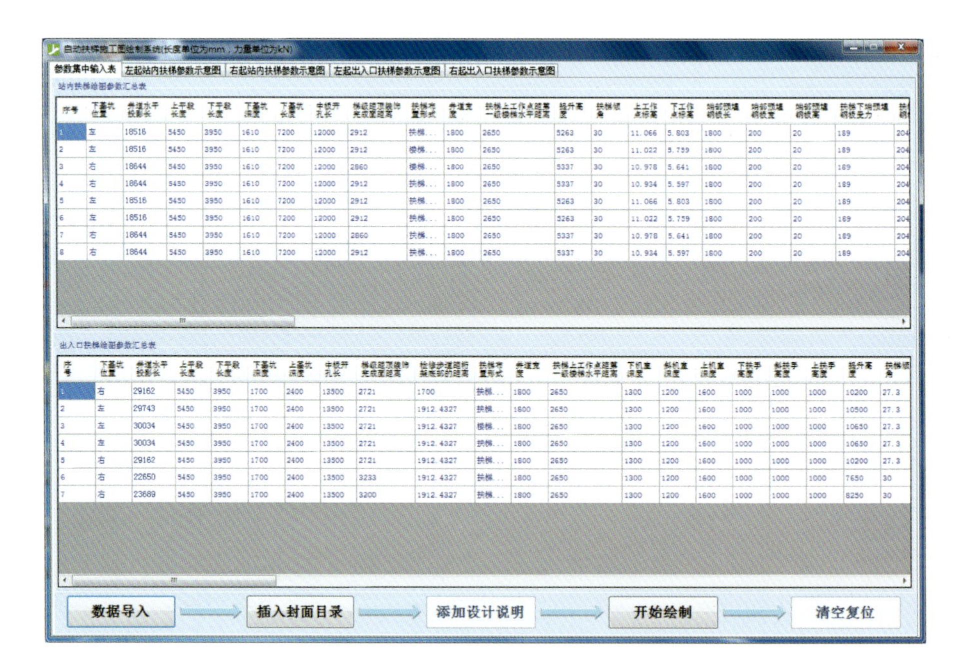

图 3.4-19　一键成图

3.4.3 应用效果

图 3.4-20 所示为系统绘制的站内自动扶梯安装布置图,如图 3.4-21 所示为系统绘制的出入口自动扶梯安装布置图。

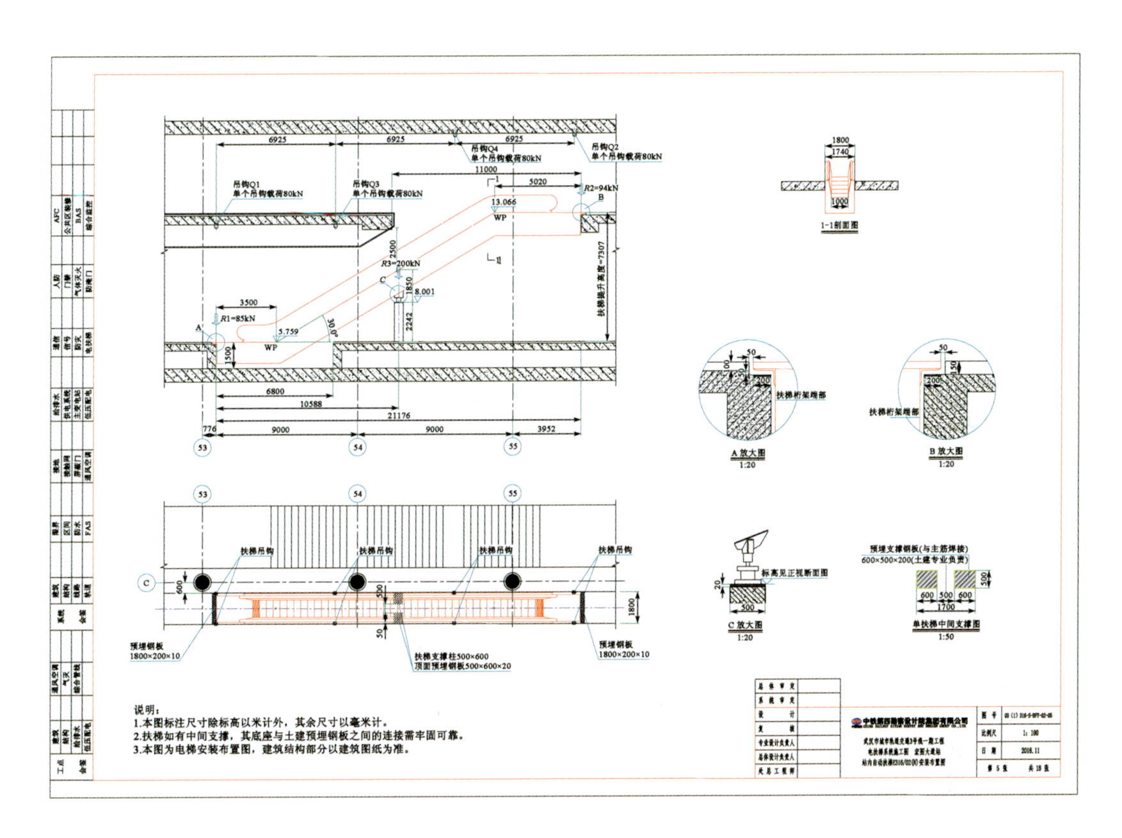

图 3.4-20　站内自动扶梯安装布置图绘图效果(尺寸单位:mm,标高单位:m)

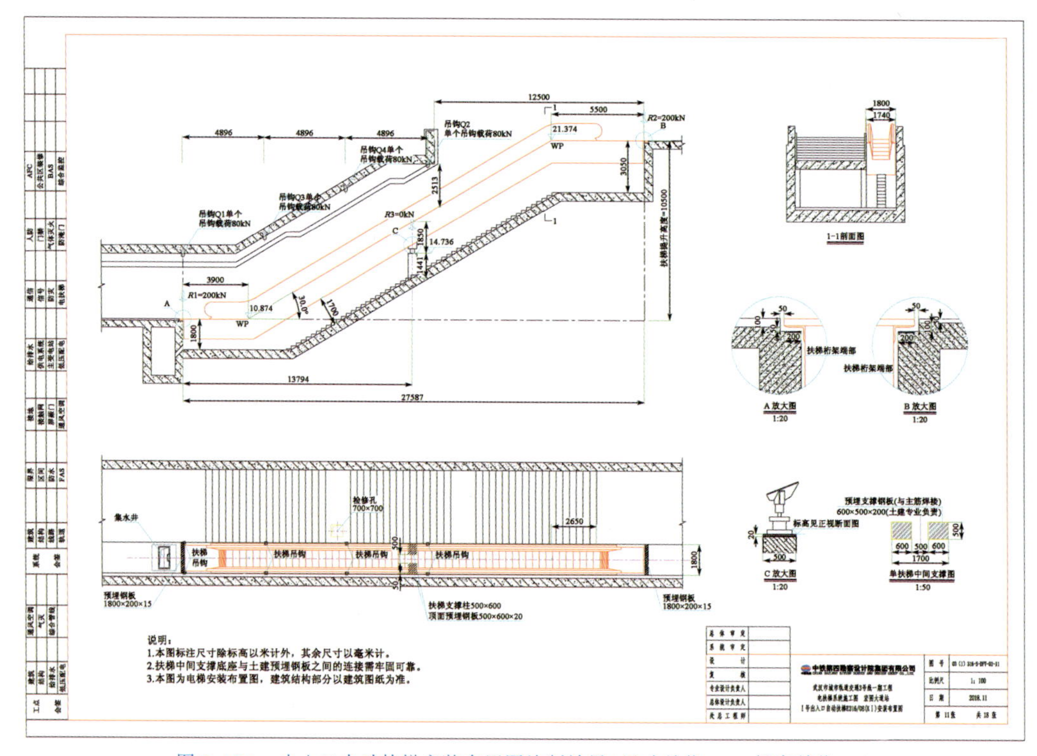

图3.4-21　出入口自动扶梯安装布置图绘制效果(尺寸单位:mm,标高单位:m)

3.5 基于底层数据驱动的跨平台 BIM 设计技术

3.5.1　技术方法

1）基于底层数据驱动的参数化 BIM 建模方法

在以往的三维模型中,根据项目工程的不同,自动扶梯的结构参数(例如提升高度等)发生变化时,需要设计人员进行重复建模,做很多繁重重复的工作,因此,在三维设计的进行过程中,使用参数化建模,建立初步模型,通过建立参数表的方式在对模型参数进行控制,再利用全过程设计系统中的底层数据驱动即可达到模型转换的效果,如图3.5-1、图3.5-2所示。

参数

参数名称	单位	表达式	公称值	驱动规则	公	模型数值	关		注释
用户参数									
FT_桁...	mm	100 mm	100....			100....			
FT_桁...	mm	1600 mm	1600...			1600...			
FT_扶...	mm	1244.83 mm	1244...			1244...			
FT_桁...	mm	5 mm	5.00...			5.00...			
FT_桁...	mm	1367 mm	1367...			1367...			
FT_支...	mm	1550 mm	1550...			1550...			
FT_扶...	mm	2418.957 mm	2418...			2418...			
FT_扶...	mm	2418.96 mm	2418...			2418...			
FT_桁...	mm	4599.02 mm	4599...			4599...			
FT_扶...	deg	27.3 deg	27.3...			27.3...			
FT_扶...	mm	750 mm	750....			750....			

添加数字 更新 重设公差 << 更少
链接 立即更新 完毕

图 3.5-1 自动扶梯模型底层数据尺寸参数化

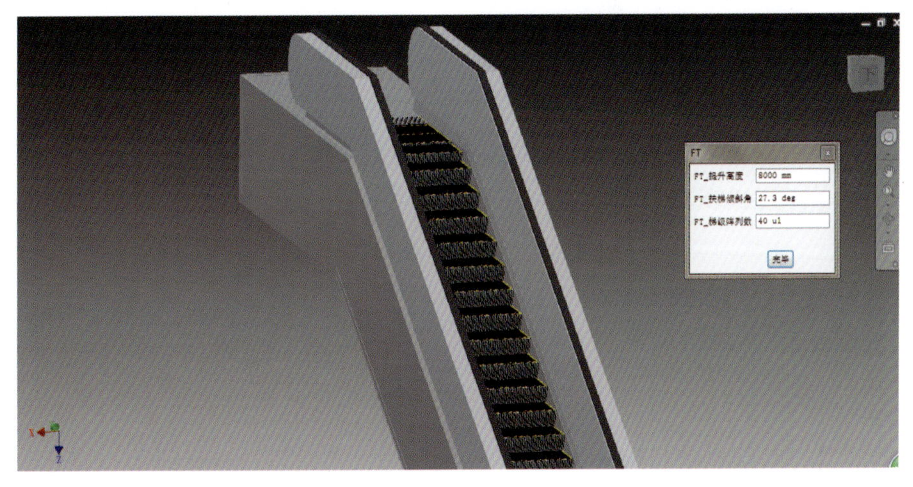

图 3.5-2 iTrigger 实现 iLogic 规则触发参数化建模

2）数据跨三维平台内核驱动的 BIM 模型跨平台无缝转换技术

针对地下车站(站厅至站台、出入口)、高架车站(天桥、站厅至站台)、多线换乘车站、地下多层结构、多段提升通道 7 种车站类型,分别提取其扶梯施工图下基坑位置、提升高度、井道水平投影长、上平段长度、下平段长度、扶梯倾角、下基坑深度、上基坑深度、中间支撑尺寸位置,吊钩数量尺寸位置等 80 多个出图要素,建立参数自适应的单元图形库,通过单元图形特征的约束和排列组合,解决各城市、各项目、各车站方案各异,以及扶梯安装位置多样的问题，减少设计过程中非技术性的重复工作，实现对土建方案变化的快速响应。除扶梯二维特征要素外，结合其主要零部件结构、尺寸、材质、外观、装配关系、设计接口、使用寿命等526个信息模块，建立了扶梯BIM模型底层数据库。如图3.5-3、图3.5-4所示，通过共享底层数据中心，跨三维平台模型内核（ACIS和Parasolid），直接对平台COM驱动，实现平台间专用接口设计，保证三维跨平台转换过程几何元素、数据信息零损失。

图3.5-3　跨三维平台模型内核的COM驱动方式

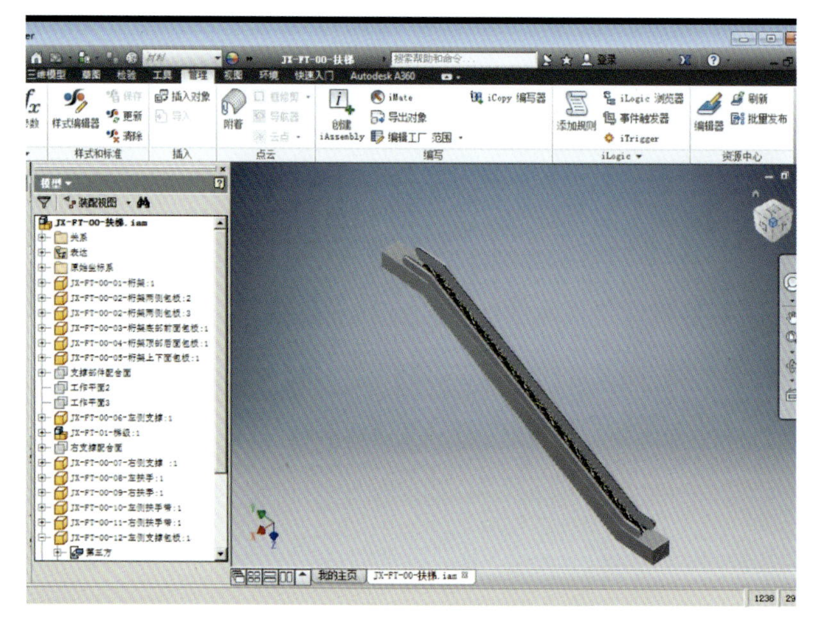

图3.5-4　驱动Inventor平台参数化建模效果界面

如图3.5-5所示,通过共用底层数据的方式,可实现三维模型与二维图纸之间的无缝转换,可避免三维建模直接生成二维图纸时,视图表达不合理、尺寸标注不准确、无法达到工程要求的问题。

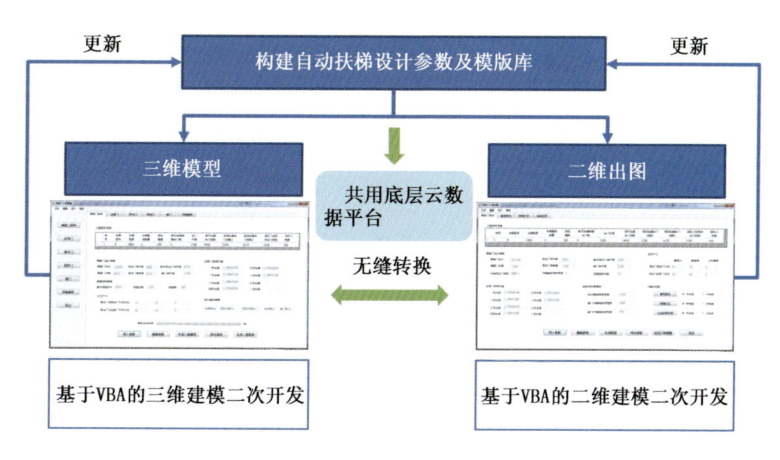

图3.5-5　共用底层数据的三维模型与二维图纸无缝转化方式

3.5.2　系统功能

1）BIM建模标准研究

自动扶梯BIM模型主要在设计、施工阶段应用,重点应用范围及流程步骤见表3.5-1。

自动扶梯BIM模型设计、施工阶段的应用及接口步骤　　表3.5-1

阶段	应用名称	数据准备	接口流程
设计阶段	冲突检测与模型整合检查及安装工艺指导	1.施工图图纸; 2.施工图深度BIM模型; 3.BIM模型信息标准	1.建立本项目的自动扶梯、电梯BIM模型信息标准,确定模型信息深度; 2.根据建筑方案建立自动扶梯、电梯施工图BIM模型; 3.将自动扶梯、电梯BIM模型整合进车站建筑BIM模型内,与建筑、结构、装修、隧道、暖通、电力、信息、通信专业BIM模型形成完整的车站模型;

续上表

阶段	应用名称	数据准备	接口流程
设计阶段	冲突检测与模型整合检查及安装工艺指导	1. 施工图图纸； 2. 施工图深度 BIM 模型； 3. BIM 模型信息标准	4. 设定冲突检测基本原则，使用 BIM 软件，检查自动扶梯、电梯与供电、BAS、FAS、直通电话、视频监测等系统间的接口是否吻合，对自动扶梯、电梯的基坑、井道、预埋、预留孔洞、排水、装修、净空等条件进行核实与冲突检测； 5. 优化自动扶梯、电梯施工图 BIM 模型，协调专业接口设计； 6. 形成自动扶梯、电梯施工图设计模型； 7. 结合自动扶梯、电梯施工图设计模型，形成安装工艺要求文件； 8. 编制供自动扶梯、电梯招标使用的 BIM 模型信息标准
施工阶段	施工深化设计、施工计划模拟与电扶梯运维管理	1. 设备投标模型； 2. 设备排产模型； 3. 设备竣工模型	1. 根据施工图设计模型、施工图纸、技术规格书、BIM 模型信息标准招标自动扶梯、电梯厂家，要求厂家提供设备投标 BIM 模型。 3. 中标厂家与设计、建设、运营部门进行设计联络，明确设备监测的状态类型、数据接口形式、设备模型标准等。 2. 设备厂家根据现场实测土建条件以及招标要求，按照本项目 BIM 模型信息标准，对设计施工图模型进行深化，建立自动扶梯、电梯排产模型，布置设备状态监测传感器。 3. 自动扶梯、电梯排产模型放入车站建筑图，进行电力、BAS、FAS、直通电话、视频监测等专业接口验证与对接，进行土建、装修条件碰撞检测。 4. 优化自动扶梯、电梯排产模型，设计、施工、监理确认后，设备生产厂家进行排产。 5. 利用排产模型进行施工计划模拟，将模型与项目进度计划文件整合，形成包含施工时间、施工工作安排、现场施工工序的计划模拟文件。整合各相关单位的意见和建议，对施工计划模拟进行优化、调整，形成合理、可行的施工计划方案。 6. 进行现场设备安装与调试，设备厂家根据自动扶梯、电梯安装调试情况修改自动扶梯、电梯排产模型，形成竣工 BIM 模型。 7. 设备厂家交付运营单位设备竣工模型、模型信息数据，开放设备监测数据接口，参与车站设备智能化运营与管理系统的建立，实现设备监测数据与 BIM 模型间的互动，建成自动扶梯、电梯运维数据库。 8. 设备厂家交付建设单位竣工 BIM 模型、模型信息数据、文档，完成归档

标准深度定义参考《建筑信息模型设计交付标准》(GB/T 51301—2018),见表3.5-2,设计、施工阶段的建模深度标准见表3.5-3。

《建筑信息模型设计交付标准》(GB/T 51301—2018)(摘录)　　表3.5-2

信息深度	属性分类	分类代号	属性组代号	常见属性组
N1	身份信息	ID	ID-100	基础描述
			ID-200	编码信息
	定位信息	LC	LC-200	坐标定位
			LC-300	占位尺寸
N2	系统信息	—	—	—
N3	技术信息	TC	TC-100	构造尺寸
			TC-200	组件构成
			TC-300	设计参数
			TC-400	技术要求
	生产信息	MF	MF-100	产品通用基础数据
			MF-200	产品专用基础数据
N4	资产信息	AM	AM-100	资产登记
			AM-200	资产管理
	维护信息	FM	FM-100	巡检信息
			FM-200	维修信息
			FM-300	维护预测
			FM-400	备品备件

自动扶梯BIM模型设计、施工阶段建模深度标准　　表3.5-3

构件名称	N1	N2	N3	N4
自动扶梯BIM模型设计阶段建模深度标准				
自动扶梯桁架	ID-100	—	TC-100	—
	ID-200	—	TC-400	—
	LC-100	—	—	—
	LC-200	—	—	—
自动扶梯外装饰板	ID-100	—	TC-100	—
	ID-200	—	TC-400	—
	LC-200	—	—	—
自动扶梯护壁板	ID-100	—	TC-100	—
	ID-200	—	TC-400	—
	LC-200	—	—	—

续上表

构 件 名 称	N1	N2	N3	N4
自动扶梯 BIM 模型设计阶段建模深度标准				
自动扶梯围裙板	ID-100	—	TC-100	—
	ID-200	—	TC-400	—
	LC-200	—	—	—
自动扶梯扶手带	ID-100	—	TC-100	—
	ID-200	—	TC-400	—
自动扶梯扶手带	LC-200	—	—	—
	LC-300	—	—	—
自动扶梯扶手盖板	ID-100	—	TC-100	—
	ID-200	—	TC-400	—
	LC-200	—	—	—
自动扶梯梯级	ID-100	—	TC-100	—
	ID-200	—	TC-300	—
	LC-200	—	TC-400	—
	LC-300	—	—	—
自动扶梯上机房盖板	ID-100	—	TC-100	—
	ID-200	—	TC-400	—
	LC-200	—	—	—
自动扶梯下机房盖板	ID-100	—	TC-100	—
	ID-200	—	TC-400	—
	LC-200	—	—	—
自动扶梯控制柜	ID-100	—	TC-100	—
	ID-200	—	TC-300	—
	LC-200	—	TC-400	—
自动扶梯电源柜	ID-100	—	TC-100	—
	ID-200	—	TC-300	—
	LC-200	—	TC-400	—
自动扶梯 BIM 模型施工阶段建模深度标准				
自动扶梯桁架	ID-100	—	TC-100	AM-100
	ID-200	—	TC-200	AM-200
	LC-100	—	TC-300	FM-100
	LC-200	—	TC-400	FM-200
	LC-300	—	MF-100	FM-300

续上表

构件名称	N1	N2	N3	N4
自动扶梯 BIM 模型设计阶段建模深度标准				
自动扶梯桁架	—	—	MF-200	FM-400
自动扶梯外装饰板	ID-100	—	TC-100	AM-100
	ID-200	—	TC-200	AM-200
	LC-200	—	TC-300	FM-100
	—	—	TC-400	FM-200
	—	—	MF-100	FM-300
	—	—	MF-200	FM-400
自动扶梯护壁板	ID-100	—	TC-100	AM-100
	ID-200	—	TC-200	AM-200
	LC-200	—	TC-300	FM-100
	—	—	TC-400	FM-200
	—	—	MF-100	FM-300
	—	—	MF-200	FM-400
自动扶梯围裙板	ID-100	—	TC-100	AM-100
	ID-200	—	TC-200	AM-200
	LC-200	—	TC-300	FM-100
	—	—	TC-400	FM-200
	—	—	MF-100	FM-300
	—	—	MF-200	FM-400
自动扶梯扶手带	ID-100	—	TC-100	AM-100
	ID-200	—	TC-200	AM-200
	LC-200	—	TC-300	FM-100
	LC-300	—	TC-400	FM-200
	—	—	MF-100	FM-300
	—	—	MF-200	FM-400
自动扶梯扶手盖板	ID-100	—	TC-100	AM-100
	ID-200	—	TC-200	AM-200
	LC-200	—	TC-300	FM-100
	—	—	TC-400	FM-200
	—	—	MF-100	FM-300
	—	—	MF-200	FM-400
自动扶梯梯级	ID-100	—	TC-100	AM-100

续上表

构件名称	N1	N2	N3	N4
自动扶梯 BIM 模型设计阶段建模深度标准				
自动扶梯梯级	ID-200	—	TC-200	AM-200
	LC-200	—	TC-300	FM-100
	LC-300	—	TC-400	FM-200
	—	—	MF-100	FM-300
	—	—	MF-200	FM-400
自动扶梯梳齿板	ID-100	—	TC-100	AM-100
	ID-200	—	TC-200	AM-200
	LC-200	—	TC-300	FM-100
	—	—	TC-400	FM-200
自动扶梯梳齿板	—	—	MF-100	FM-300
	—	—	MF-200	FM-400
自动扶梯上机房盖板	ID-100	—	TC-100	AM-100
	ID-200	—	TC-200	AM-200
	LC-200	—	TC-300	FM-100
	—	—	TC-400	FM-200
	—	—	MF-100	FM-300
	—	—	MF-200	FM-400
自动扶梯下机房盖板	ID-100	—	TC-100	AM-100
	ID-200	—	TC-200	AM-200
	LC-200	—	TC-300	FM-100
	—	—	TC-400	FM-200
	—	—	MF-100	FM-300
	—	—	MF-200	FM-400
自动扶梯控制柜	ID-100	—	TC-100	AM-100
	ID-200	—	TC-200	AM-200
	LC-200	—	TC-300	FM-100
	—	—	TC-400	FM-200
	—	—	MF-100	FM-300
	—	—	MF-200	FM-400
自动扶梯电源柜	ID-100	—	TC-100	AM-100
	ID-200	—	TC-200	AM-200
	LC-200	—	TC-300	FM-100

续上表

构件名称	N1	N2	N3	N4
自动扶梯BIM模型设计阶段建模深度标准				
自动扶梯电源柜	—	—	TC-400	FM-200
	—	—	MF-100	FM-300
	—	—	MF-200	FM-400
自动扶梯电动机	ID-100	—	TC-100	AM-100
	ID-200	—	TC-200	AM-200
	LC-200	—	TC-300	FM-100
	—	—	TC-400	FM-200
	—	—	MF-100	FM-300
	—	—	MF-200	FM-400
自动扶梯减速机	ID-100	—	TC-100	AM-100
	ID-200	—	TC-200	AM-200
自动扶梯减速机	LC-200	—	TC-300	FM-100
	—	—	TC-400	FM-200
	—	—	MF-100	FM-300
	—	—	MF-200	FM-400
自动扶梯工作制动器	ID-100	—	TC-100	AM-100
	ID-200	—	TC-200	AM-200
	LC-200	—	TC-300	FM-100
	—	—	TC-400	FM-200
	—	—	MF-100	FM-300
	—	—	MF-200	FM-400
自动扶梯附加制动器	ID-100	—	TC-100	AM-100
	ID-200	—	TC-200	AM-200
	LC-200	—	TC-300	FM-100
	—	—	TC-400	FM-200
	—	—	MF-100	FM-300
	—	—	MF-200	FM-400
自动扶梯各类联轴器	ID-100	—	TC-100	AM-100
	ID-200	—	TC-200	AM-200
	LC-200	—	TC-300	FM-100
	—	—	TC-400	FM-200
	—	—	MF-100	FM-300
	—	—	MF-200	FM-400

续上表

构件名称	N1	N2	N3	N4
自动扶梯 BIM 模型设计阶段建模深度标准				
自动扶梯主机驱动、梯级驱动及回转部分的齿轮、轴及轴承	ID-100	—	TC-100	AM-100
	ID-200	—	TC-200	AM-200
	LC-200	—	TC-300	FM-100
	—	—	TC-400	FM-200
	—	—	MF-100	FM-300
	—	—	MF-200	FM-400
自动扶梯主驱动链	ID-100	—	TC-100	AM-100
	ID-200	—	TC-200	AM-200
	LC-200	—	TC-300	FM-100
	—	—	TC-400	FM-200
	—	—	MF-100	FM-300
	—	—	MF-200	FM-400
自动扶梯梯级驱动链	ID-100	—	TC-100	AM-100
	ID-200	—	TC-200	AM-200
	LC-200	—	TC-300	FM-100
	—	—	TC-400	FM-200
	—	—	MF-100	FM-300
	—	—	MF-200	FM-400
自动扶梯梯级滚轮、梯级链条滚轮	ID-100	—	TC-100	AM-100
	ID-200	—	TC-200	AM-200
	LC-200	—	TC-300	FM-100
	—	—	TC-400	FM-200
	—	—	MF-100	FM-300
	—	—	MF-200	FM-400
自动扶梯变频器	ID-100	—	TC-100	AM-100
	ID-200	—	TC-200	AM-200
	LC-200	—	TC-300	FM-100
	—	—	TC-400	FM-200
	—	—	MF-100	FM-300
	—	—	MF-200	FM-400
自动扶梯各类含电子元器件的电脑板总成	ID-100	—	TC-100	AM-100
	ID-200	—	TC-200	AM-200

续上表

构件名称	N1	N2	N3	N4
自动扶梯 BIM 模型设计阶段建模深度标准				
自动扶梯各类含电子元器件的电脑板总成	LC-200	—	TC-300	FM-100
	—	—	TC-400	FM-200
	—	—	MF-100	FM-300
	—	—	MF-200	FM-400
自动扶梯接触器、继电器	ID-100	—	TC-100	AM-100
	ID-200	—	TC-200	AM-200
	LC-200	—	TC-300	FM-100
	—	—	TC-400	FM-200
	—	—	MF-100	FM-300
	—	—	MF-200	FM-400
自动扶梯梯级轴	ID-100	—	TC-100	AM-100
	ID-200	—	TC-200	AM-200
	LC-200	—	TC-300	FM-100
	—	—	TC-400	FM-200
自动扶梯梯级轴	—	—	MF-100	FM-300
	—	—	MF-200	FM-400
自动扶梯导轨	ID-100	—	TC-100	AM-100
	ID-200	—	TC-200	AM-200
	LC-200	—	TC-300	FM-100
	—	—	TC-400	FM-200
	—	—	MF-100	FM-300
	—	—	MF-200	FM-400
自动扶梯语音播报装置	ID-100	—	TC-100	AM-100
	ID-200	—	TC-200	AM-200
	LC-200	—	TC-300	FM-100
	—	—	TC-400	FM-200
	—	—	MF-100	FM-300
	—	—	MF-200	FM-400
自动扶梯油水分离器	ID-100	—	TC-100	AM-100
	ID-200	—	TC-200	AM-200
	LC-200	—	TC-300	FM-100
	—	—	TC-400	FM-200

续上表

构件名称	N1	N2	N3	N4
自动扶梯 BIM 模型设计阶段建模深度标准				
自动扶梯油水分离器	—	—	MF-100	FM-300
	—	—	MF-200	FM-400
自动扶梯各类安全装置	ID-100	—	TC-100	AM-100
	ID-200	—	TC-200	AM-200
	LC-200	—	TC-300	FM-100
	—	—	TC-400	FM-200
	—	—	MF-100	FM-300
	—	—	MF-200	FM-400
自动扶梯各类防控、防护、监控、照明装置	ID-100	—	TC-100	AM-100
	ID-200	—	TC-200	AM-200
	LC-200	—	TC-300	FM-100
	—	—	TC-400	FM-200
	—	—	MF-100	FM-300
	—	—	MF-200	FM-400

2）参数化 BIM 建模功能

随着 BIM 正向设计技术的快速发展，自动扶梯 BIM 建模技术也面临巨大挑战，目前多专业协同 BIM 设计，存在不同平台间模型内核转换时数据信息、几何特征易丢失，输出的二维图纸质量差、效率低的难题。为了能够融合不同三维建模平台，在全过程设计系统外，通过同样底层数据的驱动，实现跨平台的 BIM 参数化建模。

如图 3.5-6 所示，以 Autodesk Inventor 平台为例，通过 Inventor 内部“fx 参数”模块实现了自动扶梯 BIM 参数化设计。直接通过修改不同的尺寸参数，能够适应不同的土建结构。

如图 3.5-7 所示，通过 ilogic 编程语言，实现了自动扶梯梯级的参数化装配，解决的不同零件数量在装配体中参数化的难题。

自动扶梯作为一个复杂装配体，当最终装配体中某一尺寸参数发生变化，所有零件的尺寸相关尺寸随之发生变化，为了保证在参数变化时最终的装配

参数

参数名称	单位/类型	表达式	公	驱动规则	公	模	关		注释
FT_桁架钢结构宽度	mm	100 mm	1..			1..			
FT_桁架宽度	mm	1600 mm	1..			1..			
FT_扶手带底部下面长度	mm	1244.83 mm	1..			1..			
FT_桁架左右包板厚度	mm	5 mm	5..			5..			
FT_桁架顶部高度	mm	1367 mm	1..			1..			
FT_支撑下部底面长度	mm	1550 mm	1..			1..			
FT_扶手带顶部上面长度	mm	2418.957 mm	2..			2..			
FT_扶手带顶部下面长度	mm	2418.96 mm	2..			2..			
FT_桁架顶部上方长度	mm	4599.02 mm	4..			4..			
FT_扶梯倾斜角	deg	27.3 deg	2..			2..			
FT_扶手高度	mm	750 mm	7..			7..			
FT_桁架斜面高度	mm	1450.06 mm	1..			1..			

添加数字　更新　清除未使用项　重设公差　<< 更少

链接　立即更新　完毕

图 3.5-6　自动扶梯 BIM 建模“fx 参数”

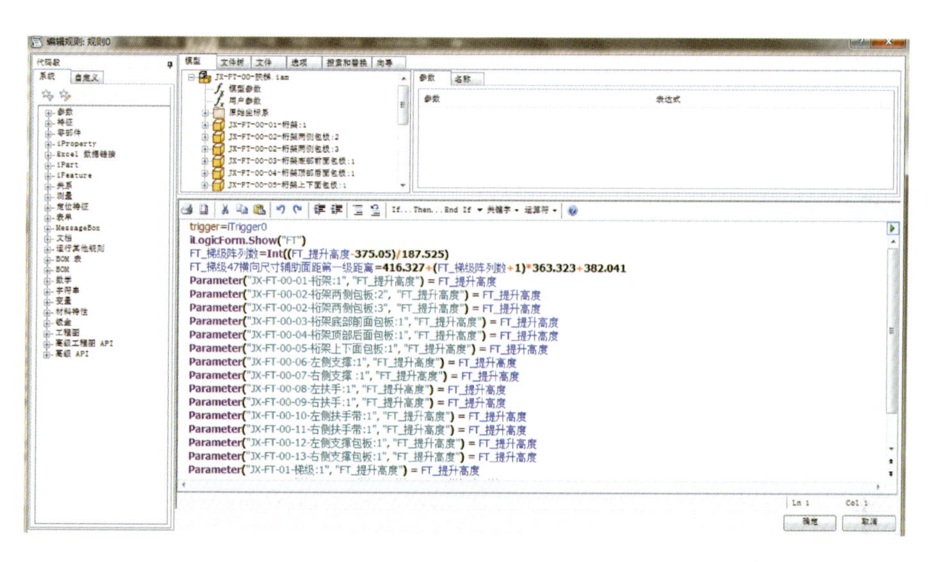

图 3.5-7　自动扶梯参数化装配程序

效果的有效性，需要使各零件的参数跟随尺寸参数的变化而变化，并保持装配关系不变。可采用以下两个方案。

方案一：如图 3.5-8 所示，在对零件建模时，先将底层一致的尺寸数据录入到相应的 Excel 表格之中，然后通过链接建立零件与表格之间的尺寸关联。在更改尺寸时，更改参数表 Excel 中的尺寸，然后通过管理选项中的更新页面实现尺寸更新。此解决方案在对单个零件的尺寸控制效果较好，但是在对装配体尺寸进行控制时，由于各项尺寸之间没有相互关联，在某一尺寸发生变动时，其他相关尺寸不能随之发生变动，会出现装配配合干涉问题。如果通过要变动的尺寸计算其他相关尺寸，然后在表格中一一输入，计算量大耗时且计算过程中容易出现错误，影响时效性和准确性，不能达到快速方便可靠的效果。

	A	B	C	D	E
1	自动扶梯相关参数表				
2	参数名称	值	度量单位	备注	
3	FT_提升高度	7500	mm		
4	FT_扶梯倾斜角	27.3	deg		
5	FT_桁架宽度	1600	mm		
6	FT_桁架顶部上方长度	4599.02	mm		
7	FT_桁架底部上方长度	3150	mm		
8	FT_桁架顶部高度	1367	mm		
9	FT_桁架底部高度	1350	mm		
10	FT_桁架斜面高度	1450.06	mm		
11	FT_桁架单侧厚度	100	mm		
12	FT_桁架钢结构宽度	100	mm		
13	FT_桁架斜面钢结构宽度	96.66	mm		
14	FT_扶手底部下侧长度	1426.97	mm		
15	FT_扶手顶部下侧长度	2236.82	mm		
16	FT_扶手高度	750	mm		
17	FT_桁架左右包板厚度	5	mm		
18	FT_桁架底部前面包板厚度	5	mm		
19	FT_桁架顶部后侧包板厚度	5	mm		
20	FT_桁架上下包板厚度	10	mm		
21	FT_支撑高度	150	mm		
22	FT_支撑宽度	180	mm		
23	FT_支撑下部底面长度	1550	mm		
24	FT_支撑上部底面长度	2287	mm		
25	FT_扶手带底部下面长度	1244.83	mm		
26	FT_扶手带顶部下面长度	2418.96	mm		
27	FT_扶手带底部上面长度	1244.833	mm		
28	FT_扶手带顶部上面长度	2418.957	mm		
29	FT_单个梯级提升高度	187.525	mm		
30	FT_梯级阵列数	37	ul		

图 3.5-8　模型参数 Excel 表控制方案界面

方案二：如图 3.5-9 所示，采用 Inventor 软件管理中的 iLogic 浏览器进行控制，首先在参数中输入相关的用户参数，然后在对零件进行尺寸编辑时，输入相关的参数变量，整个模型的所有零件尺寸按照此方法来进行，然后编辑 iLogic 规则，建立相关参数之间的联系。当某一尺寸发生变化时，通过规则联系也使得其他尺寸发生相应的变化，使得整个模型尺寸统一调整，最后得到的配合仍为之前的完全配合方式，过程中无人工计算量，方便快捷可靠。

如图 3.5-10 所示，通过 iLogic 编写规则，然后通过 iTrigger 来触发规则，实现窗口化控制，当有尺寸调整时，仅需在窗口处填写相关尺寸，即可实现模型的自动转换。

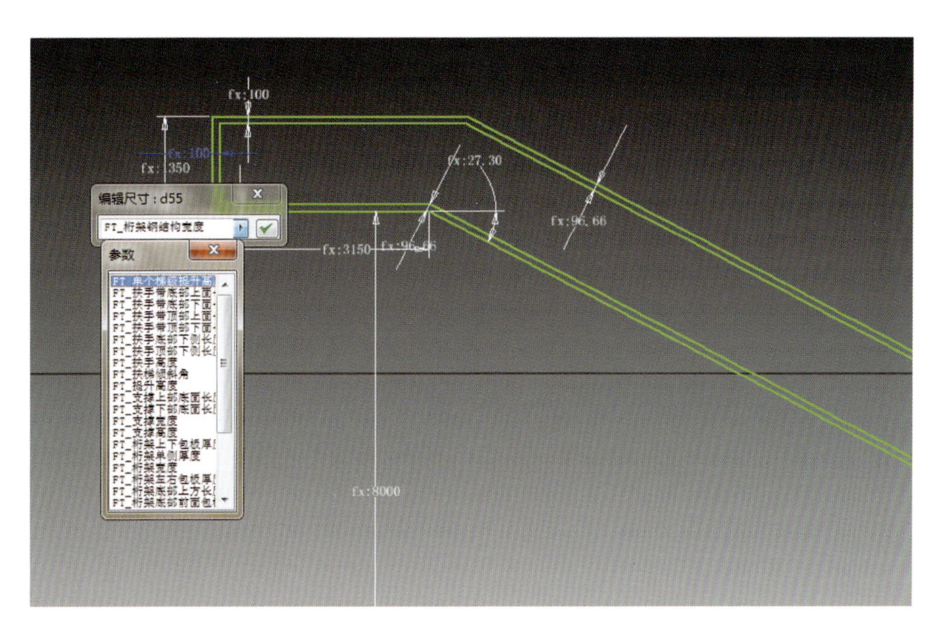

图 3.5-9　iLogic 浏览器参数化控制方案

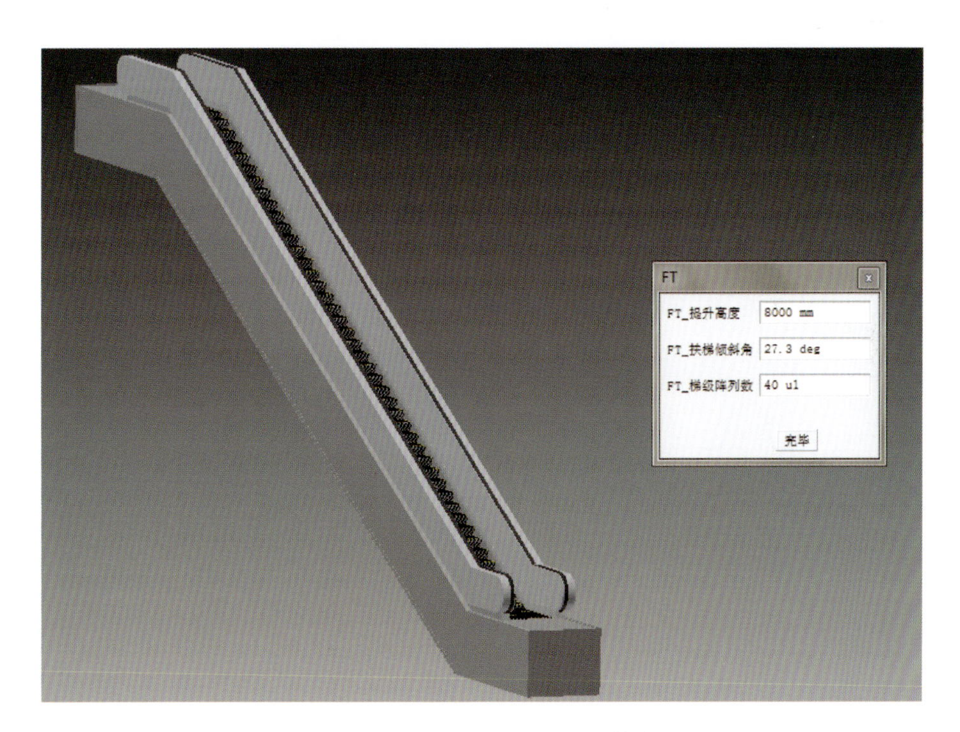

图 3.5-10　iTrigger 实现 iLogic 规则触发

3.5.3 应用效果

在自动扶梯设计过程中,往往需要有三维模型来给建设单位进行直观的展示,三维模型不仅能够以可视化更加直观的方式去向建设单位介绍设计中的难点与创新点,同时也可以进行设计过程中的接口及碰撞检查。图3.5-11~图3.5-13所示为自动扶梯三维模型效果。

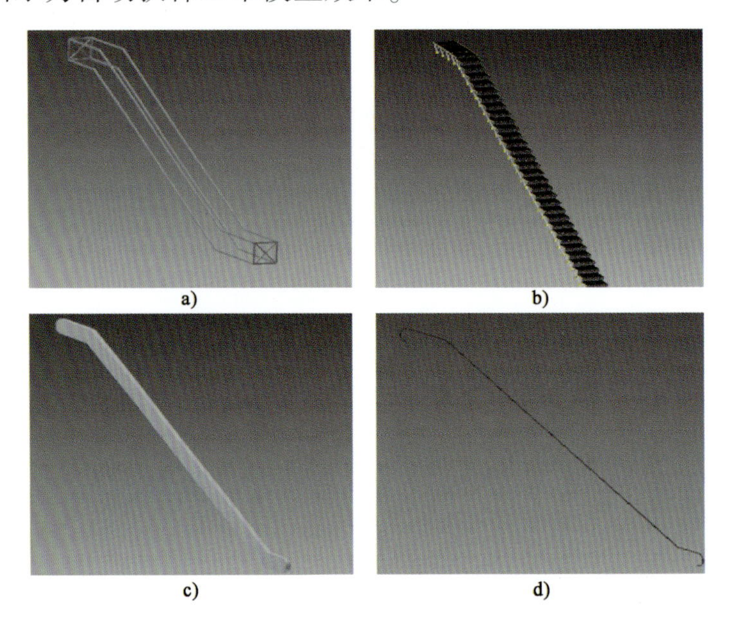

图3.5-11 自动扶梯相关零部件模型示意图

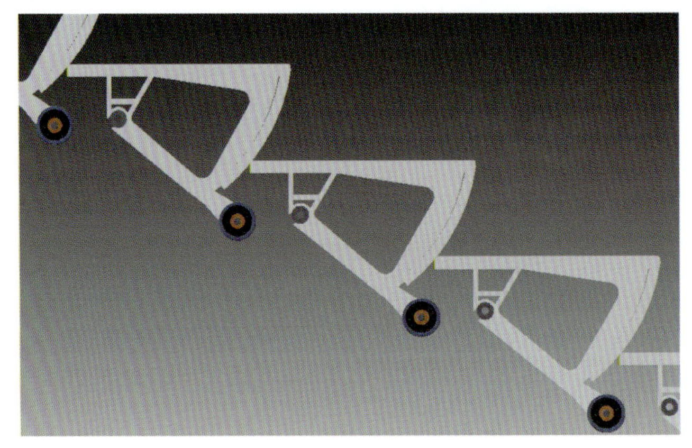

图3.5-12 相邻梯级结构间的配合关系图

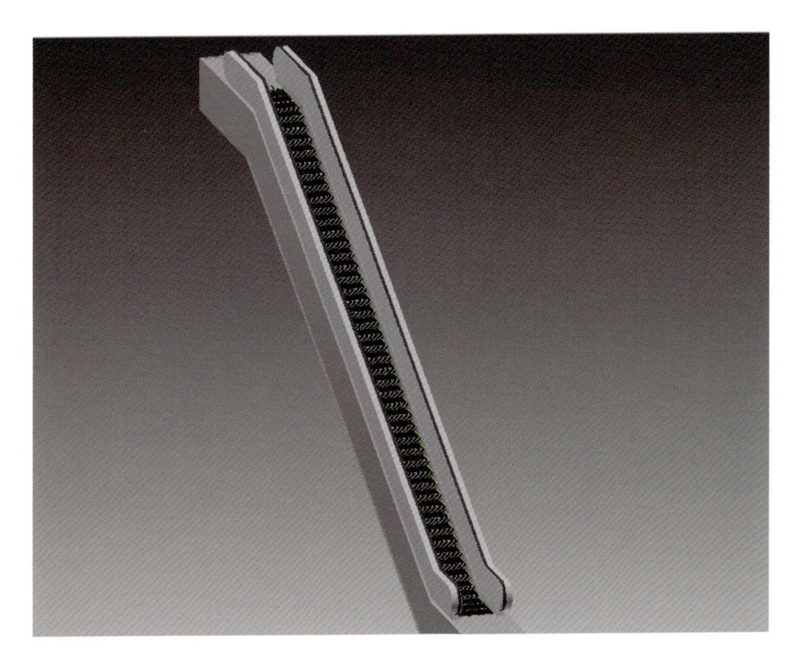

图 3.5-13 自动扶梯的三维模型示意图

3.6 本章小结

本章内容提出工程设计领域数据驱动应用的理念,“数字化驱动全过程智能设计”,研发基于层次数据模型的全过程智能设计技术、参数自适应的自动扶梯施工图“一键成图”方法、基于底层数据驱动的跨平台 BIM 设计技术等技术,解决公共交通自动扶梯易发生人身伤害事故、包容设计困难、全过程信息脱节、设计工作与人力绘图矛盾等难题。基于以上关键技术,开发能够完成自动扶梯设备可靠选型、工程智能设计和参数化成图的全过程智能设计系统。主要创新成果有:

(1)研发基于设计数据模型的全过程智能设计技术,通过各阶段、专业、单位间最小化数据源的智能判断和传递,后阶段以前阶段数据为基础,专业内与专业外接口协同一致,本单位与外单位信息数据统一,避免对外专业、生产厂家、建设单位、运营单位的数据错误问题，并形成与接口专业间会签（会签指对接口专业预留条件的确认过程）技术标准，形成对外单位的设计交底标准，保证了4个设计阶段、6类设计资料、8个协同专业、5个协同单位的输入输出数据100%一致，解决了专业接口易错漏、全过程设计脱节的难题。

（2）研发参数自适应的施工图“一键成图”方法，通过点信息关联计算、图形特征聚类，实现数据驱动CAD的绘图手段，突破人工绘图耗费设计人员大量精力的难题，且研发会签参数与施工图无缝对接功能，实现精度高、响应快、参数自适应的120s快速成图。

（3）研发基于底层数据驱动的跨平台BIM设计技术，提取二维、三维图形底层数据特征和信息要素，通过跨三维平台模型内核（ACIS和Parasolid）的数据驱动方式，实现BIM模型跨平台转换，解决几何元素、数据信息丢失的难题。

（4）研发基于全寿命周期数据管理的扶梯数据挖掘技术，通过后文描述的健康状态管理及故障预警关键技术，通过长时间样本序列的统计分布，形成每种型号、工况自动扶梯的40余项健康基准，并与普适性的机械故障机理结合，形成扶梯故障预测与健康管理（PHM）体系。建立了自动扶梯设备选型、工程设计、运营维护的专家数据库，以结构化分析和设计为核心，基于选型、设计、施工、运维全寿命周期一体化，实现监测数据评价结果对设计优化的闭环反馈，运维数据反馈优化设计，实现选型、设计、施工、运维一体化，迭代提升安全性。

4 基于数字化的设备安装

4.1 基于数字化的设备安装全过程技术

数字化的安装过程,是对扶梯安装的各个关键控制点参数进行提取,采用标准化的参数形式进行描述,并对安装过程中的参数与设计参数进行对比与控制,确保工艺的准确性。

会签是施工图设计过程的最后一道工序,是保证设计成品质量的重要环节,自动扶梯快速会签的设计过程如下:

(1)输入工程的基本参数。在会签过程中,为了自动生成会签意见单,需要设置工程的基本参数,如城市、线路、站名、站内自动扶梯数量、出入口自动扶梯数量、设计阶段、专业等信息。快速会签模块输入界面如图 4.1-1 所示。

(2)导入会签数据库。数据库里保存了初步设计、土建招标设计、建筑施工图、结构施工图、装修施工图等五种设计阶段的会签内容。软件同时提供了会签要素编辑界面,用户可以根据实际情况,查看、编辑各种会签要素。会签要素编辑界面如图 4.1-2 所示。

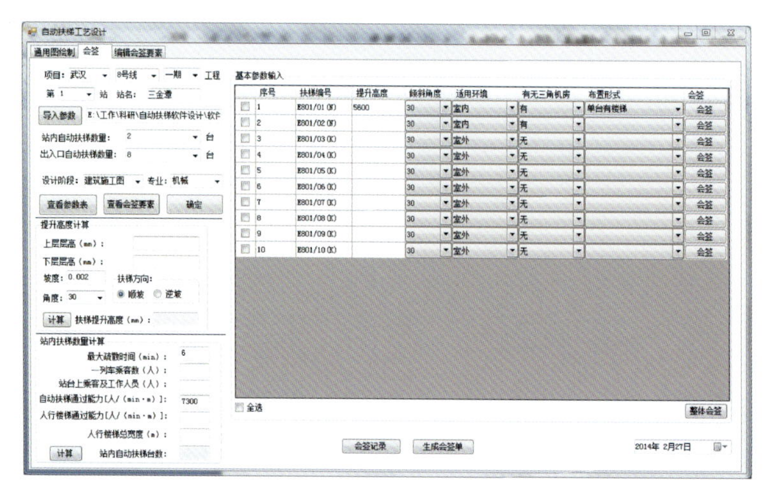

图 4.1-1　快速会签模块输入界面

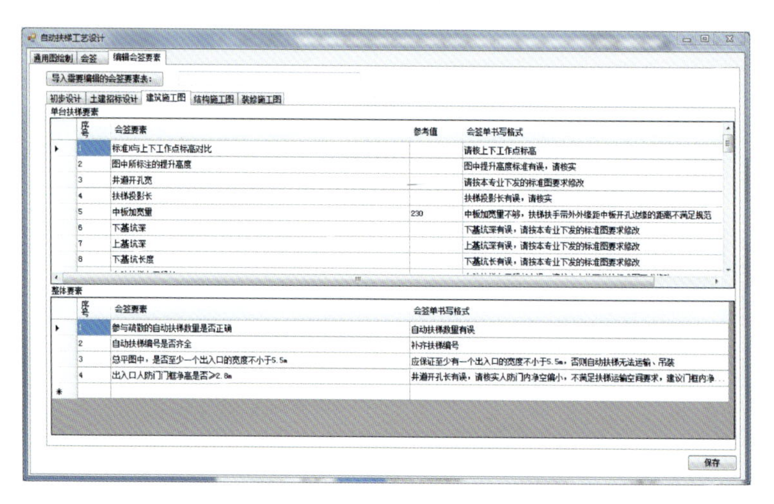

图 4.1-2　会签要素编辑界面

（3）输入自动扶梯的基本参数，如扶梯编号、标准提升高度、倾斜角度、使用环境、有无三角机房、布置形式等。

（4）点击会签后，软件自动选择或计算出本次设计阶段每个会签要素的参考值，使用者需要对照会签图纸一一判断要素的准确性和合理性。如果某要素判断为“不合理”，软件自动将其变红标注，该自动扶梯会签要素判断完成后，便可以返回上一菜单，继续会签第二台扶梯，以此类推。单台扶梯会签界面如图 4.1-3 所示。

会签表

城市：武汉　线路：8号线　站名：三金潭　会签阶段：建筑施工图

专业：机械　扶梯编号：E801/01 (X)　日期：2014年 2月27日　会签参考图

序号	会签要素	参考值	是否正确	实际值	是否满足条件
1	标准H与上下工作点标高对比	5600	是	5600	是
2	图中所标注的提升高度	5600	是		是
3	井道开孔宽	1800	是		是
4	扶梯投影长	18219	否	21850	否
5	中板加宽量	230	是		是
6	下基坑深	1500	是		是
7	上基坑深	1900	否	1800	否
8	下基坑长度	6600	是		是
9	自动扶梯上平段长	5020	是		是
10	自动扶梯下平段长	3500	是		是
11	中间支撑的数量	1	是		是
12	吊钩数量是否为	3	是		是
13	中间支撑（一）预埋钢板顶面与扶梯梯级的竖直距离	1850	是		是
14	中间支撑（一）预埋钢板受力	176	是		是
15	上端预埋钢板受力	83	是		是
16	下端预埋钢板受力	76	是		是
17	吊钩1受力	88	是		是
18	吊钩2受力	106	是		是
19	吊钩3受力	106	是		是
20	扶梯梯级踏步面距上部装修完成面的竖直距离	2500	是		是
21	中间支撑（一）预埋钢板顶面标高	2356	是		是

确定　取消　单台会签单

图 4.1-3　单台扶梯会签界面

(5)每台扶梯会签完成后，需要对整个车站关于扶梯的工艺参数进行校核，即点击“整体会签”。整体会签界面如图 4.1-4 所示。

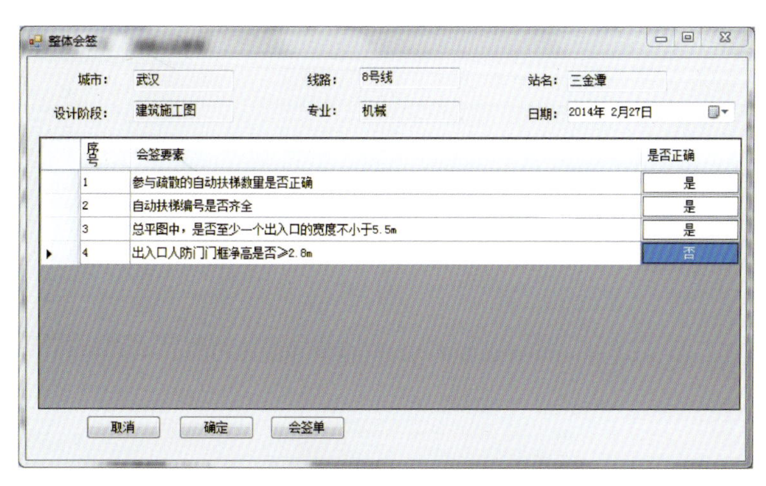

整体会签

城市：武汉　线路：8号线　站名：三金潭

设计阶段：建筑施工图　专业：机械　日期：2014年 2月27日

序号	会签要素	是否正确
1	参与疏散的自动扶梯数量是否正确	是
2	自动扶梯编号是否齐全	是
3	总平图中，是否至少一个出入口的宽度不小于5.5m	是
4	出入口人防门门框净高是否≥2.8m	否

取消　确定　会签单

图 4.1-4　整个车站扶梯整体会签界面

(6)会签完成后，可以进一步自动生成“会签意见单”。软件可以根据用户会签的内容，自动生成会签意见单的表格，如图 4.1-5 所示。如果设计阶段为“建筑施工图”，可以自动生成“会签统计表”，可以将自动扶梯的会签要素以 Excel 表格的形式输出，输出中软件会将有问题的要素自动标红来突出显示，如图 4.1-6 所示。

武汉轨道交通8号线工程会签记录单

单位名称：铁四院　　　　第1页　共1页

设计阶段	建筑施工图	专业	机械
资料名称	三金潭	时间	2014年1月22日
会签意见		会签意见处理情况	
会签意见： E801/01(N)： 1.上基坑深有误。请按本专业下发的标准图要求修改 E801/02(K)： 1.自动扶梯上平段长有误。请按本专业下发的标准图要求修改 2.按本专业下发的对土建要求。补充上端预埋钢板受力 E801/03(K)： 1.按本专业下发的对土建要求。补充上端预埋钢板受力 2.扶梯踏步面距上部装修完成面的垂直净空不够 1.补齐扶梯编号 签名： 日期：			
总体意见： 签名(公章)： 日期：		签名(公章)： 日期：	

图4.1-5　会签意见单输出界面

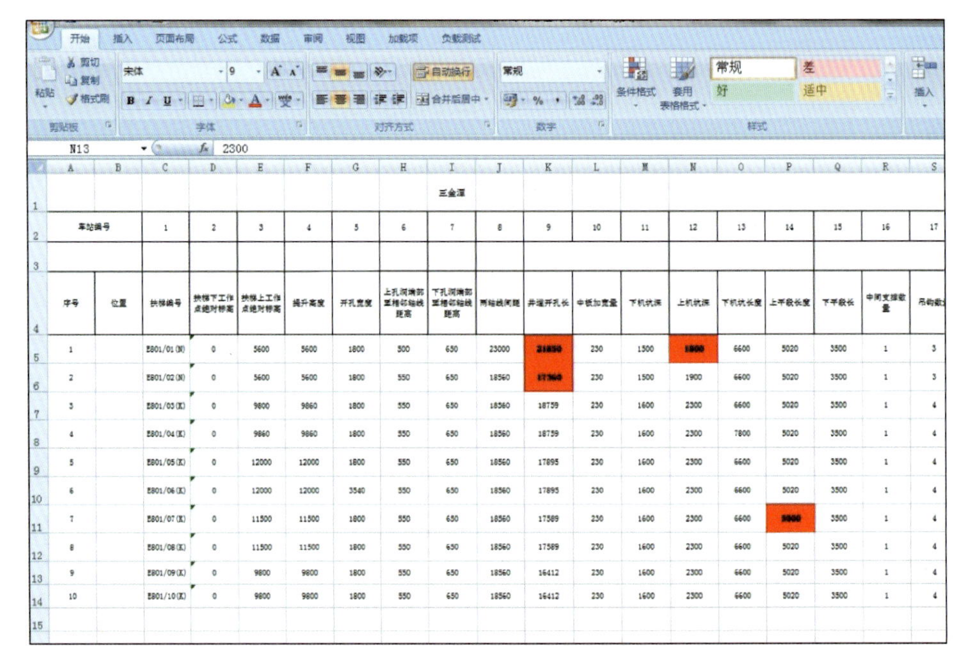

N13　2300

	三金潭																
车站编号		1	2	3	4	5	6	7	8	9	10	11	12	13	14	15	16	17
序号	位置	扶梯编号	扶梯下工作点绝对标高	扶梯上工作点绝对标高	提升高度	开孔宽度	上孔洞端部至相邻轴线距离	下孔洞端部至相邻轴线距离	两轴线间距	井道开孔长	中板加宽量	下机坑深	上机坑深	下机坑长度	上平段长度	下平段长	中间支撑数量	吊钩数
1		E801/01(N)	0	5600	5600	1800	500	650	23000	[illegible]	230	1500	[illegible]	6600	5020	3500	1	3
2		E801/02(N)	0	5600	5600	1800	550	650	18560	[illegible]	230	1500	1900	6600	5020	3500	1	3
3		E801/03(K)	0	9800	9860	1800	550	650	18560	18759	230	1600	2300	6600	5020	3500	1	4
4		E801/04(K)	0	9860	9860	1800	550	650	18560	18759	230	1600	2300	7800	5020	3500	1	4
5		E801/05(K)	0	12000	12000	1800	550	650	18560	17895	230	1600	2300	6600	5020	3500	1	4
6		E801/06(K)	0	12000	12000	3540	550	650	18560	17895	230	1600	2300	6600	5020	3500	1	4
7		E801/07(K)	0	11500	11500	1800	550	650	18560	17589	230	1600	2300	6600	[illegible]	3500	1	4
8		E801/08(K)	0	11500	11500	1800	550	650	18560	17589	230	1600	2300	6600	5020	3500	1	4
9		E801/09(K)	0	9800	9800	1800	550	650	18560	16412	230	1600	2300	6600	5020	3500	1	4
10		E801/10(K)	0	9800	9800	1800	550	650	18560	16412	230	1600	2300	6600	5020	3500	1	4

图4.1-6　会签统计表输出界面

4.2 安装要点

1）供货工期安排的原则

在确保设备安装需要的前提下，设备的到货时间应尽量与现场开工相配合，从而降低仓储和二次搬迁的费用。

自动扶梯体积大、质量大，应尽量安排直接运抵现场，不进库储存。

2）包装要求

包装储运既要符合各类设备的国家标准、行业标准等相关标准要求，同时也要充分考虑设备材料的特点和当地气候条件的特点。

包装必须符合以下基本要求：

- 所有设备和材料的包装应满足但不限于承受转运过程中的多次搬运、野蛮装卸、暴露于恶劣气温、盐分大和降雨环境，以及露天存放，并根据货物特点及需要，采取防护包装。
- 包装箱的尺寸及重量应考虑货物最终目的地的偏远程度以及在所有转运地点缺乏重型装卸设施的情况。包装应完整、成型，便于装卸储运和交接验收。
- 货物运输包装、包装标志应符合国家标准的有关规定。
- 装材料的选用、包装物的制作应符合相关标准。
- 备材料、备品备件、专用工具等应分开单独包装。
- 包装所用的材料及包装结构必须具有较强的可复原性，以保证货物在现场开箱后能方便地按原包装复原。
- 备品备件应在包装箱外加以注明，分批或一次性发货。
- 装箱资料、装运单证应符合合同和标准要求。

机组的包装应符合《机电产品包装通用技术条件》(GB/T 13384—2008)的规定。凡由于中供货商装运时所用的保护措施不足或不妥,致使货物生锈、受潮、被腐蚀和受振。以及因包装或标识不当导致货物损坏或丢失,或因此引起事故时,供货商须承担全部责任。

供货商在对自动扶梯按标准要求进行包装时,还应充分考虑仓库及设备安装现场的情况,做好防护包装,确保产品在仓库或现场仓储时不会因环境的原因而变质。

包装的箱面标志应符合国家标准的有关规定,一般应包括但不限于运输唛头(运输标志)、产品标志和包装储运标志。

(1)运输

为方便有关人员在货物运输、交接、验收等过程中辨认货物、核对单证,避免货物在运输过程中发生混乱或延误,使货物能顺利运到指定地点,每个包装件或箱件都必须标注运输唛头。运输唛头包括工程项目名称、收货单位、站点、箱件号、本次发送货物箱件总数、发货的批次等内容。

(2)产品标志

一般应包括收货单位、地址、收货人、合同号、货物名称、货物类别码、箱体尺寸、净重与毛重、制造厂名称等内容。

(3)包装储运标志

包装储运标志分为13种:小心轻放、禁用手钩、正面、向上、怕热、远离放射源及热源、由此吊起或起吊点、防湿或保持干燥、重心点、禁止翻滚、堆码重量极限、堆码层数极限、温度极限。应根据货物的特点和运输的不同要求,包装箱上应清楚地用文字和图示标注适当的储运标志,以方便装卸和搬运。包装储运图示标志尺寸的使用应符合《包装储运图示标志》(GB/T 191—2008)规定,根据被包装产品特点正确选用。

包装标志(图4.2-1)应使用不易脱落和不褪色的油漆或油墨等准确、清晰、牢固地喷刷在箱面上。标志上的中文字体使用黑体字。

图 4.2-1　包装标志

对不能直接喷刷包装标志的包装件(箱件),可采用不褪色的油漆或油墨将包装标志刷写在以耐用材料制作的标牌上,并将标牌牢固地拴系在包装件上,每一包装件上的标志数量不少于 2 个。

对箱件编号和箱件内的货物进行编码有利于货物的运输、交接、验收、仓储、管理等。

箱件号是指对本批次发运的所有箱件数量进行顺序编号,包括箱件顺序号、本次发运货物的箱件总数、发货批次等内容。

货物编码是指对箱件内每一种货物进行编码,货物编码用阿拉伯数字表示,一般由系统号、子系统号、项目号、货物类别码、货物号、货物顺序号等组成。在项目执行过程中,投标人将提出货物编码的具体方案报送建设单位审定。

设备装箱时应包括使用说明书、合格证明书、装箱单(包括总装箱单和分装箱单)和出厂试验测试数据等。产品分多项包装时,使用说明书、合格证明书、总装箱单一般放在主机箱内,分装箱单应放在相应的包装箱内。装箱单和随机文件应妥善包装,采取密封的包装,加入干燥剂等防潮、防水等措施,以适应长途运输、多次搬运。

4.2.1 安装接口要求

电扶梯系统在地铁工程属于带安装项目,不含在机电安装的施工任务中,但由于电扶梯与土建的接口比较多,需要与机电安装相关专业进行施工配合。不仅如此,即使在其安装完成后,与装修专业的配合任务也相当烦琐。

1)土建移交电扶梯的条件

(1)土建主体完成,完成堵漏。

(2)至少有一个出入口土建完成(部分扶梯通过轨道运输,可以先移交)。

(3)土建基准点确定(出入口扶梯按站厅标高,站厅至站台按轨道标高)。

(4)预留孔洞、预埋件(图4.2-2)满足设计要求(需要与土建及系统设计确认)。

图4.2-2 预留孔洞、预埋件

2）土建移交电扶梯中应注意的问题

(1)站厅至站台扶梯的标高应与屏蔽门标高一致，否则易引起龟背，如图4.2-3所示。

a)

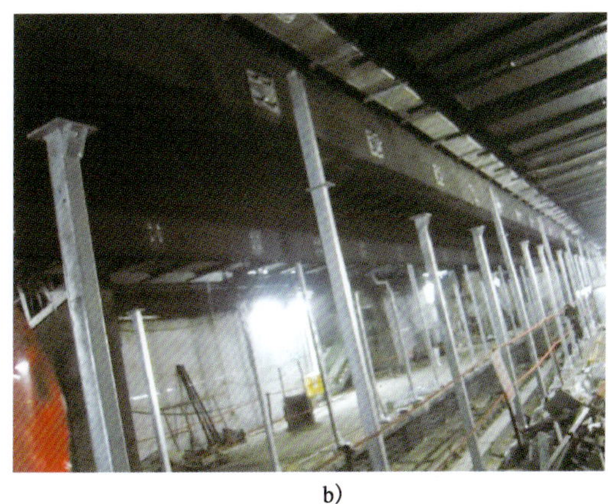
b)

图4.2-3　扶梯标高与屏蔽门标高不一致引起的龟背

(2)电扶梯孔洞较大，在未移交前需要提前增加围挡，避免跌落，如图4.2-4所示。

a)

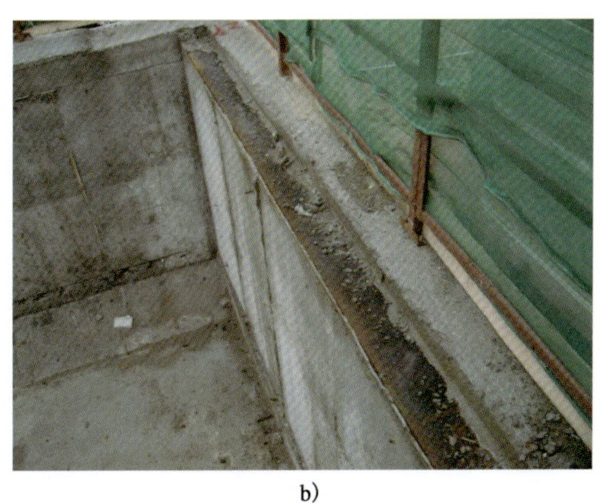
b)

图4.2-4　电扶梯孔洞围挡

(3)对于预留孔洞、预埋件，土建与机电系统设计须先在图纸上进行确认。

3）施工过程中与机电安装的主要接口

（1）与土建的接口，如图 4.2-5 所示。

图 4.2-5　土建的接口

（2）与装修的接口，如图 4.2-6 所示。

（3）安全标识，如图 4.2-7 所示。

a)

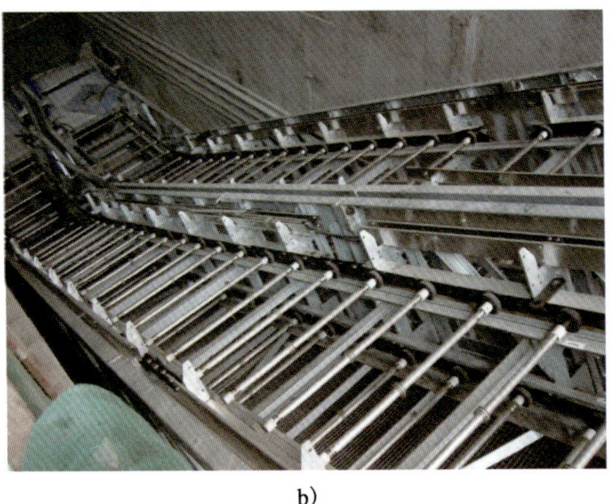

b)

图　4.2-6

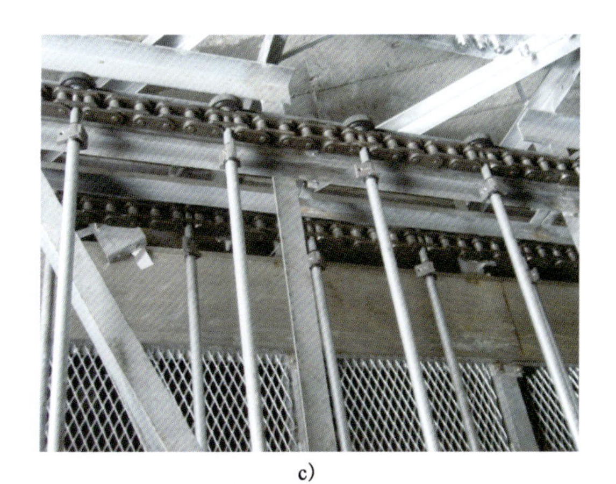

c)

图 4.2-6　装修的接口

图 4.2-7　安全标识

4）电扶梯施工进场时间

由于电扶梯与土建工程紧密结合，采用逐步移交方式，先移交的部分先安装，后移交的部分后安装，一般在车站主体完成后，部分电扶梯就可以开始安装，以保证整体进度。

4.2.2　安装工艺

1）自动扶梯的安装

在工厂内装配好的自动扶梯可以整机或分段运往使用场地进行安装。分段装运时,可在工厂先试装后再拆下运至现场安装,或将零部件运至现场安装。

在进行自动扶梯安装前,必须先熟悉自动扶梯平面布置图、土建勘察记录资料、电路原理图和自检报告书等。

安装现场要有足够的照明及施工电源,工作时应遵守安装操作规程。

安装前必须反复核对土建尺寸,包括高度、跨度、支撑梁和底坑等,尤其注意上、下支撑梁与中心线应保持垂直度。图 4.2-8 为自动扶梯有关的安装尺寸,可供参考。

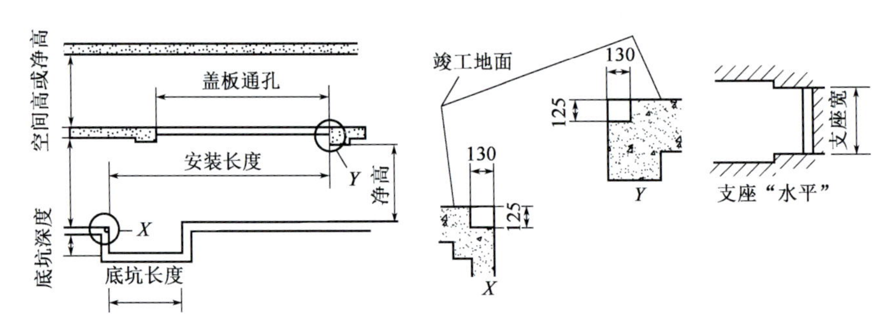

图 4.2-8 自动扶梯有关的安装尺寸(尺寸单位:mm)

运输尺寸和安装尺寸都应从平面布置图上查取。土建方面必须保证提升高度在任何情况下,尺寸偏差都不超过 20mm。

在安装自动扶梯的建筑物中吊运自动扶梯时,所有数据都应以平面布置图为依据,所有竣工地面和临时工作地面均应能承受荷载。

自动扶梯在建筑物内的驶入高度,也就是在吊运距离内的净高度不得低于自动扶梯的最小尺寸,同时需注意建筑物顶部悬挂下来的管道、电线或灯具等。

自动扶梯的驶入宽度取决于自动扶梯的宽度、长度(尤其在转弯处)以及所选用的起重机械。如果有疑问,应用按比例缩小的模型在土建布置图上进行精准的模拟检验。

自动扶梯的本体由金属结构和外部护板组成,各有关零部件则装在金属结构的内部和它的上面。驱动装置装在金属结构的内部上端,张紧装置装在金属结构内部下端,由3个预装部件组成的导轨系统则装在金属结构内部的全长之中。3个预装部件一般是头部曲线导轨(包括转向壁)、中部导轨、尾部曲线导轨(包括转向壁),这些部件均通过装配胎具装配在金属结构上,并且都是经过校正的。扶手支架安装在金属结构上面,栏杆一般采用钢化玻璃。

如果自动扶梯是分段运往工地,则其桁架结构需要在工地进行拼接。在进行桁架结构拼接时,可采用端面配合连接法。在每个连接面上,用若干只M24高强度螺栓连接。由于在受拉面与受压面上都采用高强度螺栓,所以必须使用专用工具,以免拧得太紧或太松。拼接可在地面上进行,也可悬吊于半空进行,主要取决于现场作业条件。拼接时,可先用紧固螺栓确定相邻两金属结构段的位置,然后插入高强度螺栓,用测力扳手拧紧。金属结构拼接完成后,即按起吊要求就位。

自动扶梯的主要结构是桁架和外部护板,相关的零部件均安装在桁架结构的内部。驱动装置在桁架内部的上端,张紧。

2)起吊自动扶梯

起吊自动扶梯的受力点(图4.2-9)只能在自动扶梯两端支撑角钢上的起吊螺栓或吊装脚上。严禁撞击自动扶梯其他部位,拉动和抬高自动扶梯时,一律不得使其他部位受力。所用起重设备的各项参数、使用的各种起吊装置和吊挂方式均需符合起重机械安全规范的相关规定。

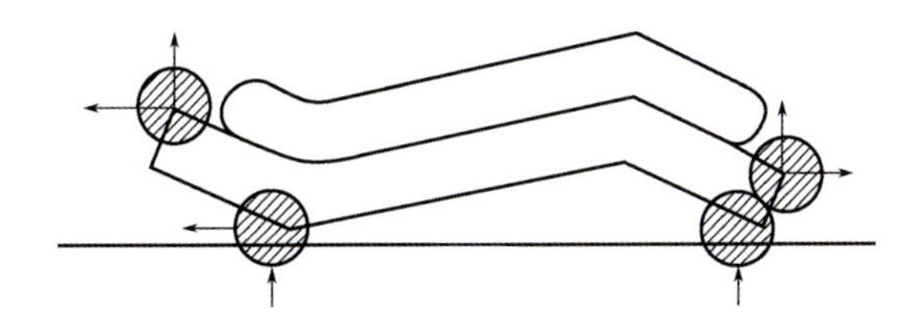

图4.2-9 起吊自动扶梯的受力点

自动扶梯两个端部各有两个吊挂螺栓[图4.2-10a)]。在使用这些螺栓时,必须掀开自动扶梯的上、下端部盖板。图4.2-10b)为自动扶梯起吊的受力点,应在拧下盖板上的保护螺钉后,使用专用工具,取下盖板。

保护螺钉
吊挂螺栓
盖板
a)

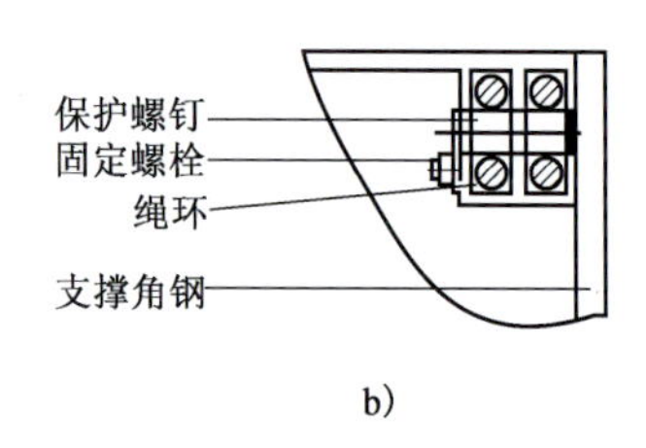

图 4.2-10　自动扶梯起吊吊挂螺栓

使用固定钢丝绳头套环的步骤,如图 4.2-11 所示。

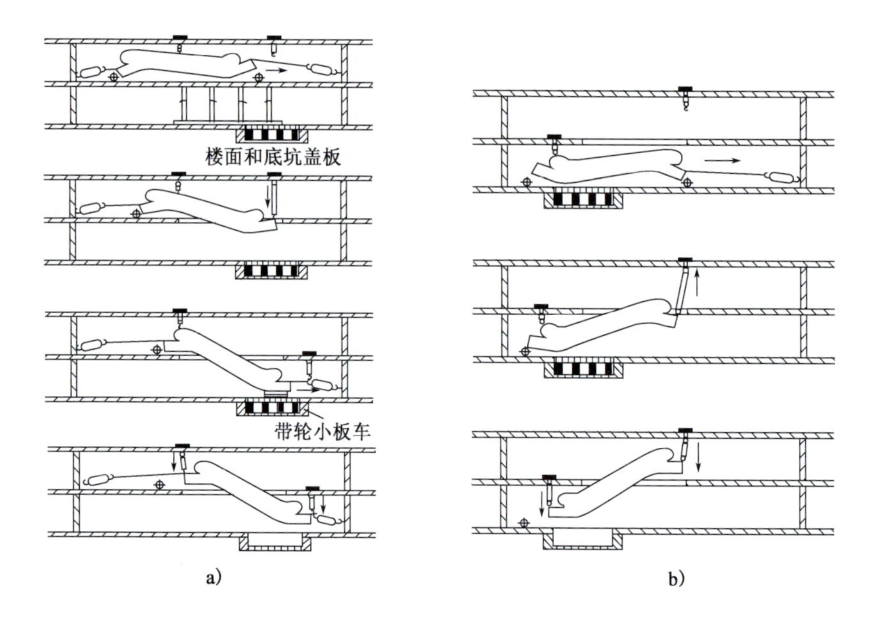

图 4.2-11　使用固定钢丝绳头套环的吊装过程

(1)拧出安全固定螺钉。

(2)拔出吊挂螺栓。

(3)嵌进 1 个或 2 个绳头固定套。

(4)推入吊挂螺栓。

(5)拧紧安全固定螺钉。

在自动扶梯运输线路上,必须始终畅通无阻并打扫干净,地面和敷设的临时盖板负载能力必须满足相关要求,必要时应进行加固。预定的辅助材料必须准备就绪。

已经竣工的和不平的楼板地面用木板盖好。要确保运输沿线驶入的高度与宽度尺寸，自动扶梯在运输情况下，各主要尺寸 H、h、L 在不同场合下可能发生变化。自动扶梯的吊挂受力点（电动葫芦用工字钢轨）必须具有规定的承载能力，设置位置必须准确。自动扶梯的楼面盖板要保证承载能力。在有楼面盖板和固定吊挂点的情况下，自动扶梯主要尺寸及楼面盖板的加固如图 4.2-12所示。

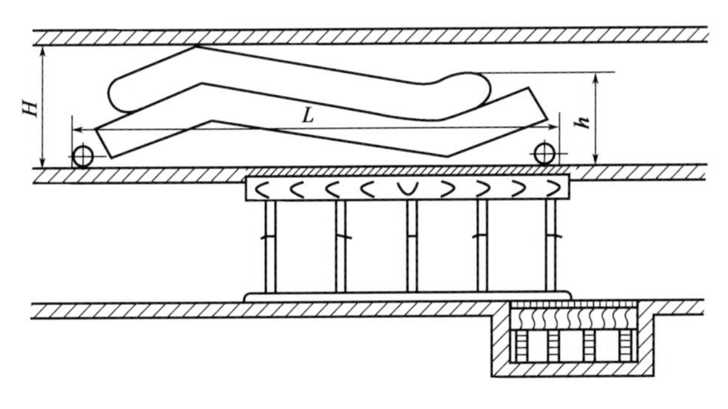

图 4.2-12　自动扶梯主要尺寸及楼面盖板的加固

安装自动扶梯金属结构的支座，必须保证符合布置图上所给定的压力要求。支座表面必须保持平整、干净和水平。支座由扁钢与橡胶中间衬垫所组成，用两个辅助螺钉将自动扶梯金属结构的支撑角钢固定于上面，这 2 个辅助螺钉在金属结构放置在支座上之后必须去掉，然后以 4 个调节螺钉将自动扶梯金属结构调节到精确水平（图 4.2-13）。调整时应注意：中间两个螺钉要临时松开，用两边的 2 个螺钉将自动扶梯调整到精确水平，然后把中间的 2 个螺钉拧紧，直至顶住支撑扁钢为止。

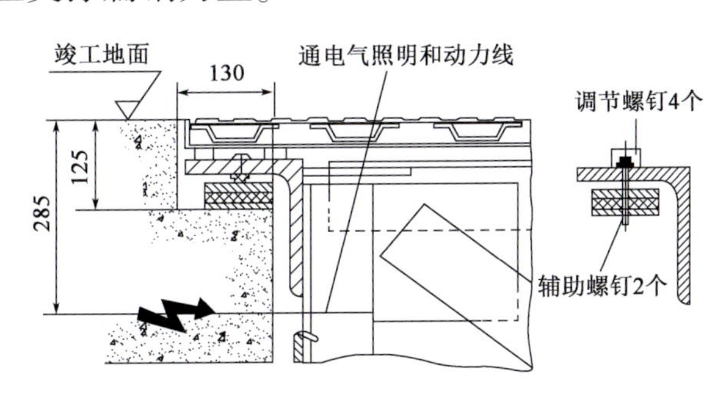

图 4.2-13　自动扶梯金属结构的支座（尺寸单位：mm）

自动扶梯金属结构就位以后，定位是一件重要工作，本节主要介绍测量提升高度的定位方法，如图4.2-14所示。在自动扶梯上部与上层建筑物柱体距离 h_2 处划出基准线，然后在下层建筑物柱体定出基准线，令 $h_1=h_2$，即可测出提升高度 H。从建筑物柱体的 y 轴开始，测量并调整 y 轴和梳齿板后沿间的距离，横梁至金属结构端部的距离应小于70mm，如图4.2-15a）所示。同样，也可以从柱体的 x 轴开始，测量并调整 x 轴与梳齿板中心间的距离，如图4.2-15b）所示。

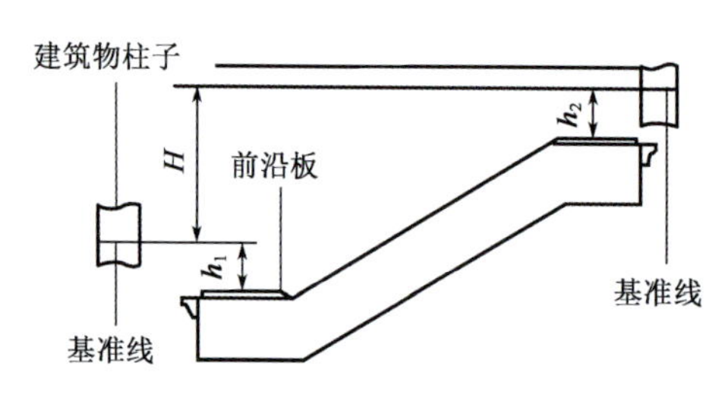

图4.2-14　吊装时提升高度的测定

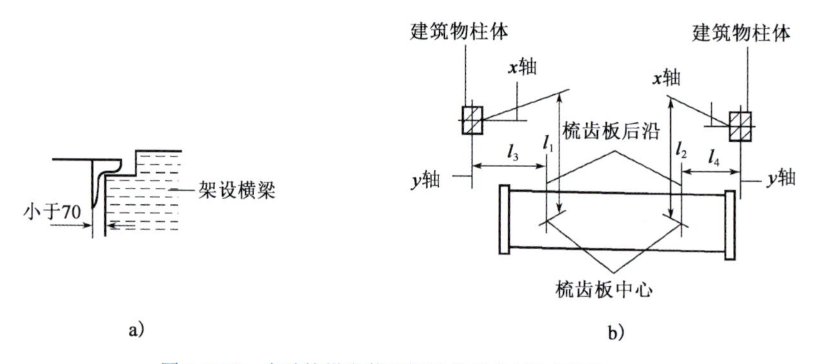

图4.2-15　自动扶梯安装坐标轴的确定（尺寸单位：mm）

3）调整自动扶梯

如果安装后自动扶梯的提升高度和建筑物两层间应有的提升高度出现微小差异时，可采用以下两种方案来解决。

（1）保持倾角，修整建筑物楼面以减小误差。

（2）改变少许倾角来调整误差。

金属结构的水平度，可用经纬仪测量。使用经纬仪时，其上刻度垂直于梳齿板后沿，据此调整金属结构的水平度控制在小于1‰的范围内；也可以使用气泡水准仪放在梳齿板后沿上进行测量，如需重新调整高度和其他距离时，应在保持上述水平度的条件下进行。

自动扶梯金属结构安装到位后,可安装电线,接通总开关。

4)部分梯级的安装

自动扶梯出厂时,驱动机组、驱动主轴、张紧链轮和牵引链条一般已在工厂里安装调试完成,梯级也已基本装好,并预留几级梯级最后安装。在分段运输自动扶梯至使用现场进行安装时,需先拼接金属结构,然后吊装定位,拆除用于临时固定牵引链条和梯级的钢丝绳,用钢丝销将牵引链条销轴连接,如图 4.2-16所示。牵引链条连接后,可以点动自动扶梯试运行。

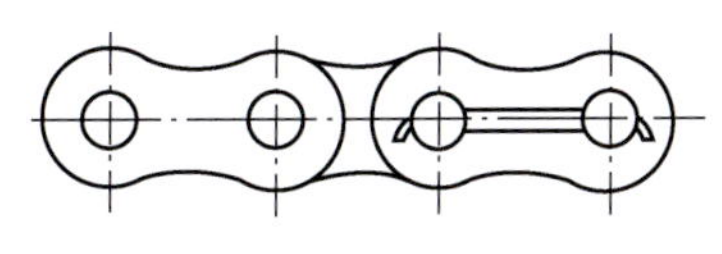

图 4.2-16 牵引链的连接

梯级装拆一般在张紧装置处进行,下面介绍一种方法。

将需要安装梯级的空隙部位运行至转向壁上的装卸口,在该处将待装的梯级徐徐装入,如图 4.2-17 所示。然后,将梯级的两个轴承座推向梯级主轴轴套,并盖上轴承盖,拧紧螺钉。

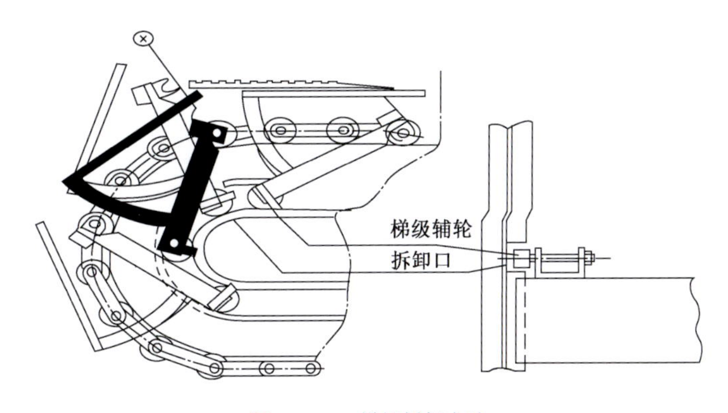

图 4.2-17 梯级拆卸方法

当大部分梯级装好后,开启自动扶梯上、下试运行,检查梯级在整个梯路中的运行情况。检查时应注意梯级踏板齿与相邻梯级踏板齿间是否有恒定的间隙,梯级应能平稳地通过上、下转向部分;梯级辅轮通过两端的转向壁及与转向壁相连的导轨接头处时所产生的振动与噪声应符合相关要求。停车后,应检查梯级辅轮在转向壁的导轨内有无间隙。方法可以用手拉动梯级。如果有间隙，则表示准确性好；若无间隙，则可用手转动梯级辅轮。如果不能转动，就必须调整。然后，再检查另一梯级。如果梯级略偏于一侧，则可对梯级轴承与梯级主轴轴肩间的垫圈进行调整。

5）扶手系统的拆卸和安装

由于运输或空间狭窄等原因，扶手部分往往未安装好就将自动扶梯直接运往建筑物内，在现场进行扶手的安装，或是在制造厂内将已经安装好的扶手部分卸下，或是在待安装的建筑物前卸下扶手，在现场安装。因此，常常需要进行扶手部分的拆卸与安装工作。当然，也可能在制造厂内将扶手装置竣工后连同自动扶梯其他部分一起运往现场。

图4.2-18所示是一种全透明无支撑扶手装置。本节以这种结构来介绍扶手装置的拆卸和安装。首先，将已经装好钢化玻璃的自动扶梯扶手装置的精确位置标在支撑型材上。将扶手胶带从扶手导轨上徐徐脱出，并放置在梯级上。然后，松开固定螺母，拆下扶手导轨。在拆下转向弧段的连接型材后，即可拆卸扶手支撑型材。此时，应注意不可损伤夹持钢化玻璃的橡胶件，如有照明设备应事先卸下。下一步是拆下用弹簧固定的内压盖，松开螺钉并取下斜角盖板和内压盖型材，此时应注意裙板的橡胶垫；拆下用弹簧固定的外压盖，同时，也要注意外镶板的橡胶垫。可以拆除由钢化玻璃构成的栏杆，与此同时，由两人用吸附工具稳住钢化玻璃并将它提出。应该注意的是不可丢失玻璃下部的中间衬垫和上部橡皮件。

扶手系统的安装与前述的步骤相反（图4.2-19）。首先，松开夹紧螺母，按夹紧螺母和支撑型材的所在位置放入中间衬垫。并将钢化玻璃徐徐地插入支撑型材，对准拆卸时标注在支撑型材的记号，初步拧紧螺母。继续装入玻璃，并在相邻两块玻璃之间装入玻璃填充片，其间距为2mm，操作时应注意玻璃与玻璃不得相撞。待全部玻璃板插入支撑型材后，小心地将全部夹紧螺母拧紧。其次，将橡皮件装在玻璃板上端，同时，在玻璃的全长范围内以适当的张紧力使橡皮件变薄,涂抹少许滑石粉,装上扶手支撑型材,并用橡皮锤将其砸实。随后,装入扶手导轨,并且将其擦净,在扶手导轨的连接处,必须确保光滑,不可出现尖棱。把扶手导轨和扶手胶带内侧擦干净之后,将扶手胶带自上而下装上导轨并使它嵌进导轨。下一步是安装斜角盖板,注意靠裙板的橡皮垫用螺钉固定,内压盖板固定于斜角盖板上。

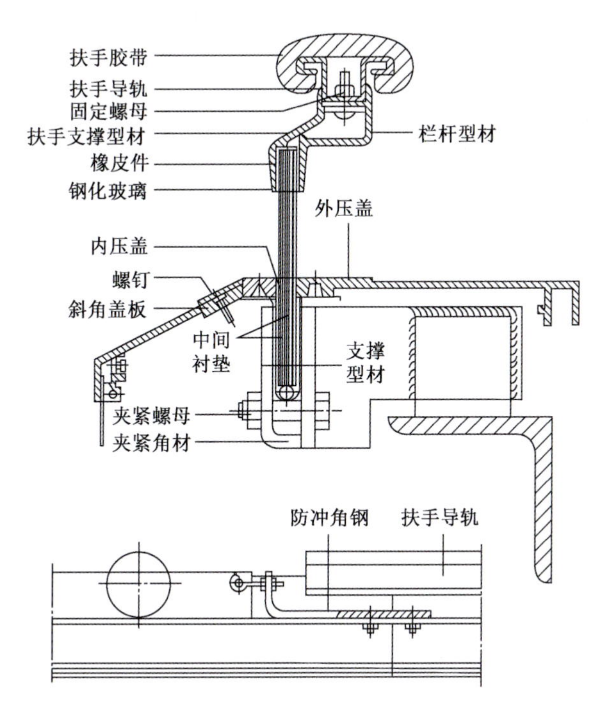

图 4.2-18　全透明无支撑扶手装置

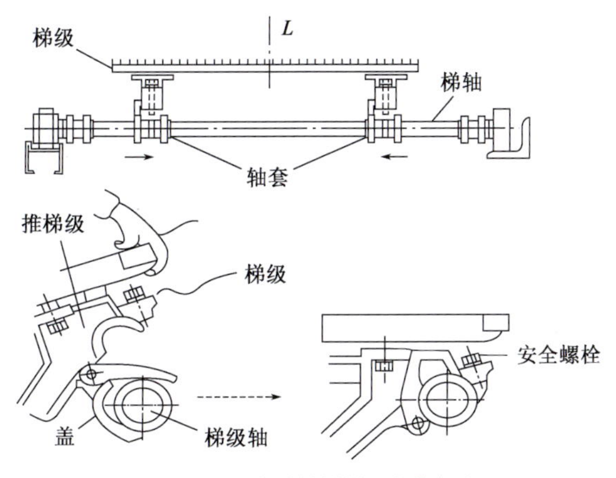

图 4.2-19　自动扶梯梯级安装方法

在自动扶梯试车时，检查扶手胶带运转和张紧情况，并除去各钢化玻璃之间的填充片。

4.2.3 设备进场验收

设备进场验收记录表按表4.2-1进行填写。

设备进场验收记录表　　表4.2-1

<table>
<tr><td colspan="2">工程名称</td><td colspan="6"></td></tr>
<tr><td colspan="2">安装地点</td><td colspan="6"></td></tr>
<tr><td colspan="3">产品合同号/安装合同号</td><td colspan="2"></td><td colspan="2">梯号</td><td></td></tr>
<tr><td colspan="3">电梯供应商</td><td colspan="2"></td><td colspan="2">代表</td><td></td></tr>
<tr><td colspan="3">安装单位</td><td colspan="2"></td><td colspan="2">项目负责人</td><td></td></tr>
<tr><td colspan="3">监理(建设)单位</td><td colspan="2"></td><td colspan="2">监理工程师/项目负责人</td><td></td></tr>
<tr><td colspan="3">执行标准名称及编号</td><td colspan="5"></td></tr>
<tr><td colspan="5" rowspan="2">检验项目</td><td colspan="3">检验结果</td></tr>
<tr><td colspan="2">合格</td><td>不合格</td></tr>
<tr><td rowspan="2">主控项目</td><td colspan="4"></td><td colspan="2"></td><td></td></tr>
<tr><td colspan="4"></td><td colspan="2"></td><td></td></tr>
<tr><td rowspan="2">一般项目</td><td colspan="4"></td><td colspan="2"></td><td></td></tr>
<tr><td colspan="4"></td><td colspan="2"></td><td></td></tr>
<tr><td colspan="8">验收结论</td></tr>
<tr><td rowspan="2">参加验收单位</td><td colspan="3">电梯供应商</td><td colspan="2">安装单位</td><td colspan="2">监理(建设)单位</td></tr>
<tr><td colspan="3">代表：
年　月　日</td><td colspan="2">项目负责人：
年　月　日</td><td colspan="2">监理工程师：
(项目负责人)
年　月　日</td></tr>
</table>

1）主控项目

(1)技术资料

①梯级的型式试验报告复印件；

②扶手带的断裂强度证书复印件。

(2)随机文件

①土建布置图；

②产品出厂合格证。

2）一般项目

(1)装箱单；

(2)安装、使用维护说明书；

(3)动力电路和安全电路的电气原理图。

设备零部件应与装箱单内容相符，且设备外观不应存在明显的损坏。

4.2.4 土建交接检验

土建交接验收记录可按土建交接验收记录表(表4.2-2)填写。土建交接验收是由土建施工单位、安装单位、建设(监理)单位共同对土建工程进行的交接验收，是保证电梯安装工程顺利进行和确保电梯安装工程质量的重要保证。

土建交接检验记录表 表4.2-2

<table>
<tr><td colspan="2">工程名称</td><td colspan="4"></td></tr>
<tr><td colspan="2">安装地点</td><td colspan="4"></td></tr>
<tr><td colspan="2">产品合同号/安装合同号</td><td></td><td>梯号</td><td colspan="2"></td></tr>
<tr><td colspan="2">施工单位</td><td></td><td>项目负责人</td><td colspan="2"></td></tr>
<tr><td colspan="2">安装单位</td><td></td><td>项目负责人</td><td colspan="2"></td></tr>
<tr><td colspan="2">监理(建设)单位</td><td></td><td>监理工程师/项目负责人</td><td colspan="2"></td></tr>
<tr><td colspan="2">执行标准名称及编号</td><td colspan="4"></td></tr>
<tr><td colspan="3" rowspan="2">检验项目</td><td colspan="3">检验结果</td></tr>
<tr><td>合格</td><td colspan="2">不合格</td></tr>
<tr><td rowspan="2">主控项目</td><td colspan="2"></td><td></td><td colspan="2"></td></tr>
<tr><td colspan="2"></td><td></td><td colspan="2"></td></tr>
<tr><td rowspan="2">一般项目</td><td colspan="2"></td><td></td><td colspan="2"></td></tr>
<tr><td colspan="2"></td><td></td><td colspan="2"></td></tr>
<tr><td colspan="6">验收结论</td></tr>
<tr><td rowspan="2">参加验收单位</td><td>施工单位</td><td colspan="2">安装单位</td><td colspan="2">监理(建设)单位</td></tr>
<tr><td>项目负责人：
年 月 日</td><td colspan="2">项目负责人：
年 月 日</td><td colspan="2">监理工程师：
(项目负责人)
年 月 日</td></tr>
</table>

1）主控项目

(1)自动扶梯的梯级上空,垂直高度严禁小于2.3m。

检查方法:对照自动扶梯土建布置图进行检查,主要检查自动扶梯必须有足够的净空高度,满足设备的安装。

(2)在安装之前,井道周围必须设有保证安全的栏杆或屏障,其高度严禁小于1.2m。

①安全栏杆或屏障应从楼层地面起不大于0.15m的高度向上延伸至不小于1.2m,应采用可拆除结构,但应与建筑物连接,目的是防止其他人员将其移走或翻倒;

②自动扶梯安装工程施工人员在没有安装自动扶梯前,不得拆除安全栏杆或屏障。安全栏杆或屏障应采用黄色或设有提醒人们注意的警示性标语;

③安全栏杆或屏障的杆件材料规定及连接、结构宜符合《建筑施工高处作业安全技术规范》(JGJ 80—2016)第4章的相应规定。

2）一般项目

(1)土建工程应按照土建布置图进行施工,且其主要尺寸允许误差应为:提升高度-15~+15mm;跨度0~+15mm。

检查方法:尺量检查。保证预留的提升高度和跨度在要求的范围内。

(2)根据产品供应商的要求应提供设备进场所需的通道和搬运空间。

(3)在安装之前,土建施工单位应提供明显的水平基准线标识。

检查方法:由土建施工方提供,在建设(监理)单位确认下,办理有关交接验收手续后,由自动扶梯安装单位接收。

(4)电源零线和接地线应始终分开。接地装置的接地电阻值不应大于4Ω。

检查方法:在进行交接试验时,由电源和接地装置的施工责任方交付自动扶梯安装施工单位。

4.2.5 整机安装验收

1）主控项目

(1)在下列情况下，自动扶梯必须自动停止运行，且在第4款至第11款情况下，开关断开的动作必须通过安全触点或安全电路来完成。

①无控制电压；

②电路接地的故障；

③过载；

④控制装置在超速和运行方向非操纵逆转下动作；

⑤附加制动器（如有）动作；

⑥直接驱动梯级的部件（如链条）断裂或过分伸长；

⑦驱动装置与转向装置之间的距离（无意性）缩短；

⑧梯级进入梳齿板处有异物夹住，且产生损坏梯级支撑结构；

⑨无中间出口的连续安装的多台自动扶梯中的一台停止运行；

⑩扶手带入口保护装置动作；

⑪梯级下陷。

(2)应测量不同回路导线对地的绝缘电阻。测量时，电子元件应断开。导体之间和导体对地之间的绝缘电阻应大于1000Ω/V，且其值必须符合下列要求：

①大于动力电路和电气安全装置电路0.5MΩ。

②大于其他电路（控制、照明、信号等）0.25MΩ。

③所有电气设备及导管、线槽的外露可导电部分必须可靠接地；接地支线应分别直接接至接地干线接线柱上，不得互相连接后再接地。

2）一般项目

(1)整机安装检查应符合下列规定：

①梯级的梳齿板应完整、光滑

②在自动扶梯入口处应设置使用须知的标示牌。

③内盖板、外盖板、围裙板、扶手支架、扶手导轨、护壁板接缝应平整。接缝处的凸台不应大于0.5mm。

④梳齿板梳齿与踏板面齿槽的啮合深度不应小于6mm。

⑤梳齿板梳齿与踏板面齿槽的间隙不应小于4mm。

⑥围裙板与梯级、踏板或胶带任何一侧的水平间隙不应大于4mm,两边的间隙之和不应大于7mm。

当自动人行道的围裙板设置在踏板或胶带之上时,踏板表面与围裙板下端之间的垂直间隙不应大于4mm。当踏板或胶带有横向摆动时,踏板或胶带的侧边与围裙板垂直投影之间不得产生间隙。

⑦梯级间或踏板间的间隙在工作区段内的任何位置,从踏面测得的两个相邻梯级或两个相邻踏板之间的间隙不应大于6mm。在自动人行道过渡曲线区段,踏板的前缘和相邻踏板的后缘啮合,其间隙不应大于8mm。

⑧护壁板之间的空隙不应大于4mm。

(2)性能试验应符合下列规定:

①在额定频率和额定电压下,梯级、踏板或胶带沿运行方向空载时的速度与额定速度之间的允许偏差为±5%。

在直线运行段,用秒表、卷尺测量空载运行时的时间和距离,并计算运行速度,检查是否符合要求。也可使用转速表测量梯级、踏板或胶带的速度,然后计算。

②扶手带的运行速度相对梯级、踏板或胶带的速度允许偏差为0~+2%。

检查方法:逐项检查。

在直线运行段取长度L,在运行起点用线坠确定左、右扶手带与梯级、踏板或胶带的对应测量点。运行长度L后,再用线坠和直尺测量左、右扶手与梯级、踏板或胶带对应测量点在倾斜面上的直线错位距离 l，计算并检查 $1/L_x$ 是否 100% 符合要求（扶手带应超前）。也可用转速表分别测量左、右扶手带和梯级速度，然后计算。

（3）自动扶梯制动试验应符合下列规定：

①自动扶梯制动载荷见表 4.2-3。

自动扶梯制动载荷　　表 4.2-3

名义宽度 z_1（m）	每个梯级上的制动载荷（kg）
$z_1 \leq 0.60$	60
$0.60 < z_1 \leq 0.80$	90
$0.80 < z_1 \leq 1.10$	120

②空载和有载向下运行自动扶梯的制停距离应符合表 4.2-4 的规定。

自动扶梯的制停距离　　表 4.2-4

名义速度 v（m/s）	制停距离范围（m）
0.5	0.20 ~ 1.00[a]
0.65	0.30 ~ 1.30[a]
0.75	0.40 ~ 1.50[a]

注：a 不包括端点数值。

如果速度在表中数值之间，制停距离用插入法计算。

制停距离应从电气停止装置动作时开始测量。

自动扶梯向下运行时，制动器制动过程中沿运行方向上的减速度不应大于 1m/s^2，原始减速信号应经过 4.0Hz 两阶巴特沃斯滤波器滤波。

（4）电气装置还应符合下列规定：

①主电源开关不应切断电源插座、检修和维护所必需的照明电源。

②配线应符合本规范第 4.10.4、4.10.5、4.10.6 条的规定。

检查方法：逐项检查。

（5）观感检查应符合下列规定：

①上行和下行自动扶梯、自动人行道，梯级、踏板或胶带与围裙板之间应无刮碰现象（梯级、踏板或胶带上的导向部分与围裙板接触除外），扶手带外表面应无刮痕。

②对梯级(踏板或胶带)、梳齿板、扶手带、护壁板、围裙板、内外盖板、前沿板及活动盖板等部位的外表面应进行清理。

检查方法:逐项检查。

3)分部(子分部)工程质量验收

(1)分项工程质量验收合格应符合下列规定:

①各分项工程中的主控项目应进行全验,一般项目应进行抽验,且均应符合合格质量规定。可按表4.2-5进行记录。

分项工程质量验收记录表　　表4.2-5

<table>
<tr><td colspan="3">单位(子单位)工程名称</td><td colspan="4"></td></tr>
<tr><td colspan="3">子分部工程</td><td>建筑设备监控系统</td><td colspan="2">验收部位</td><td></td></tr>
<tr><td colspan="3">施工单位</td><td></td><td colspan="2">项目经理</td><td></td></tr>
<tr><td colspan="3">分包单位</td><td></td><td colspan="2">分包项目经理</td><td></td></tr>
<tr><td colspan="7">施工执行标准名称及编号</td></tr>
<tr><td colspan="3">施工质量验收规范的规定</td><td></td><td colspan="2">施工单位检查评定记录</td><td>监理(建设)单位验收记录</td></tr>
<tr><td rowspan="5">主控项目</td><td rowspan="2">1</td><td rowspan="2">电梯系统</td><td>电梯运行状态</td><td colspan="2"></td><td rowspan="5"></td></tr>
<tr><td>故障检测记录与报警</td><td colspan="2"></td></tr>
<tr><td rowspan="2">2</td><td rowspan="2">自动扶梯系统</td><td>扶梯运行状态</td><td colspan="2"></td></tr>
<tr><td>故障检测记录与报警</td><td colspan="2"></td></tr>
<tr><td>3</td><td></td><td></td><td colspan="2"></td></tr>
<tr><td colspan="3" rowspan="2">施工单位</td><td>专业工长(施工员)</td><td></td><td>施工班组长</td><td></td></tr>
<tr><td colspan="4">项目专业质量检查员　　年　月　日</td></tr>
<tr><td colspan="3">监理(建设)单位验收结论</td><td colspan="4">专业监理工程师:
(建设单位项目专业技术负责人)　　年　月　日</td></tr>
</table>

②应具有完整的施工操作依据、质量检查记录。

(2)分部(子分部)工程质量验收合格应符合下列规定:

①子分部工程所含分项工程的质量均应验收合格且验收记录应完整。子分部可按表3.2-6进行记录。

分部(子分部)工程质量验收记录表 表 4.2-6

<table>
<tr><td>单位(子单位)工程名称</td><td colspan="3"></td></tr>
<tr><td>验收共计台数</td><td></td><td>对应安装位置编号</td><td></td></tr>
<tr><td>施工执行标准名称及编号</td><td colspan="3"></td></tr>
<tr><td>分项工程名称及其对应质量验收规范条目</td><td>共计项数</td><td>安装单位检鉴评定</td><td>验收记录</td></tr>
<tr><td>设备进场验收</td><td></td><td></td><td></td></tr>
<tr><td>土建交接检验</td><td></td><td></td><td></td></tr>
<tr><td>整机安装验收</td><td></td><td></td><td></td></tr>
<tr><td></td><td></td><td></td><td></td></tr>
<tr><td></td><td></td><td></td><td></td></tr>
<tr><td></td><td></td><td></td><td></td></tr>
<tr><td></td><td></td><td></td><td></td></tr>
<tr><td></td><td></td><td></td><td></td></tr>
<tr><td></td><td></td><td></td><td></td></tr>
<tr><td colspan="2">质量控制资料</td><td></td><td></td></tr>
<tr><td colspan="2">安全和功能检测报告</td><td></td><td></td></tr>
<tr><td colspan="2">观感质量验收</td><td></td><td></td></tr>
<tr><td>验收结论</td><td colspan="3">本子分部工程于 年 月 日 经各方一致同意通过安装质量验收</td></tr>
<tr><td colspan="2">安装单位：

项目质量技术负责人：
项目经理(负责人)：
年 月 日</td><td colspan="2">安装单位：

项目质量技术负责人：
项目经理(负责人)：
年 月 日</td></tr>
<tr><td colspan="2">安装单位：

项目质量技术负责人：

项目经理(负责人)：
年 月 日</td><td colspan="2">监理(建设)单位：

专业监理工程师
(建设单位项目专业技术负责人)：

总监理工程师
(建设单位项目负责人)：
年 月 日</td></tr>
</table>

②分部工程所含子分部工程的质量均应验收合格。分部工程质量验收可按附录 E 表 E 记录汇总。

③质量控制资料应完整，主要包括下列内容：

a. 土建布置图纸会审、设计变更、洽商记录；

b. 设备出厂合格证书及开箱检验记录；

c. 隐蔽工程验收记录；

d. 施工记录；

e. 接地、绝缘电阻测试记录；

f. 负荷试验、安全装置检查记录；

g. 分项、分部工程质量验收记录。

4.2.6 竣工验收

1）竣工验收的条件

（1）完成工程设计和合同约定的各项内容。各系统性能检验全部完成并且达到了"合同协议书"规定的技术性能要求，同时完成了各系统或其部分性能通过检验后所指定的试运行起3个月内的连续正常试运行后。

（2）承包单位在工程完工后对工程质量进行了检查，确认工程质量符合有关法律、法规和工程建设强制性标准，符合设计文件及合同要求，并提出工程竣工报告。工程竣工报告应经项目经理和承包单位有关负责人审核签字。

（3）对于委托监理的工程项目，监理单位对工程进行了质量评估，具有完整的监理资料，并提出工程质量评估报告。工程质量评估报告应经总监理工程师和监理单位有关负责人审核签字。

（4）勘察、设计单位对勘察、设计文件及施工过程中由设计单位签署的设计变更通知书进行了检查，并提出质量检查报告。质量检查报告应经该项目勘察、设计负责人和勘察、设计单位有关负责人审核签字。

（5）有完整的技术档案和施工管理资料。

（6）有工程使用的主要建筑材料、建筑构配件和设备的进场试验报告。

(7)建设单位已按合同约定支付工程款。

(8)有承包单位签署的工程质量保修书。

(9)城乡规划行政主管部门对工程是否符合规划设计要求进行检查,并出具认可文件。

(10)有公安消防、环保等部门出具的认可文件或者准许使用文件。

(11)建设行政主管部门及其委托的工程质量监督机构等有关部门责令整改的问题全部整改完毕。

2)竣工验收的程序

(1)工程完工后,承包单位向建设单位提交工程竣工报告,申请工程竣工验收。实行监理的工程,工程竣工报告须经总监理工程师签署意见。

(2)建设单位收到工程竣工报告后,对符合竣工验收要求的工程,组织勘察、设计、施工、监理等单位和其他有关方面的专家组成验收组,制定验收方案。

(3)建设单位应当在工程竣工验收 7 个工作日前将验收的时间、地点及验收组名单书面通知负责监督该工程的工程质量监督机构。

(4)建设单位组织工程竣工验收。

①建设、勘察、设计、施工、监理单位分别汇报工程合同履约情况和在工程建设各个环节执行法律、法规和工程建设强制性标准的情况。

②审阅建设、勘察、设计、施工、监理单位的工程档案资料。

③实地查验工程质量。

④对工程勘察、设计、施工、设备安装质量和各管理环节等方面作出全面评价,形成经验收组人员签署的工程竣工验收意见。

参与工程竣工验收的建设、勘察、设计、施工、监理等各方不能形成一致意见时,应当协商提出解决的方法,待意见一致后,重新组织工程竣工验收。

3)竣工验收的依据

(1)工程设计文件及设计变更通知书。

(2)工程设备技术说明书。

(3)国家现行施工及验收规范、技术标准。

(4)由主管部门或建设单位挂审批、修改、调整的文件。

(5)有关建设文件、施工承包合同、协议、洽商。

(6)建筑安装工程统计规定及主管部门关于工程竣工的规定。

(7)各系统的试运行记录。

4)竣工验收合格标准

(1)工程所含分部(子分部)工程的质量均验收合格。

(2)质量控制资料完整。

(3)工程所含分部工程有关安全和功能的检测资料完整。

(4)主要功能项目的抽查结果符合相关专业质量验收规范的规定。

①《地下铁道工程施工质量验收标准》(GB/T 50299—2018)。

②《城市轨道交通通信工程质量验收规范》(GB 50382—2006)。

③《城市轨道交通信号工程施工质量验收规范》(GB 50578—2010)。

④《城市轨道交通自动售检票系统工程质量验收规范》(GB 50381—2006)。

⑤《城市轨道交通机电设备安装工程质量验收规范》(DG/TJ 08-2005—2006)。

(5)观感质量验收符合要求。

5)竣工验收组织

工程竣工验收由建设单位组织,政府质监部门、监理工程师、设计单位、承包商参加,主要是对工程的实体功能和竣工资料进行检查、验收,如图 4.2-20 所示。工程竣工验收通过后,在 28d 内向承包商签发“工程竣工报告”。

(1)建设单位职责

根据承包商竣工验收申请,组织竣工验收各方进行竣工验收。

(2)监理工程师职责

参加竣工验收,对工程实体和竣工资料进行检查并客观评价。

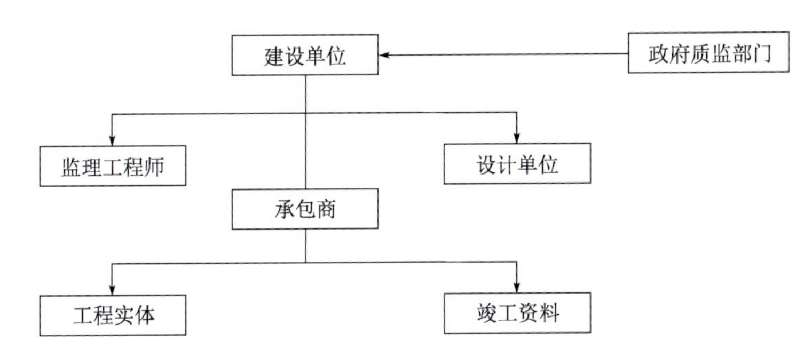

图 4.2-20　竣工验收组织

(3)设计单位职责

参加竣工验收,对工程系统功能进行检查并客观评价。

(4)政府质监部门

参加竣工验收,对工程实体和竣工资料进行检查,对建设单位、监理、设计及承包单位工程实施过程进行评价。

(5)承包商职责

提供达到竣工验收条件的工程实体和竣工资料,为竣工验收提供场地、工机具、仪器仪表等必备条件。

4.3 本章小结

本章从设备监造、安装过程对扶梯全寿命周期技术进行了详细介绍。作为扶梯全寿命过程中的一个重要环节,本章提出了基于数字化的监造技术,包括如下:

(1)从工艺设计及设备选型出发,建立扶梯基础数据库,包括设备参数、工艺要求等,以此作为设备监造过程的卡控要点,实现设计与制造的统一。

(2)以设计过程中的土建参数、设备参数为基础,对现场安装过程进行校核与指导,采用参数化的方式,确保建造与设计的一致性。

5 健康状态管理及故障预警关键技术

随着我国城市快速发展,越来越多的城市建设开通轨道交通线路,以提高城市交通质量。随着轨道交通客流量的增加,传统的楼梯集散方式已无法满足车站的集散要求,为增强车站疏散能力,提高运营服务质量,在轨道交通各车站设计安装旅客提升设备。旅客提升设备作为无障碍设计研究的重要设备,旅客提升设备包含自动扶梯、电梯(以下简称"电扶梯")。截至 2019 年末,全国轨道交通旅客提升设备达到 3.5 万余台(图 5.0-1),2019 年,全国铁路完成旅客发送量 35.7 亿人,同比增长 77%,旅客出行离不开车站提升设备,作为车站运载及疏散乘客的关键设备,同时也是特种设备,直接关系运营服务质量,其安全、可靠的运行备受使用乘客、社会大众的关注。

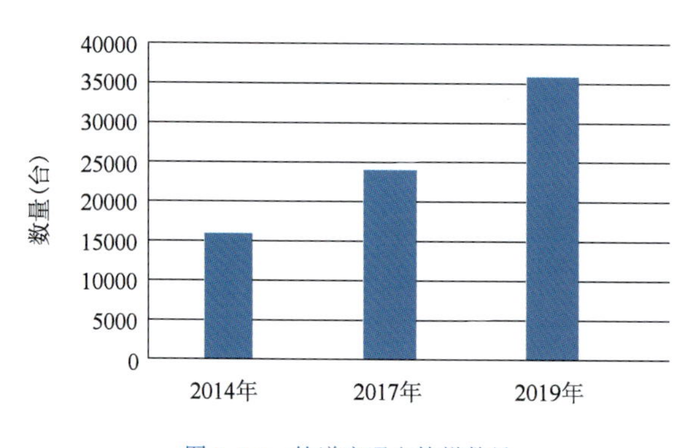

图 5.0-1　轨道交通电扶梯数量

5.1 整体技术方案

5.1.1 总体架构和技术路线

构建故障预警决策系统，通过采集层、特征层、决策层实现大数据积累、挖掘，完成扶梯全生命周期健康分析，将传统的被动监控报警革新为主动预测、风险预防，实现本质安全。总体架构示意如图 5.1-1 所示。

5.1.2 系统功能简介

采集模块用于利用物联网的传感层获取自动扶梯的长时监测样本数据，长时监测样本数据包括多个零部件的多个维度监测数据，依据自动扶梯故障类型标记长时监测样本数据。

故障知识库模块用于构建深度迭代的神经网络学习模型，深度迭代的神经网络学习模型包括第一神经网络学习模型和第二神经网络学习模型，第一神经网络用于获取各个零部件故障类型的故障发生概率值，第二神经网络用于获取自动扶梯的实时健康状态值；利用标记后的长时监测样本数据对第一神经网络学习模型和第二神经网络学习模型进行机器学习，得到训练好的第一神经网络学习模型和第二神经网络学习模型。

决策模块获取待监测自动扶梯的实时监测数据，利用训练好的第一神经网络学习模型获取当前待监测自动扶梯的各个零部件故障类型的故障发生概率值，并依据各个故障类型的故障发生概率值对待监测自动扶梯进行实时故障判断，依据故障判断结果进行故障类型定位及故障修复；利用训练好的第二神经网络学习模型获取自动扶梯实时健康状态值，依据自动扶梯实时健康状态值获取自动扶梯的实时健康状态，以实现上述方法的步骤。

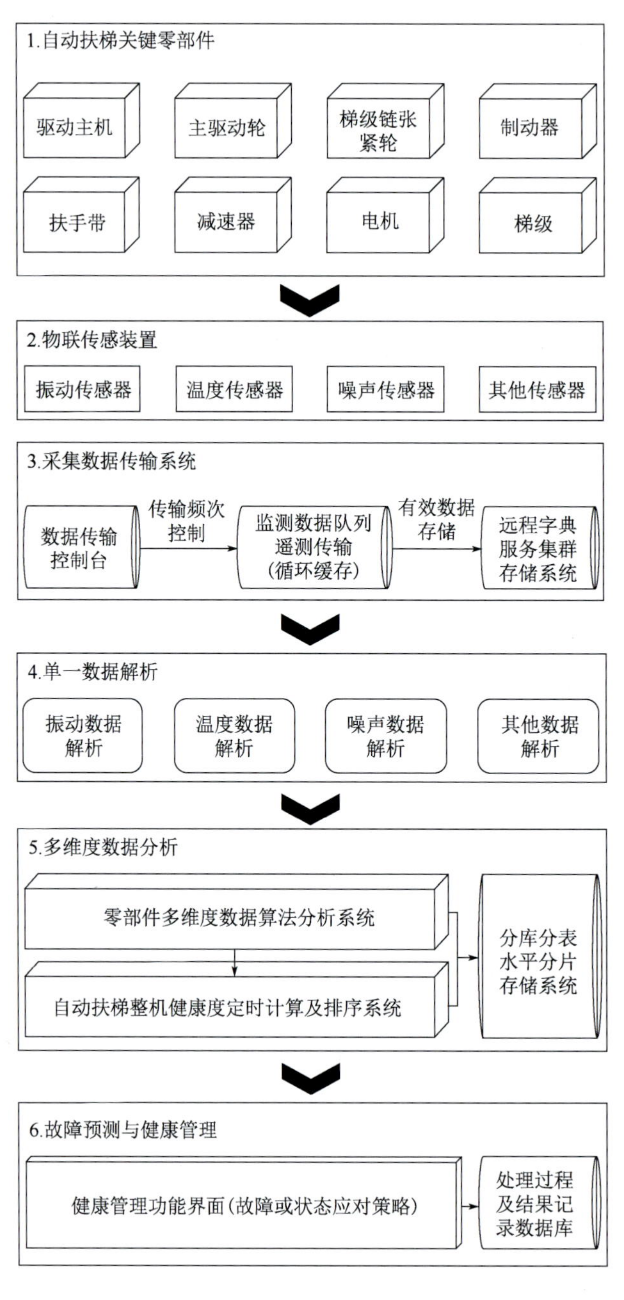

图 5.1-1　总体架构

5.2 基于多维物理数据传输的实时监测技术

5.2.1 监测布点方案研究

随着扶梯的大量使用,近年各地扶梯事故呈上升趋势。如 2011 年 7 月 5 日,某地铁车站自动扶梯发生故障,致 1 人死亡,3 人重伤,30 人轻伤;2014 年 4 月 2 日,某地铁车站换乘通道内的自动扶梯早高峰期间突发故障,出现逆转,导致 1 人重伤,12 人轻伤;2014 年 4 月,某地铁换乘通道内,一部正在向上运行的自动扶梯突然倒溜快速下行,造成站立在梯级上的多名乘客摔倒,部分人员受伤。

对国内自动扶梯近年来发生的 100 个自动扶梯事故案例数据进行收集整理,事故收集的信息应包括事故描述、经过、类型、原因、发生地点、伤害损失等,其具体模型见表 5.2-1。

事故收集的信息模型表　　表 5.2-1

序号	事故描述	事故经过	事故类型	发生地点	事故原因	伤害损失
1	某地铁车站扶梯倒转事故	车站 A 口上行扶梯突然逆转,导致 1 人死亡,多人受伤	逆转	地铁站	主机固定连接螺栓失效,造成主机移位,驱动链条脱落,发生运行逆转	1 人死亡(儿童乘客);3 人重伤;30 人受轻伤
2	某地铁换乘通道扶梯倒溜	一部正在向上运行的自动扶梯突然倒溜,快速下行,造成站立在梯级上的多名乘客摔倒	倒溜	地铁换乘通道	主驱动链发生疲劳断裂	多名乘客摔倒受伤

为了更好地理解故障的原因与机理,需根据事故频次、故障原因、故障时长、处理方法对故障种类进行划分。

首先以自动扶梯部件分类，根据某地铁2019年度第一季度（1～3月）以及第四季度（10～12月）的运营统计得到以下故障次数统计结果，见表5.2-2、表5.2-3。

某地铁第一季度自动扶梯运营故障统计数据　　表5.2-2

时　间	部件种类					总　计
	牵引链条	驱动系统	梯路导轨系统	梯级系统	扶手装置	
1月	3	4	3	5	7	22
2月		9	4		6	19
3月		4		2	3	9
总计	3	17	7	7	14	48

某地铁第四季度自动扶梯运营故障统计数据　　表5.2-3

时　间	部件种类					总　计
	牵引链条	驱动系统	梯路导轨系统	梯级系统	扶手装置	
10月	1		3		3	7
11月	3	1	4	10	2	20
12月	2			9	2	13
总计	6	1	7	19	7	40

其中，牵引链条故障主要分为主驱动链和传动链条；驱动系统故障则包括主机、减速器、主轴。可按部件分为主驱动链、传动链条、主机、减速器、主轴、梯路、梯级、扶手带共8类故障。

（1）主驱动链及传动链条

在主机与梯级及扶手带的主驱动轴之间可采用链条传动，当采用链条传动时，链至少为双排，如图5.2-1所示。传动链条分为扶手带链和梯级链，均为周期性运动，失效均为负载运行过程中的蠕变及磨损，最终导致链条的疲劳断裂。自动扶梯在设计时采用链轮张紧结构，采用压缩弹簧装置，能连续自动地张紧链条，保证链条获得恒定的连续张紧力，以补偿链条在负载运行过程中的蠕变及磨损。在张紧装置的位移超过±20mm之前，自动扶梯自动停止运行。

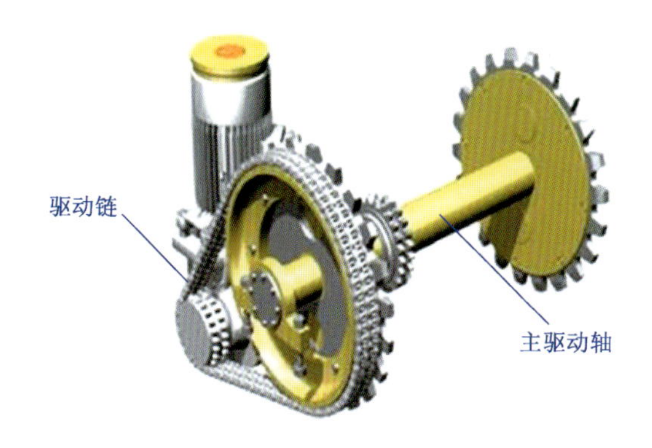

图 5.2-1　驱动链示意图

对不同使用时间的在役主驱动链进行宏观检视和微观分析，为了更进一步了解链损机理，探明服役过程中产生的主要损伤形式、位置，探明不同损伤产生的原因；对在役主驱动链进行破断试验，对其性能衰减情况进行分析和评估，分析失效模式。

探明损伤模式、材料衰减对性能衰减产生的影响；对在役主驱动链进行无损检测，分析使用过程中是否产生疲劳裂纹；通过正常润滑、无润滑、循环载荷三种不同工况下主驱动链疲劳试验情况，分析不同工况对主驱动链疲劳寿命的影响。

通过主驱动链破断试验，获得拉伸载荷—应变曲线，如图 5.2-2 所示。试验结果表明，通过对新的和在役不同时间的主驱动链破断试验，其破断载荷并没有明显随使用时间增加而降低，且破断载荷均满足标准要求。

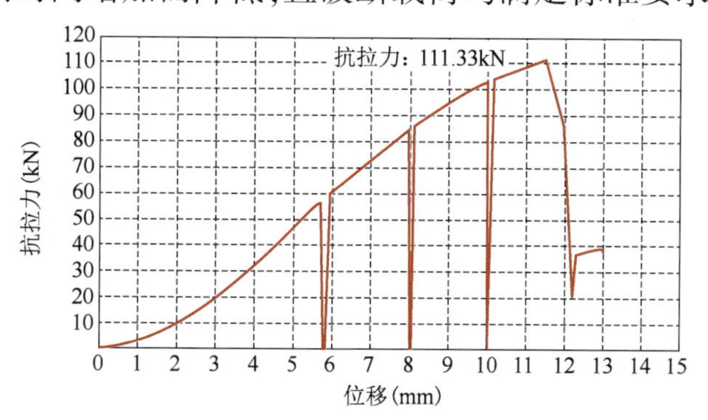

图 5.2-2　拉伸载荷—应变曲线

对断裂失效形貌进行宏观检视，如图5.2-3所示。

a)

b)

图5.2-3　断裂失效形貌

由上述分析可知：

①失效形式主要为销轴断裂，或销轴与外链板、套筒与内链板脱开。

②断裂销轴断面宏观形貌均呈现典型"台阶＋剪切唇＋放射花样"复合形貌，断口方向与销轴轴向呈一定夹角，以塑性断裂、后期脆断的复合型断裂为主。

(2)主驱动轴

自动扶梯的主驱动轴由一根轴、两个轴承及两个轴承座组成，其故障主要是轴承故障。其中，滚动轴承都是机器中最精密的部件，通常情况下，它们的公差都保持在机器其余部件公差的十分之一。通过多年的实践经验表明，只有10%以下的轴承能够运行到设计寿命年限，大约40%的轴承失效是由于润滑引起的故障，30%失效是由于不对中或"卡住"等装配失误，还有20%的失效是由过载使用或制造上缺陷等其他原因所致。

①轴承常见故障

轴承较为常见故障有疲劳剥落、磨损、锈蚀、裂纹等。

a.疲劳剥落

滚动轴承的滚动体和内外滚道在轴承区域轮流进出，由于长期载荷变化的影响，疲劳裂纹首先产生于接触面以下的最大交变剪应力的地方，随后疲劳裂纹会延伸到接触表面，在接触表面会产生斑点状的剥落，运行时间越来越长，点状剥落也会慢慢地发展为更大的剥落，此种情况称为疲劳剥落，如图5.2-4所示。疲劳剥落是滚动轴承失效的最主要原因，因此，轴承寿命通常是指轴承的疲劳寿命。

a) b) c) d)

图5.2-4 疲劳剥落

b. 磨损

磨损的主要原因是滚珠与滚道之间的相对运动以及有异物进入滚道而引起的表面磨损，如图5.2-5所示。另外，润滑状态不良也会使得轴承的磨损更加严重，最终使得轴承游隙超过最大允许的游隙，使得其表面粗糙度增加，从而降低了轴承的工作精度，轴承也因此无法正常工作而发生故障。

c. 锈蚀

润滑油中含有水或空气中的水分凝结在轴承上会使得其表面发生锈蚀，

如图 5.2-6 所示。当轴承内部有较大的电流通过会造成电腐蚀,使得表面摩擦不均。

a)

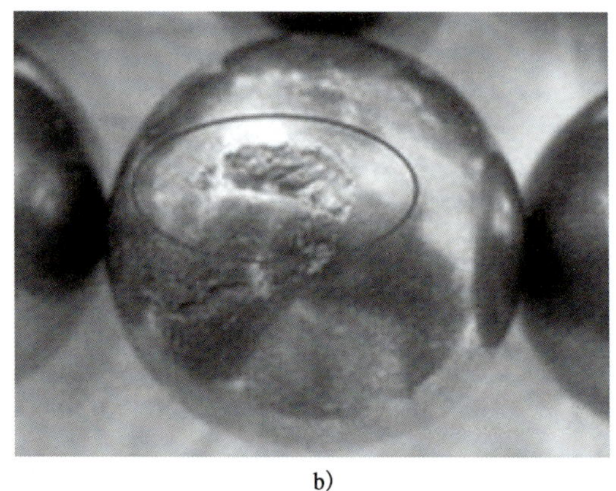

b)

图 5.2-5　轴承磨损

d. 裂纹

当主机的冲击负荷过大,主轴与轴承配合过盈量大,会产生裂纹,如图 5.2-7所示。另外,当有较大的剥离摩擦裂纹、安装时精度不良以及使用不当(用铜锤、卡入大异物)也会产生裂纹。

图 5.2-6　轴承锈蚀

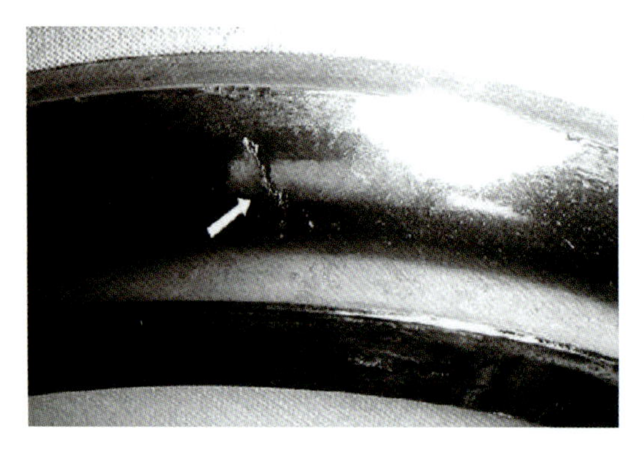

图 5.2-7　轴承裂纹

如果机器进行了精确对中和精确平衡,避免在共振频率附近运转,并且轴承润滑良好,那么机器运行就会非常可靠,机器的实际寿命也会接近其设计寿命。然而遗憾的是,大多数工业现场都没有做到这些,因此有很多轴承因为磨损而永久失效。

②故障原因分析

a. 频谱特征

故障轴承会产生与1X基频倍数不完全相同的振动分量，换言之，它们是不同步（异步）的分量。对振动分析人员而言，如果在振动频谱中发现异步分量，那么极有可能是轴承出现故障的警告信号，如图5.2-8所示。振动分析人员应该马上诊断并排除是否是其他故障引起的这些不同步分量。

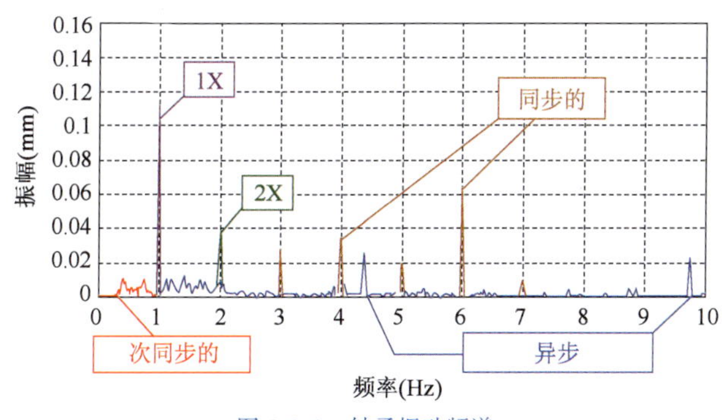

图5.2-8 轴承振动频谱

如果看到异步的波峰，极有可能与轴承磨损相关。如果同时还有谐波（基频的倍频）和边频带出现，那么轴承磨损的可能性就非常大。

b. 模态分析

模态分析主要是对机械结构的固有振动特性进行分析计算，与载荷无关，只与结构本身、材料属性及约束条件有关。模态分析是其他动力学分析的基础，对识别产生振动的薄弱部位及故障诊断有着重要作用。

从数学的角度来看，结构模态就是求解系统特征值与特征向量的过程。惯用的动力学平衡方程为：

$$[\boldsymbol{M}]\{\ddot{\boldsymbol{x}}\}+[\boldsymbol{c}]\{\dot{\boldsymbol{x}}\}+[\boldsymbol{K}][\boldsymbol{x}]=\boldsymbol{F} \tag{5.2-1}$$

式中：$\boldsymbol{M}$——结构的质量矩阵；

$\boldsymbol{c}$——结构阻尼矩阵；

$\boldsymbol{K}$——结构刚度矩阵；

$\boldsymbol{F}$——结构所受的载荷矩阵；

$\boldsymbol{x}$——位移矢量。

将电动机装配体模型存为.x_t 格式导入 ANSYS Workbench,添加材料属性,划分四面体网格,单元尺寸给定 10mm,电动机悬挂装置固定约束,求解得到电动机的前 6 阶固有频率,如图 5.2-9 所示。通过分析,主机轴承振幅最大,对振动更为敏感,从而得出电动机总成应在主机轴承座部位布置加速度传感器。

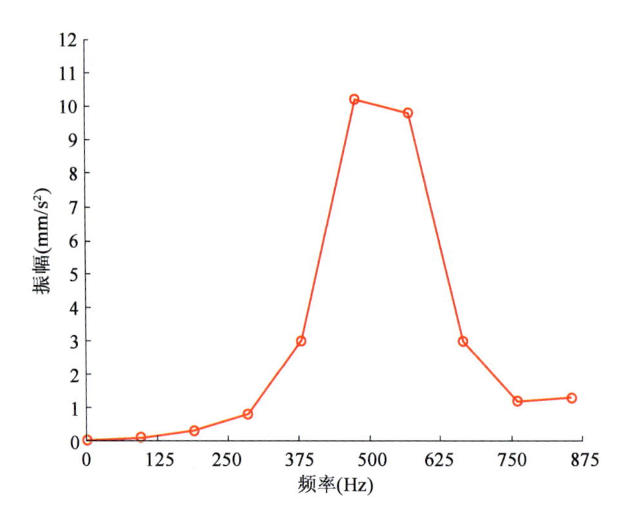

图 5.2-9　主机轴承加速度—频率响应

(3)主机

主机是自动扶梯的动力源,如何准确、快速地找到主机故障,尤其是能够随着电动机运行,进行故障诊断,是当今电动机学领域研究的一个热点。

通过对主机故障及其诊断进行大量研究,主要发现了定子绕组故障、转子绕组故障以及轴承故障等三大类故障,同时,由于前文描述的 2011 年某地铁扶梯事故后,各设备厂家增加了驱动位移监测,驱动主机除地脚螺栓外,还设有防止位移的挡块,并设置位移检测开关。当主机位移距离影响安全时停梯,其作用原理是:通过配置驱动主机位移及倾覆检测开关,在扶梯运行过程中,当主机向前(梯级方向)水平位移超过 10mm,或主机座抬高 10mm,检测开关动作使扶梯立即停梯。

自动扶梯的运行是通过驱动主机旋转将电能转变成机械能,这个过程中,或多或少总有一部分能量会转变成电动机及其支撑系统的振动能。换言之，在自动扶梯运行时，驱动主机及其支撑系统实际上始终处于振动状态。一般情况下，这种振动都被控制在很微弱的范围，不至于影响电动机系统的正常工作，除非系统经受了超出设计允许的动态外载荷，或因某种缘故改变了系统的固有频率。

①电动机系统振动幅度影响因素讨论

简便起见，将电动机系统简化为单自由度弹簧振子系统，设其刚度为 K、质量为 M，在频率为 ω 的谐激励 $F_0\sin(\omega t)$ 作用下，忽略阻尼效应，其稳态幅频响应关系可表达为：

$$X = HF_0 e^{i\omega t} \tag{5.2-2}$$

$$H(\omega,K,M) = [K - \omega^2 M]^{-1} \tag{5.2-3}$$

式中：H——激励频率、系统刚度和质量的函数。

对于自动扶梯的电动机系统而言，从稳定性和安全角度考虑，显然希望其运行时的振动幅度尽可能小，在激励频率已经给定的情况下，系统的刚度 K 和质量 M 是如何影响其振动幅度的，变换式(5.2-3)为如下形式：

$$H(\omega,K,M) = H(K) = K^{-1}\left\{1 - \left[\frac{\omega}{\left(\frac{K}{M}\right)^{0.5}}\right]^2\right\}^{-1} \tag{5.2-4}$$

绘出以系统刚度为变量的频响函数曲线，如图 5.2-10 所示。

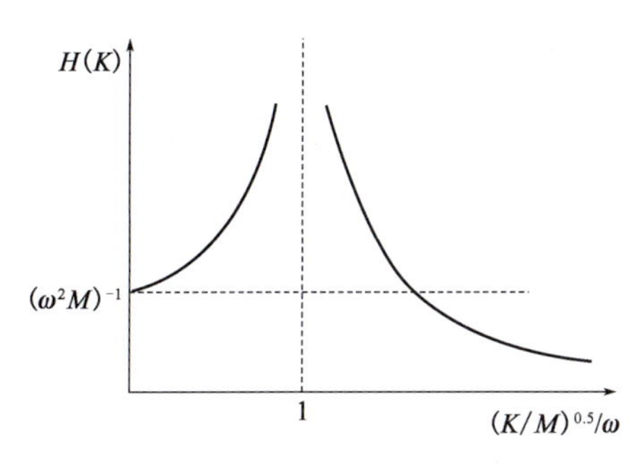

图 5.2-10 系统的振幅与刚度的关系曲线

驱动主机与桁架之间增加了两块垫板和 4 个连接螺栓。与主机和桁架的质量相比，座板的质量小，其增减对电动机系统质量 M 的影响较小，可以忽略。但由于垫板与电动机、底座的串联特征，它的加入将显著降低系统刚度，并使其自身成为系统承受振动载荷时的柔性区。

②刚度变化影响系统振动特性的有限元分析

为进一步具体化“串联”垫板对电动机系统振动特性的影响，分别对设计变更前后的电动机系统建立了动力学有限元模型，如图 5.2-11 所示。计算结果表明系统的前 3 阶振动频率发生了显著变化。

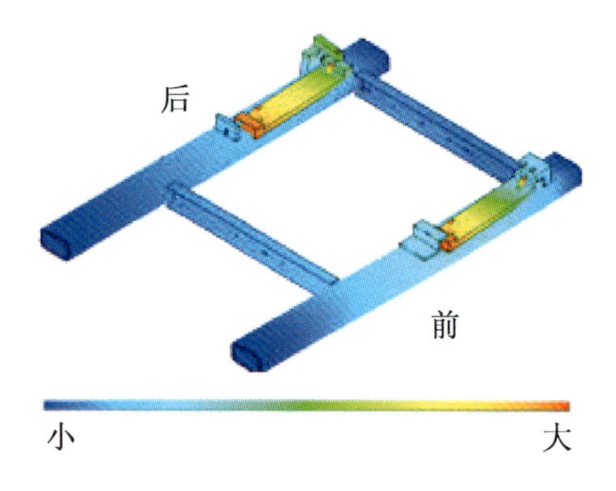

图 5.2-11　主机座模态分析

从上述分析得出，振动主要集中于螺栓处，由于电动机长期运行，导致电动机的固定螺栓出现松动，造成振动加剧，甚至导致电动机位移，同时由于安装原因，导致转子不对中、不平衡，造成周期性异常振动和噪声，该部分的特性可见主轴故障。

③传感器选择

a. 电涡流式振动传感器：是一种相对式非接触式传感器，通过传感器端部与被测物体之间的距离变化来测量物体的振动位移或幅值。

b. 压电式加速度传感器：是一种接触式传感器，其原理是某些晶体在一定方向的外力(加速度)作用下或承受变形时，它的晶体面或极化面上将产生电荷，通过测量电荷来测量物体的加速度。

由于非接触式传感器需要安装传感器支架，而支架安装在自动扶梯自身上时将受到扶梯自身振动的影响，导致测量电动机的振动位移受到偏差，所以选用压电式加速度振动传感器进行接触式测量，如图 5.2-12 所示。

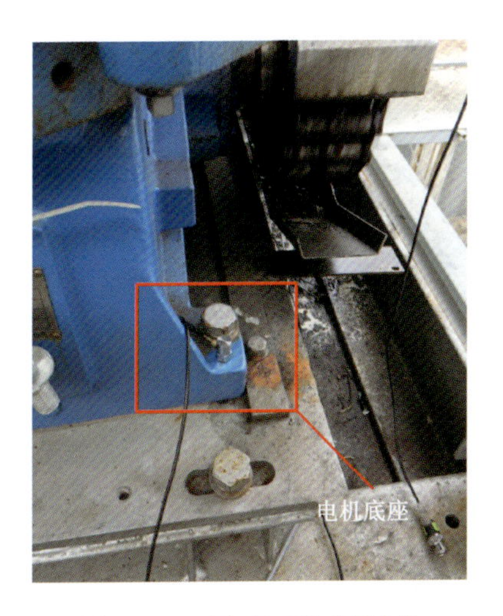

图 5.2-12　主机振动传感器安装

(4)梯路(含梯级)

自动扶梯由于长期单向运行,左侧梯级链条和主轨之间存在磨损间隙,梯级链条与主轮会产生跳动,导致自动扶梯运行不平稳,从而引发梯级塌陷,如图 5.2-13 所示。

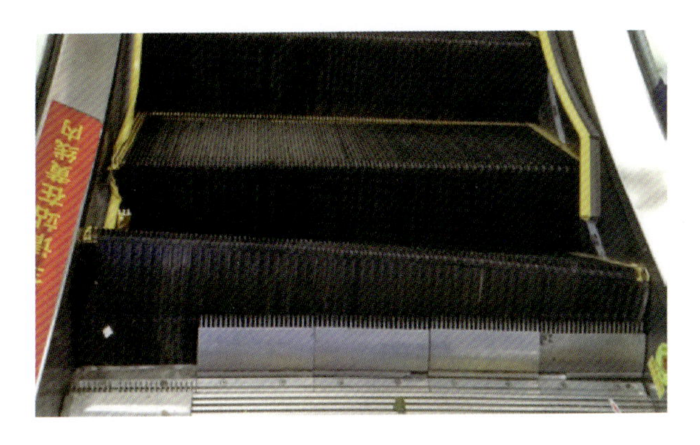

图 5.2-13　梯级塌陷

梯路系统包括驱动装置、梯级链、梯级、导轨系统、张紧装置等。自动扶梯运行时上述部件由于相互干涉或梯级擦碰围裙板、梳齿板等而产生异常的噪声;梯级链条滚轮在导轨上运行,虽然是滚动摩擦,但由于滚轮的制造精度和导轨表面平整度等问题而产生噪声;另外,梯级在通过上下回转端时,由于梯级滚轮与导轨之间存在装配间隙,会发出翻板声,这也是较常见的一种噪声。

一般情况下，自动扶梯梯路的运行距离都比较长，在梯级链运行过程中出现轴向摆动现象，如果两侧链条长度相差过大，就会引发梯级刮擦梳齿的现象，不仅会造成噪声，可能还会造成梳齿损坏，这时候必须对梳齿支撑板的位置进行调整；梯级与导轨系统如果在某处间隙过小，同样也会出现噪声，这时候应该对梯级进行检查，查看是否有变形现象，或者干涉处的导轨系统对中尺寸是否满足要求，需要特别注意查看上下弯弧段压轨与主轮轨之间的间隙，如果间隙过小，就必须对压轨与主轮轨的间隙进行调整，减少噪声，梯级振动频率谱如图 5.2-14 所示。

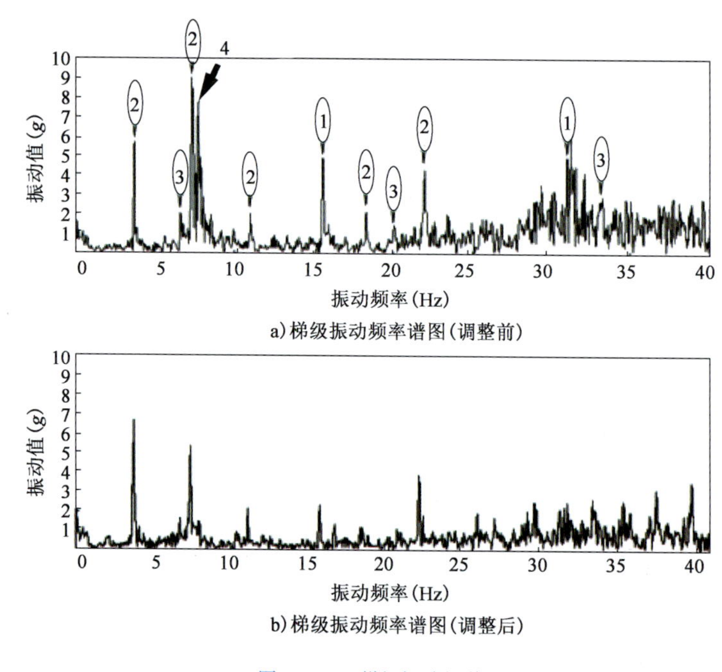

图 5.2-14 梯级振动频谱

5.2.2 基于多源信息融合的传感监测技术

自动扶梯的机械部件多处于基坑桁架内，主要的驱动负荷运动部件为电动机、减速器、主驱动轮、主驱动链、梯级链张紧轮、扶手带、扶手带驱动链提升装置等。这些部件是自动扶梯运行中驱动负荷量较大的核心部件，其影响着扶梯的运行和乘客安全。

在线监测系统可对故障类型进行分析，还可以通过设备运行振动频率的变化，分析部件的故障趋势，提出故障预警，可以使维修部门有效的安排维修时间和周期。

在电动机、梯级翻转主轴、扶手带主轴、提升装置安装加速度振动传感器，通过数据采集器进行信号转换和网络传输，供系统进行故障分析和状态监测。

自动扶梯传感网络布置如图5.2-15所示。

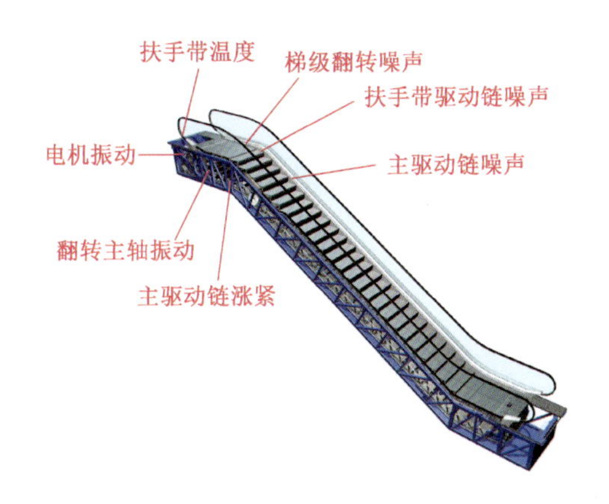

图5.2-15　自动扶梯传感网络布置

传感器布置于电动机、梯级翻转主轴、扶手带主轴、扶手带主驱动链、梯主驱动链、扶手带位置、上下机房、控制箱、主机底座、提升装置，用于监测这些设备的振动、温度、噪声、张紧情况，具体要求见表5.2-4。

自动扶梯监测点要求(单驱)　　表5.2-4

部　件	故障类型	振动	位移	噪声	温度	电流
驱动主机	固定螺栓松动	√	√			
主驱动轮	轴承故障	√	√	√		
梯级链张紧轮	轴承故障	√		√	√	
制动器	制动距离趋势		√			
	溜梯距离		√			
梯级	梯级故障	√		√		
扶手带	扶手带温度			√	√	

续上表

部　件	故障类型	振动	位移	噪声	温度	电流
电动机	转子故障	√		√		√
	轴承故障	√		√		√
	电动机功耗			√	√	√
减速器	齿轮故障	√		√		
	轴承故障	√		√		√

自动扶梯子单元具有温度、噪声、振动、相对位移等多项监测数据，现场利用多种传感器对其各项状态进行监测，利用数据采集器将采集到的传感器信号进行 A/D 转换，将数据通过主干网络上传至车站级系统服务器，车站级系统服务器将采集到的数据通过主干网络上传至中心级服务器进行智能分析、诊断校验和智能决策，对数据进行应用和存储。自动扶梯传感网络框架如图 5.2-16所示。

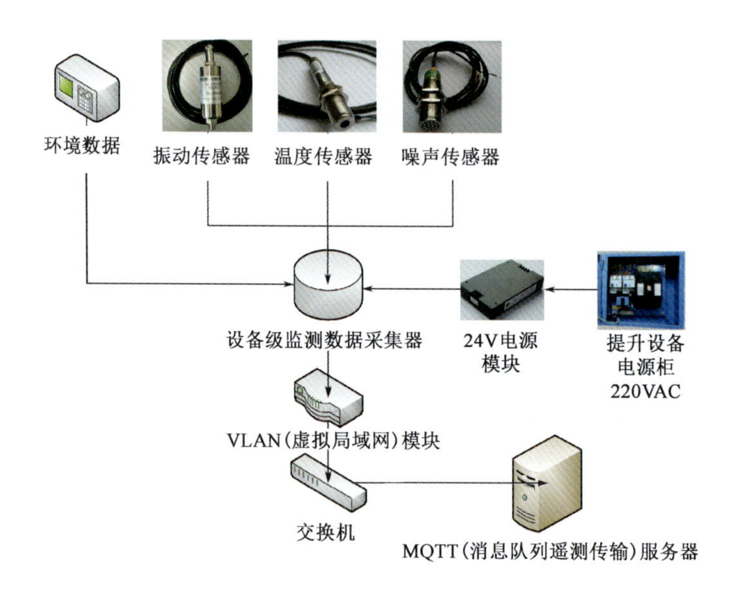

图 5.2-16　自动扶梯传感网络框架

1）数据采集器

每个自动扶梯配置一个数据采集器，每个数据采集器配置一个挂式数据采集箱,并放置在自动扶梯上部机舱内。

2）加速度振动传感器

每台自动扶梯配置加速度振动传感器,其将设备的振动物理量转换为数据采集器可采集的电信号,用于采集自动扶梯振动数据。

3）温度传感器

每个扶梯配置温度传感器,其将设备的温度物理量转换为数据采集器可采集的电信号,用于采集自动扶梯扶手带与环境温度的差值、机房温度、电动机温度等。

4）噪声传感器

每个自动扶梯配置噪声传感器,其将设备噪声转换为数据采集器可采集的电信号,用于采集自动扶梯的电动机噪声、提升装置噪声和驱动链噪声。

5）微动开关

每个自动扶梯配置微动开关,用于判断主机是否移动、处在正确的位置。

6）电流互感器

每个自动扶梯配置直流电流互感器、交流电流互感器。电流互感器用于采集扶梯安全回路的信号。

采用多源信息融合技术(RS485 网线或4G 无线与 QOS 数据采集策略)可有效提取提升设备零部件温度、振动、噪声等多维度监测数据,自动扶梯传感器网络系统如图 5.2-17 所示。

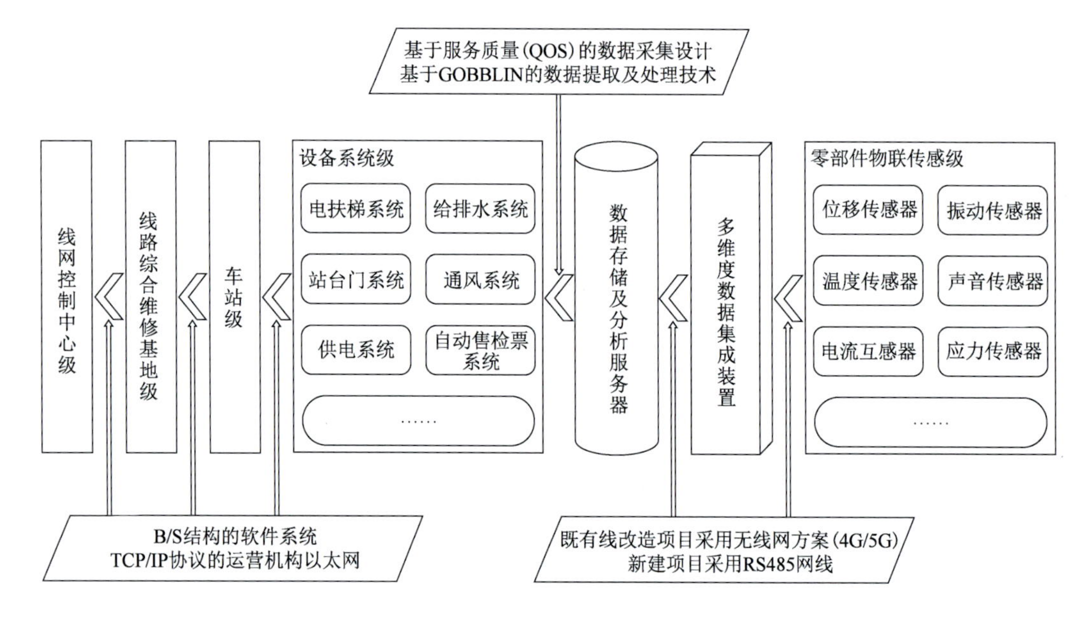

图 5.2-17　自动扶梯传感网络系统

5.2.3　数据传输技术

自动扶梯智能监测系统可以每隔 10s、30s、1min、5min 等采集一次数据，或连续采样，考虑到持续采样数据量过大，对系统的数据传输能力与处理能力造成较大压力，所以一般采取等间隔采样的方式，间隔时间与采样时间相同，这样能够减少一半采样数据量。

每个站点预计的自动扶梯数量是 12 台。如果扶梯实时监测装置以 10s 一次进行数据采样，采样持续时间为 10s，那么数据组数见表 5.2-5。

自动扶梯智能监测数据组数　　表 5.2-5

数据组数	日	24 × 60 × 60/20 × 12 = 51840(组)
	周	24 × 60 × 60/20 × 12 × 7 = 362880(组)
	月	24 × 60 × 60/20 × 12 × 30 = 1555200(组)

由上表可以看出数据传输量是海量的，同时数据的延时率、可靠性也有较

高要求,故需对数据传输的方案进行比选。

1)数据传输通道方案对比

结合近年来信息领域技术发展,针对扶梯数据传输量及信号特点所产生的业务需求,数据传输主要有自建光缆传输数据、依托公网运营商4G网络、电力载波通信组网、RS-485总线通信组网四种解决方案。

(1)自建光缆传输数据

在设备旁配置光口交换机,汇聚扶梯远程控制终端(RTU)数据,使用光缆就近接入远程终端,对扶梯运行情况进行远程监控。

(2)依托公网运营商4G网络

在设备旁配置光口交换机,汇聚扶梯RTU数据,使用4G模块将数据无线传输至附近运营商公网基站,运营商汇集各台扶梯数据后汇至远程终端,对扶梯运行情况进行远程监控。

(3)电力载波通信组网

电力载波通信是利用电力线路作为通信介质,实现载波采集终端与服务器之间的通信。其电力载波通信技术相对成熟,具有无需布线、投资小、安装维护简单、易扩充等优点。但由于受电力线的高衰减、低阻抗、谐波干扰、相邻台区载波信号干扰等因素影响,电力载波通信距离大幅缩短,速率低,可靠性不高,实时性不强,系统不稳定。

(4)RS-485总线通信组网

RS-485总线通信组网是采用RS-485数据线作为智能电能表与采集器,采集器与集中器的通信信道。

RS-485数据线作为专用的有线通信信道,具有通信可靠性高,实时性强等优点。但这种组网方案传输距离与其他网络方案相比,有一定限制(一般为1km)。

上述数据传输通道方案对比见表5.2-6。

数据传输通道方案对比　　表 5.2-6

通信方案	自建光缆	依托公网运营商 4G 网络	电力载波通信组网	RS-485 总线通信组网
建设成本	成本最低	成本最低	成本最低	成本最高
施工难易	需专门布线,难施工	无需布线,易施工	无需布线,易施工	需专门布线,难施工
运行维护	维护工作量大	易维护	易维护	维护工作量大
可靠性	高	较高	较高	高
实时性	强	强	弱	强
抗干扰	抗干扰能力强	较弱	弱	抗干扰能力强
传输距离	远	远	较近	较近
传输速度	高	高	低	低

经过方案综合比较,数据传输通道建议采用自建光缆的方式。

2）现场数据处理技术方案

自动扶梯实时状态的数据采集是一个半持续过程,在这个过程中采集的数据量非常大,如何高效地抽取有效数据来进行分析,及时有效地反映自动扶梯真实状态,需要对数据的提取、读写、存储能力进行重点设计。

基于边缘计算使用 PCA 及 KNN 算法可以实现自动扶梯数据的前置处理;使用 Gobblin 分类技术 + hadoop 大数据存储技术 + kafka(分布式发布订阅消息系统)来解决数据分类提取、读写、存储的问题;使用 Gobblin 技术,可达到通用的数据提取框架,Gobblin 是一个通用的数据抽取框架,可以从一些数据源(数据库、FTP、文件、Kafka 以及自定义的数据源)抽取海量数据到Hadoop上。框架在同一个地方管理所有不同数据源的元数据,同时具备可扩展、容错、数据质量保证等特性,是一个高效的数据抽取框架, Gobblin 支持各种各样的数据源,例如 RDBMS(Oralce、Mysql、SqlServer), Espresso,Kafka,RocksDB,S3,Salesforce 和 Google Analytics 等。通过使用统一的 Gobblin 框架,可以很容易地扩展这些数据源并且让数据收集工作变得更加简单和易用,进而达到分类提取。

Gobblin 还可配合 kafka 解决流量削峰问题,并解决高效抽取的问题,同样的 Gobblin 也可配合 Job 的执行,将结果持久化到文件 SequenceFiles 中,建立数据管理机制。Gobblin 存在分支的概念，每一次 Job 的执行都会将结果持久化到文件(SequenceFiles)中，以便下一次执行时可以读到上次执行的位置信息(如 offset)，本次执行可以从上次 offset 开始执行本次 Job。状态的存储会被定期清理，以免出现存储无限增长的情况，如图 5.2-18 所示。

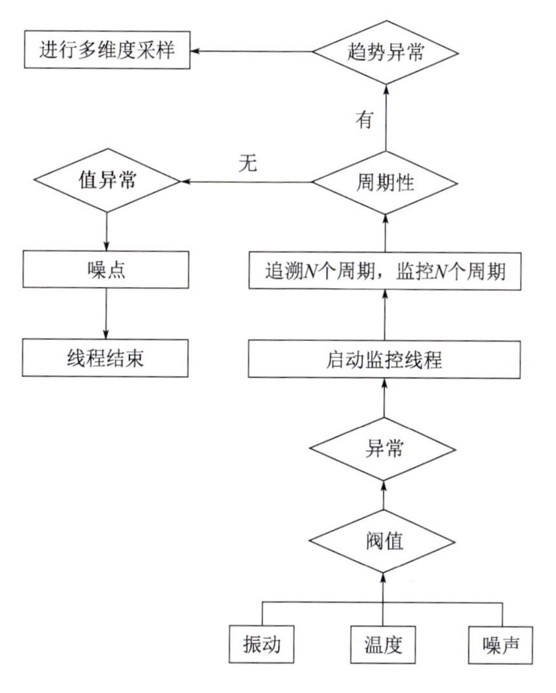

图 5.2-18 数据清洗及抽取技术路线

通过在硬件端数据采集盒对采集的数据进行边缘计算，基于多维数据进行周期性追踪进而确定是否趋势异常，针对性采集有效数据，实现数据的降维以及去冗余。

边缘计算可以实时或更快地进行数据处理和分析，让数据处理更靠近源，可以缩短延迟时间，降低带宽要求，减小服务器负荷。

除了采用等间隔采样的方式外，本书还将介绍基于动态阈值采样的策略(见 5.3.3 节)，在发现采样值超过之前的阈值或预警发展趋势后，则由服务器发送指令到前端采集盒，加密取样频率，以更好地对发生问题的部件或趋势进行监控。

5.3 基于大数据的自动扶梯状态评估技术

5.3.1 故障诊断算法研究

故障诊断是一种融合信号分析处理技术、先进传感技术以及数据挖掘为一体的多学科融合交叉的综合性技术。故障诊断的目的是通过对传感器获取的设备相关信息数据的分析,进而实现工业系统设备内部各组分元件的健康状态监测。有效的故障诊断能够确保设备的安全高效运行,还可以大幅降低设备操作和维护成本。从20世纪60年代开始,各个国家便相继对故障诊断技术进行了大量研究,经过近60年的发展,故障诊断技术已经在能源、机械等领域取得了显著成果。伴随工业4.0的提出,大数据时代的来临,传感技术水平愈加完善,设备智能化程度日益提高,对于复杂系统的智能故障诊断已经成为各领域发展的热点。

故障诊断方法可以分为两类:基于数学模型的故障诊断方法与基于经验知识的故障诊断方法,如图5.3-1所示。

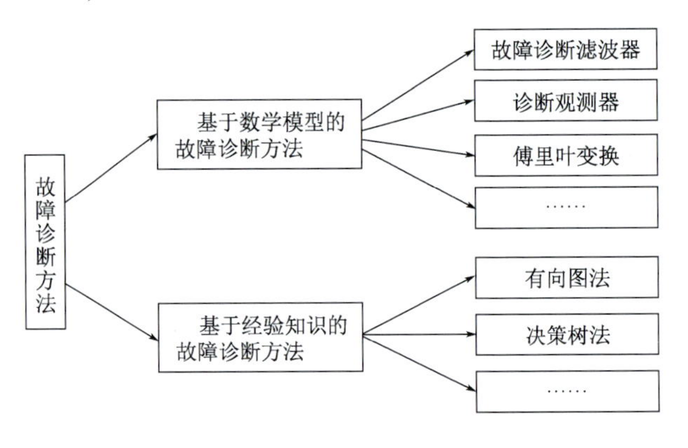

图5.3-1　故障诊断方法分类

基于数学模型的故障诊断方法是对已知模型结构和模型参数建立描述系统的数学模型，即建立了一种输入与输出之间的数学关系，进而依据观测的输入量来实现系统状态的评估和诊断。典型的方法有故障检测滤波器（Fault Detection Filter，FDF）、诊断观测器（Diagnostic Observer，DO）、对偶空间法（Parity Space，PS）等。线性系统理论作为建立系统模型的理论支撑，已经非常成熟，并在故障诊断领域得到了广泛应用。

基于经验知识的故障诊断方法是通过行业专家的丰富经验和相关领域的专业知识，从而建立用于系统设备监测的知识规则库。典型的方法有决策树、有向图（Signed Directed Graph，SDG）等。基于经验知识的故障诊断方法可以通过足够充分的专家经验和先验知识，建立完善的知识规则库，进而实现准确的系统设备状态监测。然而，由于专家经验知识获取困难，完善的知识规则库难以建立，导致该类方法适用于简单设备的故障诊断，不适用于复杂系统的故障诊断。

综上所述，对于现代复杂系统的故障诊断需求，基于数学模型的故障诊断方法具有更大的优势和更好的表现。

对于自动扶梯核心部件的故障分析，需从多个角度进行综合性的分析。如对于驱动主轴的分析，首先通过振动信号分析驱动主轴是否有故障，是何种类型的故障，一旦发现有问题，即可加大数据的采集频率，进一步综合确认。最终确认下来故障成立，则对相同时间段内的音频信号进行分析，通过音频信号的分析，排除外来因素的干扰（如有人在电梯上跳跃），再次确认故障类型，一旦类型确认，则故障数据上传系统中央平台。故障库经过多次故障的训练，形成稳定的知识库，之后找到的新故障与知识库匹配，如果一致的训练知识库，不一样的经过人工实际维修后，命名新的故障，并纳入训练。

5.3.2 特征值提取技术研究

1）傅立叶变换（FFT）原理

将时域信号变换至频域加以分析的方法称为频谱分析。其原理是利用傅立叶变换的方法对时域信号进行分解，按频率展开，使其成为频率的函数，进而在频率域中对信号进行研究和处理。在转动设备中，由于振动信号的频谱中包含许多零部件的状态信息，不同的部件具有特定的故障频率，将采集的振动信号分解为不同频率成分，通过对振动频谱图的识别、频谱图的趋势分析等手段，将这些振动频率与特定故障频率对比，能够有效地判定故障部件，为检修提供准确的目标。

时域信号的频谱分析，又称频域分析，是把信号的幅值、相位或能量变换以频率坐标轴表示，进而分析其频率特性。对信号进行频谱分析可以获得很多有用信息，如求得动态信号中各个频率成分和频率分布范围，求出各个频率成分的幅值分布和能量分布，从而得到主要幅度和能量分布的频率值。

傅立叶正变换见式(5.3-1)，逆变换见式(5.3-2)。

$$F(\omega) = \int_{-\infty}^{+\infty} f(t)\mathrm{e}^{-j\omega t}\mathrm{d}t \tag{5.3-1}$$

$$f(t) = \frac{1}{2\pi}\int_{-\infty}^{+\infty} F(\omega)\mathrm{e}^{j\omega t}\mathrm{d}\omega \tag{5.3-2}$$

以上为连续信号的傅立叶变换，由于实际工程应用时无法对连续信号进行处理，而且采集设备具有采样周期，因此采集到的信号都是离散信号，故在实际应用中均采用离散傅立叶变换(DFT)。离散傅立叶变换的正变换见式(5.3-3)，逆变换见式(5.3-4)。

$$X(k) = \sum_{n=0}^{N-1} x(n)\mathrm{e}^{-j2\pi k/N} \quad (n=0,1,2,\cdots,N-1) \tag{5.3-3}$$

$$x(n) = \frac{1}{N}\sum_{k=0}^{N-1} X(k)\mathrm{e}^{j2\pi k/N} \quad (n=0,1,2,\cdots,N-1) \tag{5.3-4}$$

傅立叶原理表明：任何连续测量的时序或信号，都可以表示为不同频率的正弦波信号的无限叠加，而根据该原理创立的傅立叶变换算法利用直接测量得到的原始信号，以累加方式来计算该信号中不同正弦波信号的频率、振幅和相位，如图5.3-2所示。

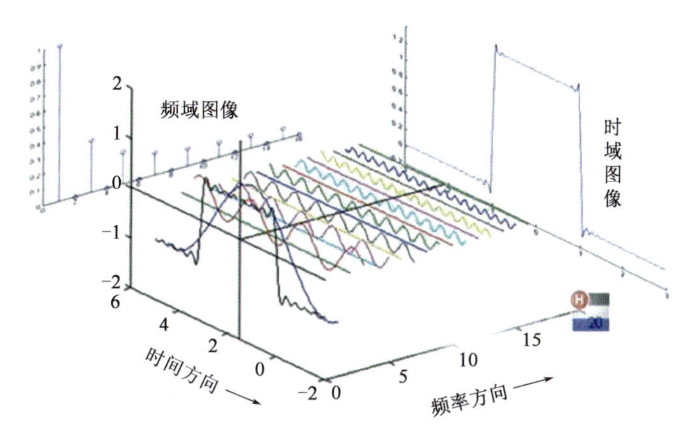

图 5.3-2 FFT 原理图

由时域变换到频域,也可以分析信号中包含的各种频率分量的幅值、功率、能量和相位关系,也就是分析信号的频谱特性。

2）监测数据采集

进行故障预测与识别,首先需要提取信号的特征,由于输入信号有多路振动、噪声、温度信号,维度多且数据量庞大,如果所有采集的信号作为故障预测的输入信号,则会引发维度灾难,大大降低了预测的效率及准确性,所以需要针对性地进行特征提取。

针对前面所描述的不同部件进行故障模拟,获取故障数据,并通过机器学习等相关技术手段分析故障的特征,以下列举了两类故障:梯级与扶手带。

(1)自动扶梯梯级故障采样。自动扶梯梯级故障采样信息见表 5.3-1。

自动扶梯梯级故障采样信息 表 5.3-1

故障采样类型	自动扶梯梯级故障采样	
采样时间	2019 年 4 月 2 日 11 点 12 分—11 点 17 分 55 秒	
传感器名称	振动加速度传感器	噪声传感器
传感器安装位置	主驱动轴头部的轴承座位置	梯级翻转部位旁
传感器描述	用工装与轴承座连接,采样频率为 666Hz	采样频率为 300Hz,传感器范围为 30 ~ 130dB
实验目的	该扶梯在上行时无故障噪声,下行时存在一个梯级翻转不畅的情况,发出明显噪声,经检查发现梯级支撑部正常,梯级轮正常,初步判断为梯级安装不到位产生该故障,进行故障采样	

梯级周期性噪声如图 5.3-3 所示。

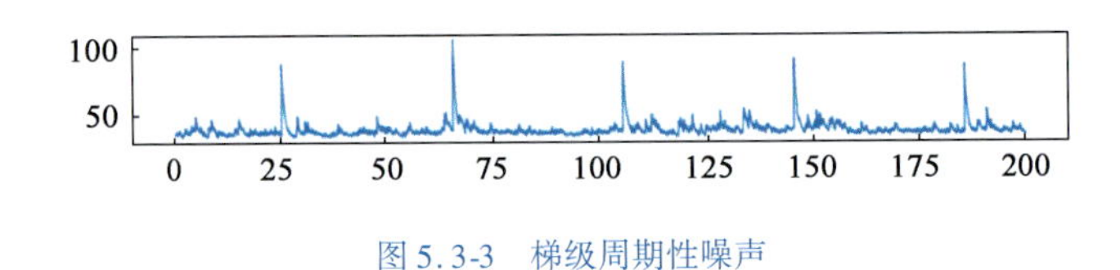

图 5.3-3　梯级周期性噪声

梯级周期性振动如图 5.3-4 所示。

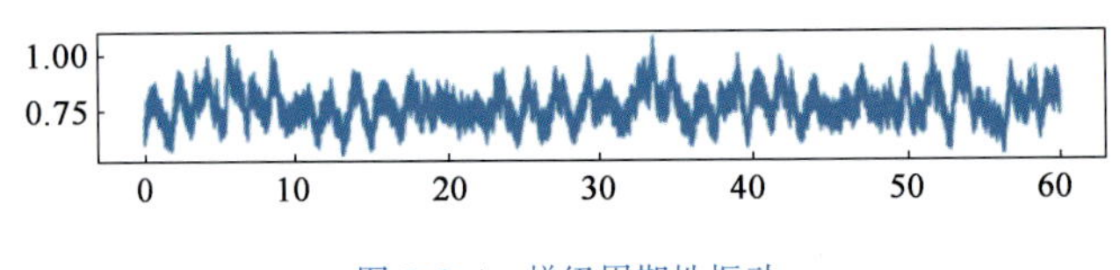

图 5.3-4　梯级周期性振动

梯级故障会采集到重复的规律性的噪声及振动，重复及规律性是梯级故障的重要特征。

基于噪声及振动的综合分析，可准确判断及区分单个梯级故障和梯级翻转导轨故障。单个梯级故障在一个梯级运转周期内采集到一次振动及噪音波动，如为梯级翻转导轨故障则在每个梯级翻转时均会采集到。

(2) 自动扶梯扶手带故障采样。

自动扶梯扶手带故障采样信息见表 5.3-2。

自动扶梯扶手带故障采样信息　　表 5.3-2

安装地点	自动扶梯扶手带故障采样	
采样时间	2019 年 4 月 2 日	
传感器名称	红外线温度传感器	噪声传感器
传感器安装位置	扶手带涨紧轮前后各一个	梯级翻转部位旁
传感器描述	用工装与桁架连接	采样频率为 300Hz，传感器范围为 30 ~ 130DB
实验目的	该扶梯在上行时右侧扶手带发出明显噪声，进行故障采样	

梯级周期性噪声如图 5.3-5 所示。

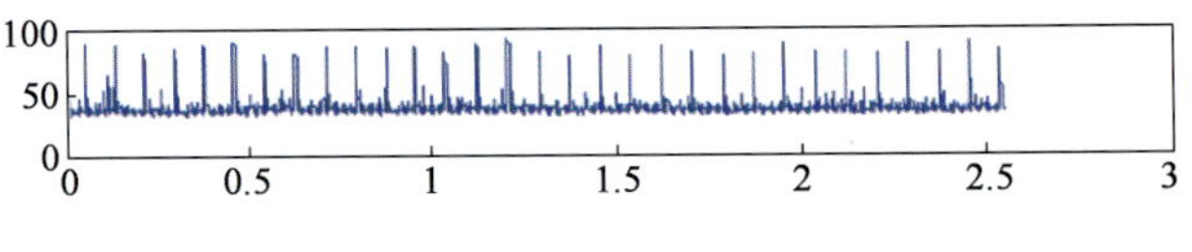

图 5.3-5　梯级周期性噪声

扶手带温度变化曲线如图 5.3-6 所示。

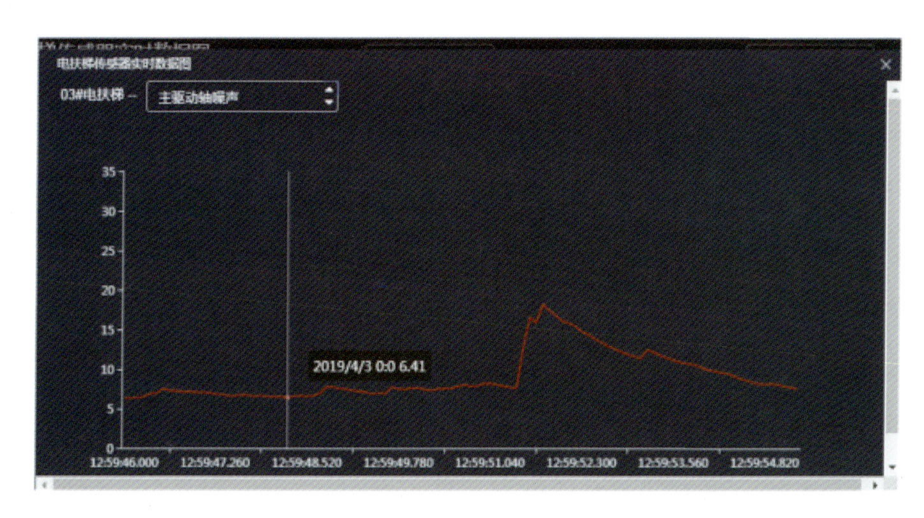

图 5.3-6　扶手带温度变化曲线

该扶手带张紧轮前后温差为 20.56 − 16.53 = 4.03(℃),温升速度过快,并且张紧轮前后温差较大,平均值达到 18.576℃,并伴有周期性噪声,可判断扶手带安装过紧。

通过以上结论,可进行针对性的信号特征提取,实现输入信号的降维,从而提升故障预测效率及准确率。

5.3.3　基于动态阈值的健康状态评估研究

传统的阈值判断法应用于自动扶梯装置具有一定的局限性,主要体现在以下两个方面:

(1)自动扶梯运行工况复杂多变,单一阈值判断方法只适用于正常工况或某一工况。

(2)随着设备运行时间的增加,自身机能会有所降低,在同一工况下监测数值随着设备运行时间的增加出现较为明显的变化,但此时设备并没有发生故障,对系统的正常运行也不产生影响。在该情况下如果初始阈值限值过小,系统或设备会产生误判而报警;而若初始阈值限值过大,又不能精确地对异常数据进行预报,降低了判断精度。

针对上述问题,本节介绍应对自动扶梯不同故障建立不同的故障阈值走廊的方法,所谓阈值走廊就是根据自动扶梯运行工况的改变和设备自身机能变化对自动扶梯系统和设备阈值变化趋势的反映,以自动扶梯装置设备历史数据作为样本源,利用高斯—牛顿迭代法(Marquardt)进行非线性最小二乘法拟合确定阈值基线;之后,运用标准化残差方法,再采用3σ质量控制原则确定阈值走廊的上下边界,边界宽度即为阈值范围。

自动扶梯设备状态参数阈值并不是一成不变的,主要分两种情况:一种是自动扶梯运行过程工况会发生变化,绝大多数自动扶梯设备状态参数会随环境等因素变化而发生波动;另一种是自动扶梯设备随着使用年限的增长会有一定程度的老化,会使设备状态参数整体趋势出现波动,但这种参数整体趋势微变并不会影响动力系统的运行。基于以上两种情况,需要阈值走廊具有一定的自调整、自适应能力。运用平均绝对百分比误差法(Mean Absolute Percentage Error,MAPE)对阈值基线进行比较,建立阈值自适应模型对阈值走廊进行更新。动态调整阈值技术路线如图5.3-7所示。

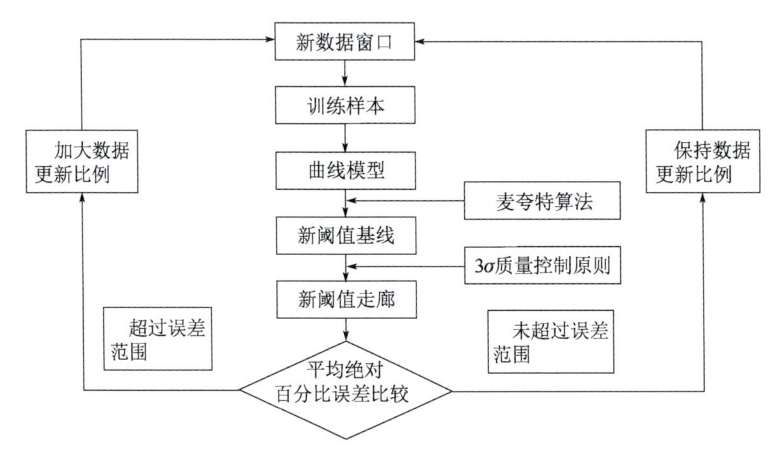

图5.3-7 动态调整阈值技术路线

通过阈值走廊的建立能够灵活并精确确定自动扶梯设备状态参数的阈值范围,改变了设备"定阈值"及"单一阈值"的现象,设定的阈值走廊能够针对自动扶梯设备自身性能退化做出良好的自适应,最终获得的阈值走廊走势图能够很好地反映使用期内自动扶梯设备状态参数阈值范围变化情况,可为实现自动扶梯健康状况的智能诊断提供重要依据。

5.4 基于自学习的故障预测研究

5.4.1 故障预警技术研究

通过实验分析,对多维度状态的周期性发展规律和恶劣程度进行模糊量化,并提出模糊故障树布尔代数和零部件故障权重的拟合,搭建多维度健康评价模型,如图 5.4-1 所示。

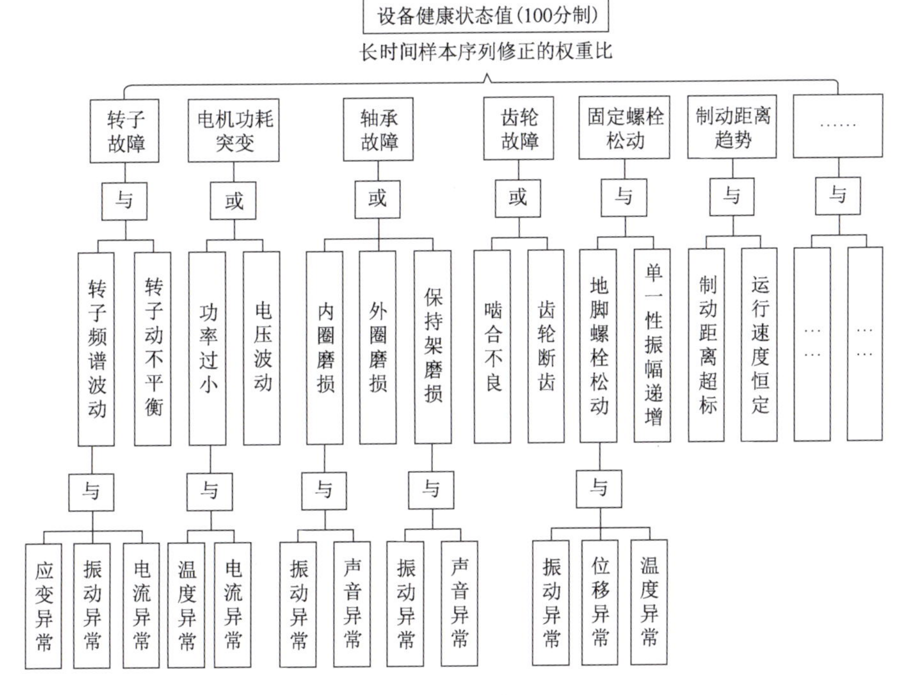

图 5.4-1 故障树

基于健康评价模型和多维度实时监测数据计算健康值，定义设备风险发展阶段，进行4级风险阶段预警，见表5.4-1。对于第1、2阶段进行离线分析和处理，对于第3、4阶段进行实时报警，消除欠修和过修问题。

设备风险发展阶段　　表5.4-1

健康值	85~90	75~85	60~75	≤90
风险阶段	第1阶段：预报警阶段	第2阶段：问题解决阶段	第3阶段：非弹性变化阶段	第4段：破坏性危害阶段

长时间样本监测结果的离线分析，需要多次故障去收敛，一般认为，收敛到99.2%就认为是可行的，收敛到一定准确度后的故障库，就加入知识库；提炼出来如果与知识库不匹配，就放在故障库。通过人工复测，保证新的故障逐渐收敛，达到99.2%后再放入知识库，如图5.4-2所示。知识库通过不断迭代更新，可以不断深化到不同的零件不同的故障种类。

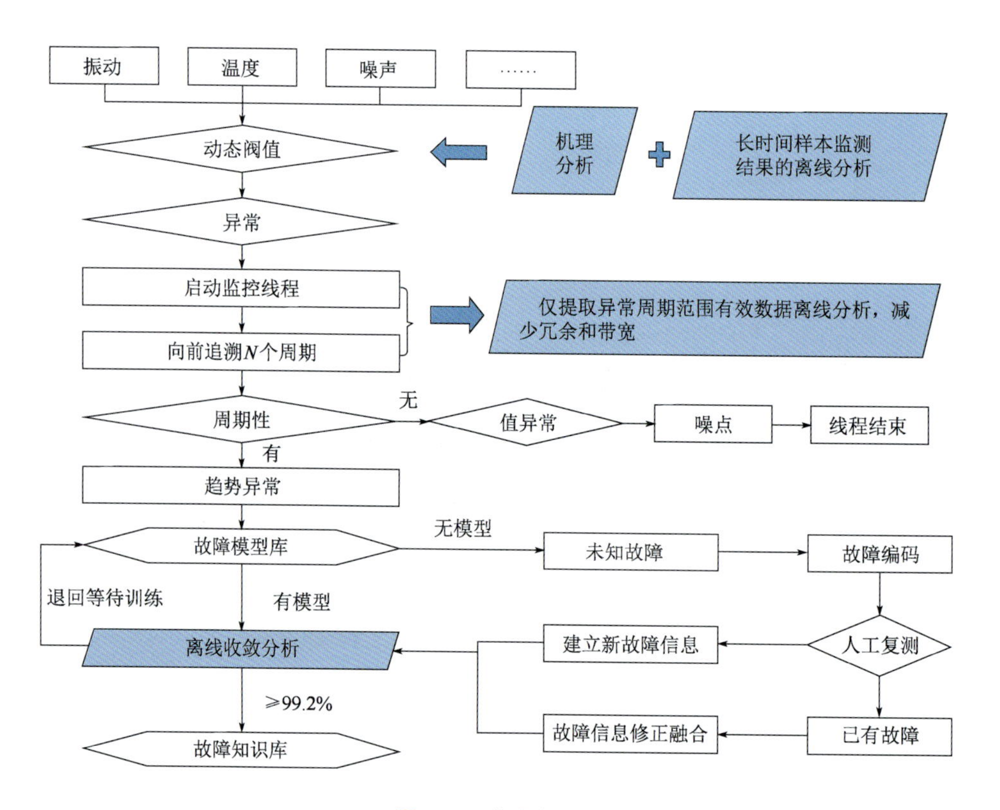

图5.4-2　故障库原理

5.4.2 健康状态及故障预警管理平台

物联网大数据分析平台主要对基于物联网硬件采集并上传到平台的相关数据进行分析,实现故障的诊断及预警,从而进行相应的决策。

物联网硬件从自动扶梯驱动电动机、主驱动链、扶手带主驱动链、扶手带、梯级翻转主轴、扶手带主轴、提升装置等处采集的数据,主要包括:

①利用加装的物联网传感器采集自动扶梯在多种工况下实时运行的直接数据;

②通过工业通信方式(MODBUS485)采集来自自动扶梯厂商的自动扶梯原有的传感器(主要是各种检测开关)在多种工况下运行的实时状态数据。

这些数据传输至数据采集器,而后将采集的数据信号调理,通过 GPRS 或有线网络将数据传输至故障诊断服务器中。

平台利用信息融合技术对自动扶梯故障进行诊断,实时输出自动扶梯运行状态数据,采用科学的建模方式、智能化地判断自动扶梯的实时运行状况、故障产生原因和具体解决方法。同时,通过深度学习的方式不断完善故障模型,以达到故障能够提前预测的目的,并能与维保急修管理系统联动,自动选择相应预防措施与决策模式,降低发生重大安全事故的概率。平台架构如图 5.4-3 所示。

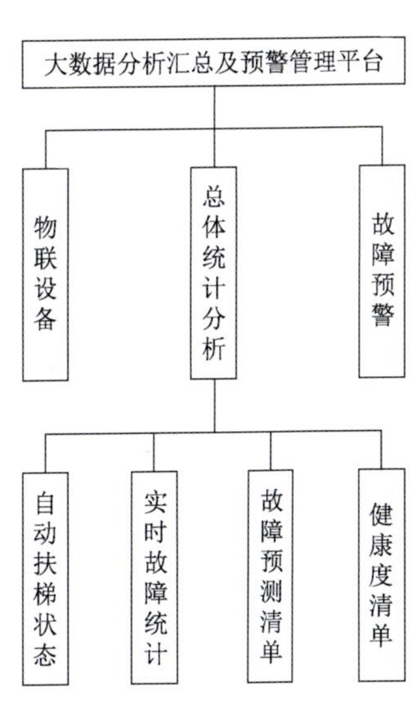

图 5.4-3 平台架构

1)自动扶梯状态

整个车站设备人流量与总体状态统计,用户可实时查看车站的客流以及整座车站设备的状态、整体故障的分布情况、单台设备的健康情况。其主要功能界面如图 5.4-4 所示。

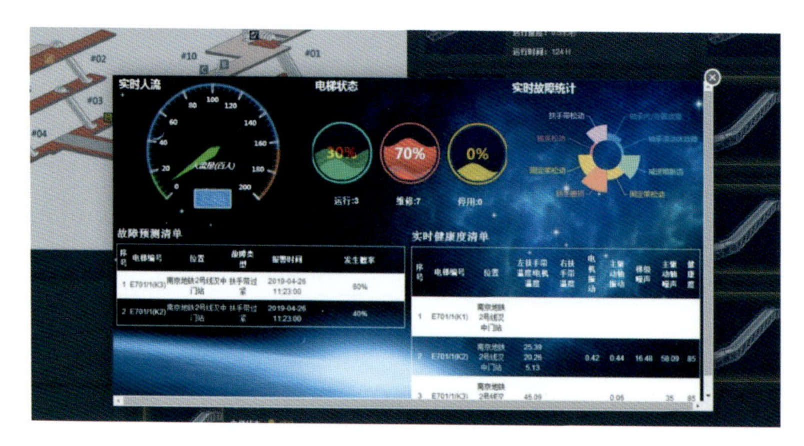

图 5.4-4　自动扶梯状态监测主要功能界面

2）实时故障统计

根据自动扶梯的故障类型进行分类，并根据每台设备实时故障的数量，在饼状图中以面积大小进行呈现，如图 5.4-5 所示。

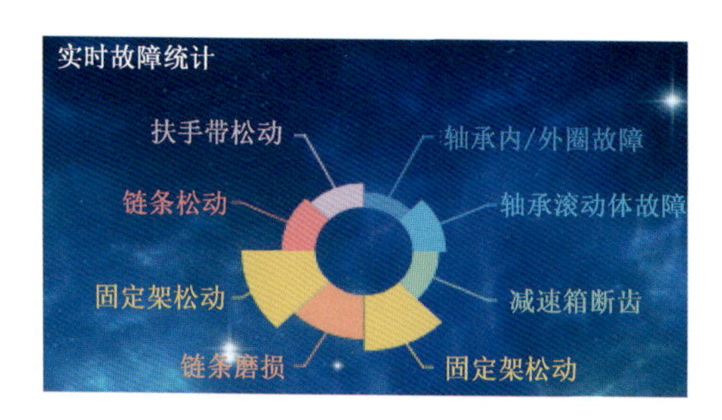

图 5.4-5　自动扶梯实时故障统计界面

3）故障预测

系统针对实时接收的自动扶梯运行数据，对设备进行故障分析。当设备发生故障时，计算当前故障的故障类型及概率，如图 5.4-6 所示。

4）健康值管理

系统实时显示自动扶梯监测数据，并针对设备不同部位的物理量进行分类显示，同时根据设备长时间运转情况分析设备的健康程度，图 5.4-7 所示。

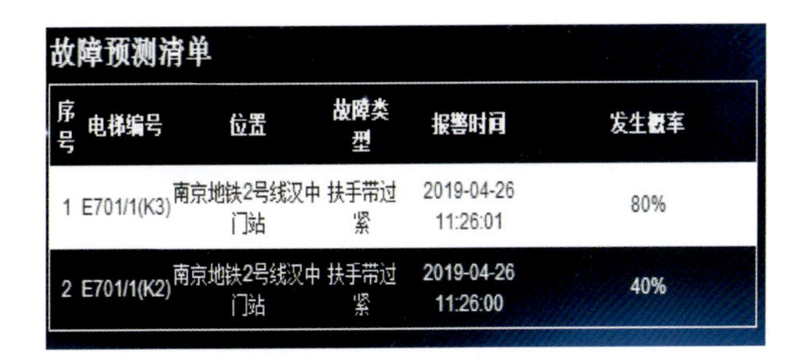

故障预测清单

序号	电梯编号	位置	故障类型	报警时间	发生概率
1	E701/1(K3)	南京地铁2号线汉中门站	扶手带过紧	2019-04-26 11:26:01	80%
2	E701/1(K2)	南京地铁2号线汉中门站	扶手带过紧	2019-04-26 11:26:00	40%

图 5.4-6　自动扶梯故障预测界面

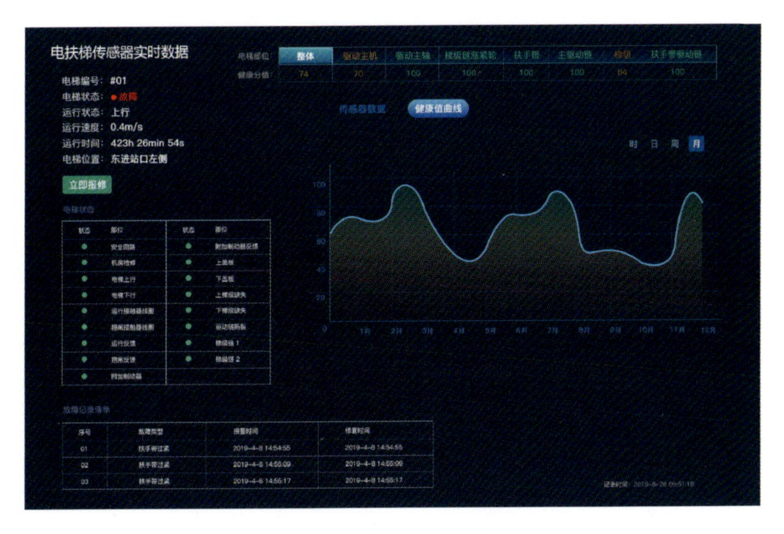

图 5.4-7　自动扶梯健康值管理界面

5.5 本章小结

本章通过总结目前健康监测领域的技术现状,提出了基于多维度的健康状态管理及故障预测技术,剖析自动扶梯失效机理,形成了以下几个关键技术:

(1)研发基于多维物理数据传输的实时监测技术,通过多源信息融合的传感监测技术,为运营维保人员维保提供决策,提升自动扶梯运营质量。

(2)研究基于大数据的自动扶梯状态评估技术,通过采用基于动态阈值的健康状态评估技术,解决自动扶梯设备“定阈值”及“单一阈值”的现象,提升设备状态评估的准确性。

(3)研发基于自学习的故障预测技术。通过深度学习技术,不断累积故障样本,并分析故障的发展规律,将长时间序列的故障库演进为知识库,完善扶梯监测专家系统,减小故障预测与健康管理系统漏报率。

6 工程应用

6.1 城市轨道交通中自动扶梯的应用

6.1.1 主要技术特点

轨道交通中使用的自动扶梯应采用公共交通型产品。公共交通型自动扶梯并不是简单、盲目地对商业梯进行各项性能的提高,而应根据其特殊的工作环境、条件和使用要求,有针对性地提高相关性能,使其满足轨道交通使用的要求。

公共交通型扶梯制造成本较高,主要体现在加强安全性能和可靠性,保证客流量大或恶劣环境情况下[如自动扶梯每天连续工作20h,在任何3h时间间隔内持续重载(每个梯级120kg)时间不小于1h],均能可靠耐用。体现一次性投资大,长期低成本使用的特点。

城市轨道交通中自动扶梯设计应该朝着更合理、更人性化发展。如自动扶梯普通梯级与固定裙板之间存在缝隙,易造成一些安全隐患,扶梯需设置裙板安全保护装置。现在部分扶梯已采用了梯级与裙板合设的技术，即梯级与裙板成为协调运行的整体，有效消除扶梯运行过程中由于梯级与裙板之间留有空隙而造成衣物被夹的危险。运用该技术的自动扶梯已在国内生产，是扶梯的一种发展趋势。再如传统梯级链的运动容易使梯级产生振动，配备自动供油装置定期对各种滚子链进行润滑，易对环境造成污染。针对上述缺点，目前有的自动扶梯采用了铝制梯级齿条链取代传统的梯级链条，可使扶梯运行更加平稳，乘坐更加舒适；此外，齿条链轴承采用了密封润滑形式，无需外部提供润滑油，更加环保。

1）重载型公共交通的主要特点

城市轨道交通自动扶梯设计采用公共交通重载型，即要求在任何3h间隔内，持续重载时间不少于1h，其载荷达到100%制动载荷，其余2h载荷为60%制动载荷。在选型时区别于普通扶梯的几个特点如下：

(1)桁架结构最大挠度。城市轨道交通中的重载公交型扶梯桁架结构扰度不超过支撑距离的1/1500，制造标准高于其他类型的扶梯。

(2)安全系数。城市轨道交通中重载公共交通型自动扶梯的梯级链的安全系数≥8、驱动装置的驱动链的安全系数≥8、扶手带驱动链的安全系数≥8，制造标准高于其他类型的扶梯。

(3)安全装置。为保证乘客的安全性，城市轨道交通自动扶梯不仅设有工作制动器还安装附加制动器。当遇到超速或驱动链破断等情况时，制动器动作使扶梯匀减速制停。其他类型的扶梯一般只设有工作制动器，而不设附加制动器。

(4)参与疏散。根据《地铁设计规范》(GB 50157—2013)，城市轨道交通中的部分自动扶梯需要在事故模式下参与疏散，需要采用一级负荷。

2）室外制动扶梯的主要特点

依据扶梯安装位置不同，选用室内型扶梯或室外型扶梯。站厅到站台内建议选用室内型扶梯。高架车站和地下车站出入口的扶梯应满足室外相对雨、雪、低温等较恶劣的自然环境,建议选用室外型扶梯。

(1)室外扶梯的防水。

扶手带中间内衬为防水合成纤维结构;在扶梯下机舱设水位保护开关,当下机舱水位超过一定限度时,水位保护开关自动切断自动扶梯的运行;为防止水渗入扶梯内的主要部件,相关部件设计为较高的防护等级,例如控制柜为IP55,安全开关为IP65,插座为IP55。

(2)室外扶梯的冬季使用要求。

由于冬天气温较低,冬季雨雪后室外型扶梯梯级上将结冰,只有先提高扶梯温度将冰融化,扶梯才能启动运行。所以室外型扶梯应具有加热功能,为确保加热效果,在扶梯桁架内部、梳齿板下方设有加热器,通过加热器提升扶梯的温度,融化梯级上面的结冰。

3)主要设计原则

(1)自动扶梯采用变频系统,能实现节能运行。

(2)自动扶梯的载荷条件:在任何3h内,持续重载时间不少于1h,其载荷达到100%制动载荷,其余2h负荷率为60%的制动载荷。

(3)自动扶梯分为室内型和室外型,车站内一般选用室内型,出入口选用室外型。

(4)车站设计单位在验算紧急情况下疏散能力时,不应将运行反向与疏散方向相反的扶梯纳入疏散计算。当参与车站紧急疏散的扶梯故障检修时,需要相应数量的非疏散方向的扶梯反方向运行,以保证车站的紧急疏散能力。

(5)自动扶梯的踏步面到顶部的建筑物装修完成面,垂直净空高度根据不同城市特点要求不同,一般要求不小于2500mm。

(6)自动扶梯穿过楼板处,沿洞口设置高度≥1200mm的通透栏杆或透明栏板。洞口边缘或柱子边缘与扶手带外缘的水平距离<400mm时,应在扶手

带上方设置一个无锐利边缘的垂直防护挡板,以保证乘客安全。栏杆与侧包板距离不得大于120mm。

(7)自动扶梯上、下水平段扶手带端部应有不小于2.5m的疏散区域。

(8)自动扶梯与楼梯并列布置时,楼梯上端部行人扶手应与自动扶梯扶手带相接,即上端部第一个楼梯梯级边与扶梯上工作点距离必须小于2.65m。

(9)为确保乘客安全,自动扶梯上、下端部各设有4个水平梯级,每处水平梯级长度不小于1.6m。

(10)扶梯下部基坑内不得积水。优先考虑自流排水,无自流排水条件时,自动扶梯基坑外设集水井,基坑和集水井分开,中间用排水管相连。

(11)自动扶梯设有可靠电源,站内自动扶梯、出入口提升高度大于10m的自动扶梯以及有疏散要求的自动扶梯均采用一级负荷,其他采用二级负荷。

(12)室外型自动扶梯上、下地板均应有锁闭机构,能可靠防止非工作人员打开上下机房地板。

(13)为适应对应城市冬季的室外温度环境,室外型自动扶梯设置梯级、梳齿板加热装置,加热装置电源独立设置。

(14)为确保自动扶梯的安全并达到正常设计寿命,设有自动扶梯的出入口应有盖。

(15)自动扶梯应适合相应地区的自然环境条件和车站环境条件。

(16)站厅至站台间的电梯原则上设置在付费区。

(17)中间支撑的设置:扶梯提升高度$H<5.5$m时不设中间支撑;5.5m$\leq H<12$m时,设一个中间支撑;12m$\leq H<15$m时,设2个中间支撑;15m以上暂设3个中间支撑,均匀布置。

4)技术参数

(1)梯级宽度:1000mm。

(2)倾斜角度:30°或27.3°。

(3)水平梯级数量:上、下各四块(水平长度不小于1.6m)。

(4)额定运行速度:0.5m/s、0.65m/s两挡可调。

(5)最大输送能力(客流计算取值):6000人/h(0.5m/s);7300人/h(0.65m/s)。

(6)维修速度:0.13m/s。

(7)节能速度:0.13~0.26m/s之间的一个速度,当自动扶梯上无乘客时,自动转入节能速度;在乘客乘梯前,自动感应,切换到额定速度。

(8)上、下导轨转弯半径:提升高度≤10m时,上导轨转弯半径≥2600mm,下导轨转弯半径≥2000mm;提升高度>10m时,上导轨转弯半径≥3600mm,下导轨转弯半径≥2000mm。

6.1.2 工程应用实例

1)杭州地铁2号线二期工程

(1)概况

杭州地铁2号线二期工程作为2号线一期的西北延伸,起着连接杭州市中心区与西北方向镇区的联系作用,为整个城市由中心区向外围区的发展起到重要的作用。2号线二期工程线路起于一期工程终点丰潭路站,依次沿着文二西路—古墩路地下敷设,最后终止于良渚新城的良渚站。线路全长约12.5km,全部是地下线,设车站9座,其中换乘站3座,分别为与5号线换乘的三坝村站,与4号线换乘的勾庄站,与瓶窑市域线换乘的良渚站。最大站间距为1929m,为新月路站至新良路站区间,最小站间距为883m,为董家路站至勾庄站区间。设置停车场一处,为双桥停车场。

(2)自动扶梯数量

自动扶梯数量见表6.1-1。

自动扶梯数量　　表 6.1-1

序号	设备名称及型号	单　位	数　量	备　注
1	室内型扶梯($H \leq 6m$)	部	36	
2	室外型扶梯($8m < H \leq 10m$)	部	72	
3	自动扶梯安全运行远程监控系统	套	108	

2)光谷综合体

(1)概况

光谷广场综合体工程包括地铁 2 号线南延线光谷广场站至珞雄路站区间,9、11 号线车站及相邻区间,光谷广场地下公共空间及珞瑜路、鲁磨路下穿隧道,是集轨道交通工程、市政工程、地下公共空间于一体的综合项目,如图 6.1-1所示。2 号线南延线的区间设置于光谷广场综合体的地下二层,物业开发部分位于地下一层至地面层。在所有公共区、出入口及物业开发区设置自动扶梯和电梯。其中公共区及车站出入口设置的电扶梯由车站管理和控制,物业开发区设置的电扶梯由物业区管理和控制。市政通道的垂直电梯由市政部门管理和控制。光谷综合体采用的是公共交通型的自动扶梯。

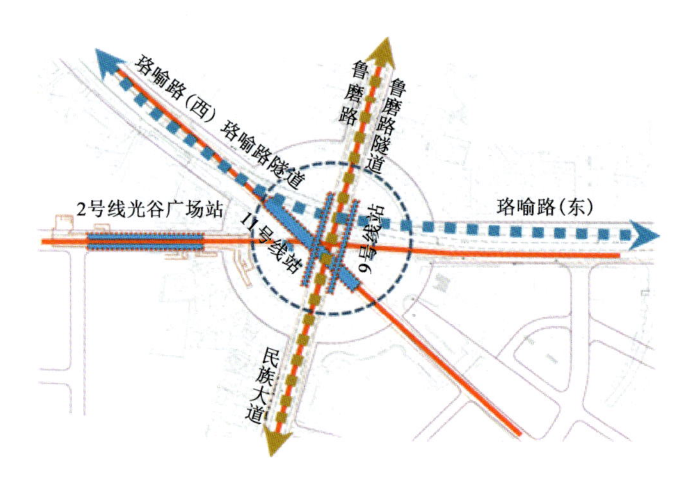

图 6.1-1　光谷广场综合体地理位置

(2)自动扶梯数量

自动扶梯数量见表 6.1-2。

自动扶梯数量 表 6.1-2

序号	提升高度(mm)	安 装 位 置	倾角(°)	备注	并列梯
车站部分					
1	7030	地下 1 层换乘大厅—9 号线站台	30	9 号线预留	三台并列
2	7030		30		
3	7030		30		
4	7030	地下 1 层换乘大厅—9 号线站台	30	9 号线预留	三台并列
5	7030		30		
6	7030		30		
7	7030	地下 1 层换乘大厅—9 号线站台	30	9 号线预留	三台并列
8	7030		30		
9	7030		30		
10	7030	地下 1 层换乘大厅—9 号线站台	30	9 号线预留	三台并列
11	7030		30		
12	7030		30		
13	4500	地下 1 层换乘大厅沟通非付费区	30	公共空间	两台并列
14	4500		30		
15	4631	地下 1 层换乘大厅沟通非付费区	30	公共空间	两台并列
16	4631		30		
17	5276	地下 2 层转换大厅—地下 1 层换乘大厅	30	9 号线	三台并列
18	5276		30		
19	5276		30		
20	5276	地下 2 层转换大厅—地下 1 层换乘大厅	30	9 号线	三台并列
21	5276		30		
22	5276		30		
23	5276	地下 2 层转换大厅—地下 1 层换乘大厅	30	11 号线	三台并列
24	5276		30		
25	5276		30		
26	6276	地下 2 层转换大厅—地下 1 层换乘大厅	30	11 号线	三台并列
27	6276		30		
28	6276		30		
29	7645	11 号线站台—地下 2 层转换大厅	30	11 号线	三台并列
30	7645		30		
31	7645		30		

续上表

序号	提升高度(mm)	安装位置	倾角(°)	备注	并列梯
32	7702	11号线站台—地下2层转换大厅	30	11号线	三台并列
33	7702		30		
34	7702		30		
35	14237	11号线站台—地下1层换乘大厅	30	11号线	三台并列
36	14237		30		
37	14237		30		
38	7857	11号线站台—地下2层转换大厅	30	11号线	三台并列
39	7857		30		
40	7857		30		
41	13258	Ⅰ号出入口	27.3	公共空间	
42	13258		27.3		
43	13242	Ⅱ号出入口	27.3		
44	13242		27.3		
45	12672	Ⅲ号出入口	27.3		四台并列
46	12672		27.3		
47	12672		27.3		
48	12672		27.3		
49	11761	Ⅶ号出入口	27.3		
50	11761		27.3		
51	11761	Ⅷ号出入口	27.3		
52	11761		27.3		
53	6989	Ⅺ号出入口	27.3		
54	6989				
55	5800				
56	5800				
物业部分电梯					
1	10800	Ⅳ号出入口	27.3	公共空间	
2	10800				
3	14100	Ⅴ号出入口	27.3		
4	14100				
5	10500	Ⅵ号出入口	27.3		
6	10500				
7	10200	Ⅹ号出入口	27.3		
8	10200				
合计				64台	

6.2 高速(城际)铁路中自动扶梯的应用

6.2.1 主要技术特点

铁路客站的自动扶梯与城市轨道交通自动扶梯相比,同属于公共交通型,但各自又有较明显的特点,城市轨道交通早晚高峰时间持续时间长、客流大,且地下站自动扶梯的设置还需满足消防疏散要求,而铁路客站发车间隔相对较大,一段时间内疏散完即可,客流特点是乘客多携带大件行李,速度不宜太快,乘客的熟练度较低。

1) 公共交通型自动扶梯主要特点

自动扶梯设计采用公共交通型,一般情况下,在任何3h间隔内,其载荷达到100%制动载荷的持续时间不小于0.5h。在选型时区别于普通扶梯的几个特点如下:

(1)桁架结构最大挠度。依据《自动扶梯和自动人行道的制造与安装安全规范》(GB 16899—2011)所规定的载荷定义,公共交通型自动扶梯桁架结构实测最大挠度不应超过支撑距离的1/1000,高于商业类型的扶梯的1/750。

(2)安全系数和安全装置。依据规定,相关链条的安全系数不应小于5。基于设计的安全性考虑,公交型自动扶梯与城市轨道交通中重载公共交通型自动扶梯一致。

(3)一般情况下,铁路客站的自动扶梯不需要参与疏散。

2) 自动扶梯的速度和水平梯级

提高自动扶梯运行速度是为了满足疏散和提高服务水平,但并不是所有的人都适应高速度，尤其是老年人和体弱者。铁路客站中由于自动扶梯不需要参与疏散，自动扶梯的速度采用更为舒适的0.5m/s，对应3个水平梯级，为了体现“以人为本”的服务理念，使乘坐自动扶梯更加安全、舒适，也可以采用上下各4个水平梯级，如郑万高铁就采用了4个水平梯级。

3）通用设计原则

（1）自动扶梯类型分为室内型和室外型。原则上在车站站房内的扶梯选用室内型，露天和室外广场设置的扶梯则采用室外型，并具有很好的耐水（室外型）、耐腐蚀、耐沙尘的性能。

（2）室外型扶梯下基坑按不渗水设计，下基坑外设集水井，扶梯基坑内不得有积水。

（3）综合值班控制室内能对自动扶梯的运行状态进行监视。扶梯专业负责将监视信息上传给BAS系统，接口界面位于扶梯控制柜端子排。监视的状态信息包括上行、下行、故障停梯、左、右扶手带异常、上下盖板异常等。扶手带异常时应在综合值班控制室内发出声、光报警信号。

（4）扶梯动力电源为交流3相380V、50Hz；二级负荷，电力专业需要将动力电缆敷设至扶梯上基坑内的电源切换箱端子排处。

（5）旅客平台处自动扶梯采用厚度不小于3mm的发纹不锈钢板。站房内站厅层处自动扶梯采用单层厚度不小于10mm的钢化玻璃护壁板。

4）设计参数

（1）枢纽站自动扶梯额定速度0.5m/s。

（2）自动扶梯水平梯级数量为4块。

（3）防护栏高度：对于提升高度大于22m的自动扶梯，需在倾斜段设置防护栏，防护栏高度距扶梯踏步面1.7m。

（4）梯级宽度：1000mm。

（5）上、下端站装有启动开关，可按需要改变上、下行方向。

(6)最大输送能力:6000 人/h。

(7)倾斜角度:27.3°、30°。

(8)电源:AC(380±10%)V,50Hz,三相五线制。

(9)负荷等级:二级负荷。

6.2.2 工程应用实例

1)广州白云站

(1)概况

广州白云站位于广东省广州市白云区京广线既有棠溪站北场,车站南距广州站约5km。

广州白云站是广州铁路枢纽规划“五主三辅”客站中的主要客站之一,将承接广州站、广州东站全部普速车,肩负枢纽全部普速客运功能,兼顾部分高铁和广清城际客流,并规划引入地铁、长途汽车、公交枢纽站,将建设成为集各种方式一体化换乘的综合交通枢纽,是路网中重要的普速客站之一,如图6.2-1所示。

图6.2-1 白云站效果图

(2)设计原则

白云站出入口地面至站厅的自动扶梯应按近期超高峰小时客流量设置、远期超高峰小时客流量预留;站厅至站台的自动扶梯应按远期高峰小时客流设置。预测白云站高铁、普速、城际合计远期年发送量调整为4087万人/年,日均11.2万人次,高峰客流量15364人/h,最高聚集人数15000人。考虑1.26的接送系数,各类设施按客流量为14.1万人次/日配置。选用重载荷公共交通型自动扶梯。

(3)自动扶梯数量

白云站工程共设置自动扶梯157台,详见表6.2-1。

自动扶梯数量　　表6.2-1

序号	设备名称	型号及规格	数量	单位	单台功率(kW)
一	站房工程				
1	自动扶梯	室外型,提升22m,倾斜角度30°,0.5m/s	12	台	30×2
2	自动扶梯	室外型,提升9.916m,倾斜角度27.3°,0.5m/s	4	台	30
3	自动扶梯	室外型,提升12.069m,倾斜角度27.3°,0.5m/s	32	台	18.6×2
4	自动扶梯	室外型,提升9.834m,倾斜角度27.3°,0.5m/s	18	台	30
5	自动扶梯	室外型,提升6.2m,倾斜角度30°,0.5m/s	4	台	18.6
6	自动扶梯	室外型,提升6.28m,倾斜角度30°,0.5m/s	4	台	18.6
7	自动扶梯	室外型,提升5.3m,倾斜角度27.3°,0.5m/s	2	台	15
8	自动扶梯	室外型,提升6.5m,倾斜角度27.3°,0.5m/s	8	台	18.6
二	地下停车场				
1	自动扶梯	室外型,提升4.8m,倾斜角度27.3°,0.5m/s	12	台	15
三	融合工程				
1	自动扶梯	室外型,提升9.3m,倾斜角度27.3°,0.5m/s	8	台	30
2	自动扶梯	室外型,提升6.2m,倾斜角度27.3°,0.5m/s	8	台	18.6
3	自动扶梯	室外型,提升5.5m,倾斜角度27.3°,0.5m/s	8	台	18.6
4	自动扶梯	室外型,提升6.5m,倾斜角度27.3°,0.5m/s	16	台	18.6
四	广湛引入				
1	自动扶梯	室外型,提升9.834m,倾斜角度27.3°,0.5m/s	9	台	30
2	自动扶梯	室外型,提升12.069m,倾斜角度27.3°,0.5m/s	12	台	18.6×2

2）杭州西站

（1）概况

杭州西站是杭州铁路枢纽的重要组成部分，是我国大型铁路枢纽站之一，如图6.2-2所示。衔接湖杭铁路、杭温铁路、沪乍杭铁路及杭临绩铁路，采用分场布置方案，总规模11台20线，其中，杭临绩场规模5台9线（含正线两条），湖杭场规模6台11线（含正线两条）。

图6.2-2　杭州西站效果图

杭州西站车站中心里程为DK69+939.63，站房采用线正上式候车模式。站房主体南北长302m（南北侧站房外侧轴线距离），东西方向长230m（高架进站广厅外侧轴线距离），站房东西两侧各设长110m无站台柱雨棚（雨棚屋面设高架旅客活动平台、落客车道及雨棚上盖开发）。总建筑面积为513420m^2，其中站房综合楼499920m^2（包括站房99970m^2、客运服务设施99650m^2、城市配套设施300300m^2），铁路配套房屋（动力机房、柴油发电动机房）3200m^2，城市配套房屋10300m^2。最高聚集人数6000人，远期高峰小时发送量12480人。根据本站特点，自动扶梯选用重载荷公共交通型自动扶梯。考虑到地下车库由于客流量较少，自动扶梯水平梯级数量为3块，其余20m以下自动扶梯水平梯级数量为4块，20m以上自动扶梯水平梯级数量为5块。

(2)自动扶梯数量

杭州西站共设置自动扶梯180台,其中,站房工程共设置自动扶梯150台,城市配套工程共设置自动扶梯30台,详见表6.2-2。

自动扶梯数量　　表6.2-2

序号	设备名称	型号及规格	数量	单位	单台功率(kW)
一	站房工程				
1	自动扶梯	室外型,提升6m,倾斜角度27.3°,0.5m/s	16	台	18.6
2	自动扶梯	室外型,提升14.67m,倾斜角度27.3°,0.5m/s	8	台	18.6×2
3	自动扶梯	室外型,提升14.58m,倾斜角度27.3°,0.5m/s	36	台	18.6×2
4	自动扶梯	室外型,提升8.67m,倾斜角度27.3°,0.5m/s	4	台	24
5	自动扶梯	室外型,提升8.58m,倾斜角度27.3°,0.5m/s	15	台	24
6	自动扶梯	室外型,提升24.1m,倾斜角度27.3°,0.5m/s	8	台	30×2
7	自动扶梯	室内型,提升6m,倾斜角度27.3°,0.5m/s	2	台	18.6
8	自动扶梯	室外型,提升9.52m,倾斜角度27.3°,0.5m/s	27	台	30
9	自动扶梯	室外型,提升9.43m,倾斜角度27.3°,0.5m/s	6	台	30
10	自动扶梯	室外型,提升7m,倾斜角度27.3°,0.5m/s	4	台	24
11	自动扶梯	室外型,提升18.1m,倾斜角度27.3°,0.5m/s	8	台	24×2
12	自动扶梯	室外型,提升8.65m,倾斜角度27.3°,0.5m/s	4	台	24
13	自动扶梯	室外型,提升9.45m,倾斜角度27.3°,0.5m/s	4	台	30
14	自动扶梯	室外型,提升7m,倾斜角度30°,0.5m/s	8	台	24
二	城市配套工程				
1	自动扶梯	室内型,提升4.3m,倾斜角度30°,0.5m/s	8	台	15
2	自动扶梯	室内型,提升4.9m,倾斜角度30°,0.5m/s	8	台	15
3	自动扶梯	室内型,提升6m,倾斜角度30°,0.5m/s	2	台	18.6
4	自动扶梯	室内型,提升9.2m,倾斜角度27.3°,0.5m/s	4	台	30
5	自动扶梯	室外型,提升7m,倾斜角度27.3°,0.5m/s	8	台	24

3)合肥新西站

(1)概述

合肥新西站隶属于上海铁路局下辖的特等站,是国家级综合交通枢纽,如图6.2-3所示。作为合肥铁路枢纽三大主客站之一的合肥新西站工程在2019年底正式启动建设,片区总面积约5.5km^2,东至潜山路,西至西二环路,北至南淝河，南至长江西路。车站将按合安场9条到发线（含正线）、合福场4条到发线（含正线），全部共组织建设13条铁路线路。线路北连合肥枢纽与既有沪汉蓉、合蚌、在建及规划建设的沿江高铁、合福铁路、合九高铁、商合杭客专衔接，向北可达皖东北及苏北、山东；中部与在建及规划建设的合康高铁、宁安城际、阜六景铁路衔接，延伸向南经九江地区可达环鄱阳湖生态经济区及粤东地区。自动扶梯采用公共交通型。自动扶梯站厅至商业夹层自动扶梯上、下水平段梯级数量为3级，其余自动扶梯上、下水平段梯级数量为4级。

图6.2-3　合肥新西站

根据工程特点，在满足5000N/m^{2}乘客载荷，其最大挠度不超过支撑距离的1/1500。

（2）自动扶梯数量

车站站房内、旅客活动平台、站台及铁路自营停车场共设置自动扶梯74台（其中8台为站台至出站层自动扶梯预留），详见表6.2-3。

自动扶梯数量　　表6.2-3

序号	设备名称	型号及规格	数量	单位	单台功率（kW）	附注
1	自动扶梯	27.3°，H=10.650m，0.5m/s，4平阶	8	台	40	站台至出站层
2	自动扶梯	27.3°，H=9.800m，0.5m/s，4平阶	16	台	40	站厅至站台
3	自动扶梯	27.3°，H=10.560m，0.5m/s，4平阶	8	台	40	站台至出站层
4	自动扶梯	27.3°，H=10.545m，0.5m/s，4平阶	8	台	40	预留，站台至出站层
5	自动扶梯	27.3°，H=9.900m，0.5m/s，4平阶	8	台	40	站厅至站台

续上表

序号	设备名称	型号及规格	数量	单位	单台功率(kW)	附注
6	自动扶梯	27.3°, H=9.800m, 0.5m/s, 4平阶	4	台	30	进站广厅至站厅
7	自动扶梯	27.3°, H=9.800m, 0.5m/s, 4平阶	2	台	40	出站层至乘客中转平台
8	自动扶梯	27.3°, H=9.800m, 0.5m/s, 4平阶	1	台	40	出站层至乘客中转平台
9	自动扶梯	27.3°, H=10.600m, 0.5m/s, 4平阶	2	台	40	乘客中转平台至站厅
10	自动扶梯	27.3°, H=10.600m, 0.5m/s, 4平阶	1	台	40	乘客中转平台至站厅
11	自动扶梯	27.3°, H=10.650m, 0.5m/s, 4平阶	2	台	40	出站层至乘客中转平台
12	自动扶梯	27.3°, H=9.700m, 0.5m/s, 4平阶	2	台	40	乘客中转平台至站厅
13	自动扶梯	30°, H=8.400m, 0.5m/s, 3平阶	4	台	24	站厅至商业夹层
14	自动扶梯	30°, H=8.400m, 0.5m/s, 3平阶	4	台	24	站厅至商业夹层
15	自动扶梯	27.3°, H=5.780m, 0.5m/s, 4平阶	2	台	28.6	铁路自营停车场
16	自动扶梯	27.3°, H=10.650m, 0.5m/s, 4平阶	2	台	40	停车场与站房衔接天桥

6.3 自动扶梯运维平台的应用

目前自动扶梯运维平台已在南京地铁部分站点、襄阳东津站、张家港西广场配套工程中实施;在光谷基地、昆明地铁5号线计划实施。

以南京地铁为例,软件整体可分为用户及组织管理、线路及项目维保计划管理、大数据分析汇总及预计管理等三大功能,同时为配套开发供移动终端使用的应用程序(App),方便维保人员接收工作计划、完成日常与急修工作。

6.3.1 用户及组织管理

(1)用户登录:用户可以通过账号密码登录软件进行使用,如图6.3-1所示。

(2)组织管理:对于系统中的人员进行层次结构分类,按照不同的部门、不同的角色进行管理,如图6.3-2所示。

图 6.3-1　系统登录界面

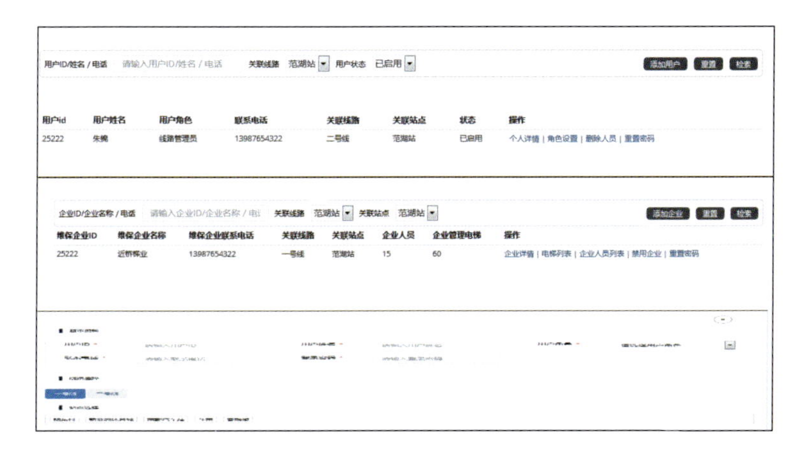

图 6.3-2　系统组织管理界面

6.3.2　维保急修管理

(1)线路管理:系统将显示某一区域的自动扶梯位置信息、管理台量、在保台量以及三无自动扶梯台量。用户可通过点击地图上的自动扶梯图标来显示自动扶梯基本信息,也可查看站点实时信息,如图 6.3-3 所示。

(2)项目管理:包含项目的基本信息。用户可查看全部项目的自动扶梯基本信息和维保计划。

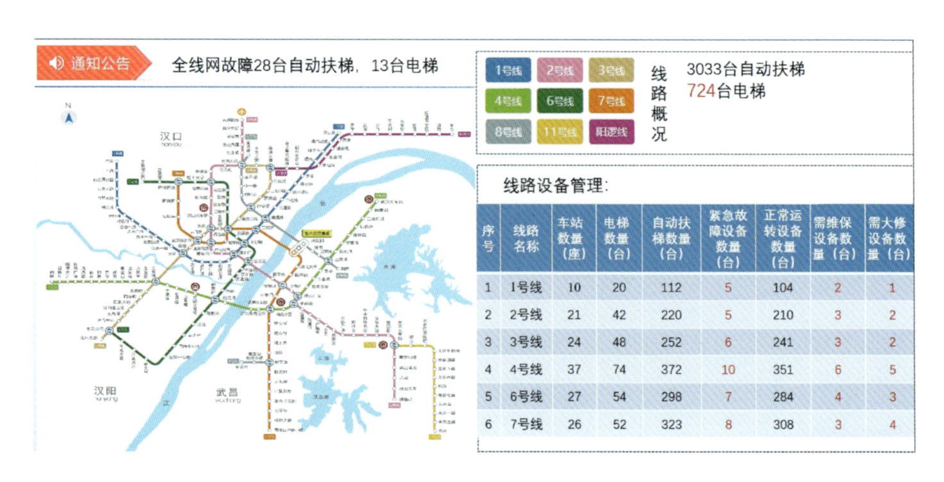

序号	线路名称	车站数量（座）	电梯数量（台）	自动扶梯数量（台）	紧急故障设备数量（台）	正常运转设备数量（台）	需维保设备数量（台）	需大修设备数量（台）
1	1号线	10	20	112	5	104	2	1
2	2号线	21	42	220	5	210	3	2
3	3号线	24	48	252	6	241	3	2
4	4号线	37	74	372	10	351	6	5
5	6号线	27	54	298	7	284	4	3
6	7号线	26	52	323	8	308	3	4

图 6.3-3　线网级管理主界面

(3)维保管理:包括维护计划、日常保养、停保管理。用户可以查看和检索项目的基本信息,包含项目编号、项目名称、区域名称、注册代码、自动扶梯位置等信息;可进行计划制订与修改,包含保养单编号、项目名称、梯号、注册代码、保养类型、保养单等信息,也可进行停保管理。

(4)日常保养:用户可以查看和管理保养单编号、项目名称、梯号、注册代码、保养类型等。

(5)急修管理:包括急修派工、急修中、急修记录。用户可查看和管理自动扶梯注册代码、项目名称、自动扶梯位置、自动扶梯状态等信息;也可查看和管理区域、项目名称、注册代码、自动扶梯位置、故障来源、召修原因等信息。

(6)年检管理:用户可搜索、查看和管理全部自动扶梯的注册代码、项目名称、自动扶梯位置、梯号、区域、区域主管、年检计划及完成情况。

(7)自动扶梯档案:用户可查看自动扶梯的梯号、项目名称、注册代码、品牌、自动扶梯类型、维修记录、急修记录、年检记录等信息。

6.3.3　大数据分析汇总及预警管理

(1)物联设备:用户可查看项目的物联信息。用户可点击具体站点查看该站点所有自动扶梯的运行状态、运行速度、自动扶梯分布等信息。在该站点中,可以查看站点的实时人流、实时故障统计、故障预测清单、健康度清单,以及单个自动扶梯的实时传感器数据。其主要功能页面如图 6.3-4 所示。

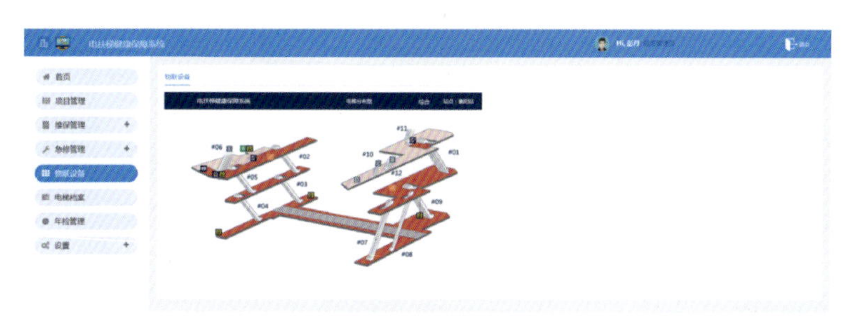

图 6.3-4　车站级管理界面

进入具体的站点后,可以在页面中总览该站点所有的自动扶梯分布情况,每台自动扶梯的编号、自动扶梯状态、运行状态、运行速度以及运行时间,如图 6.3-5所示。

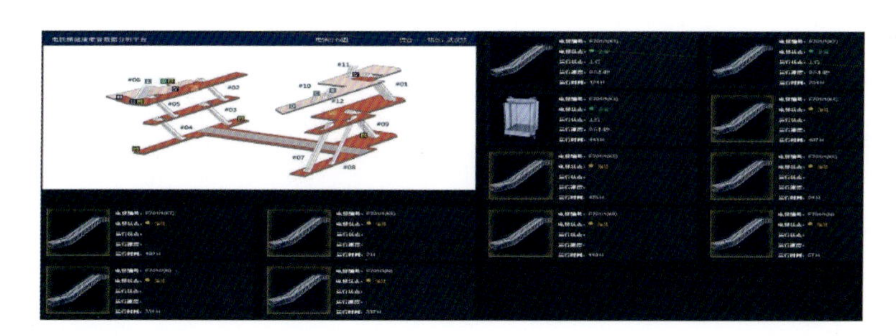

图 6.3-5　车站自动扶梯状态信息

(2)全站自动扶梯的总体统计分析数据。用户可以查看该站点的实时人流、自动扶梯状态、实时故障统计、故障预测清单、实时健康度清单等。其主要功能页面如图 6.3-6 所示。

①查看自动扶梯状态:包括运行中、维修中和已停用三种。

②查看实时故障统计:按照自动扶梯的故障分类进行呈现,故障类型包括扶手带松动、链条松动、固定架松动、链条磨损、减速箱断齿、轴承滚动体故障、轴承内/外圈故障等。根据实时故障的数量,在饼状图中以面积大小进行呈现(图 5.4-5)。

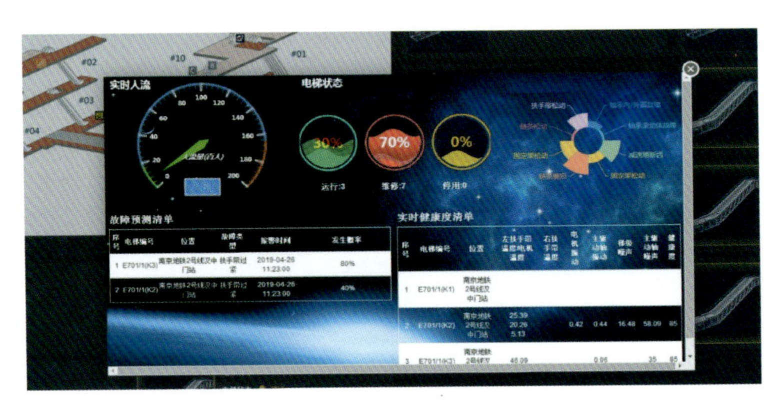

图 6.3-6　车站自动扶梯实时状态信息

③查看故障预测清单：系统根据收集到的自动扶梯实时运行数据，比对自动扶梯故障时的数据，发出故障预警，并计算故障发生概率，提示故障发生类型(图 5.4-6)。

④查看实时健康度清单：系统呈现实时采集到的自动扶梯传感器数据，数据类型包括左扶手带温度/电动机温度、右扶手带温度、电动机振动、主驱动轴振动、梯级噪声、主驱动轴噪声，并根据这些数据计算分析得出该台自动扶梯的健康度，如图 6.3-7 所示。

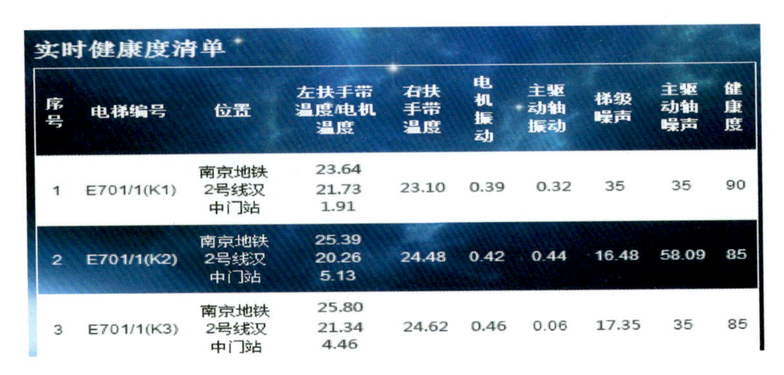
实时健康度清单

序号	电梯编号	位置	左扶手带温度/电机温度	右扶手带温度	电机振动	主驱动轴振动	梯级噪声	主驱动轴噪声	健康度
1	E701/1(K1)	南京地铁2号线汉中门站	23.64 21.73 1.91	23.10	0.39	0.32	35	35	90
2	E701/1(K2)	南京地铁2号线汉中门站	25.39 20.26 5.13	24.48	0.42	0.44	16.48	58.09	85
3	E701/1(K3)	南京地铁2号线汉中门站	25.80 21.34 4.46	24.62	0.46	0.06	17.35	35	85

图 6.3-7　自动扶梯实时健康度清单

(3)单台自动扶梯的传感器数据呈现。用户可以查看站点列表中正在正常运行的单台自动扶梯，可查看该自动扶梯的传感器实时数据图。其主要功能页面如图 6.3-8 所示。

(4)大数据的统计可视化单元。系统将以所有站点自动扶梯的实时运行数据、故障预警数据、故障处理数据等多种数据为基础,对自动扶梯的故障类型进行逐月分布统计。可按扶梯所在的站点跟扶梯的故障类型分别进行统计,并形成柱状图,如图 6.3-9 所示。

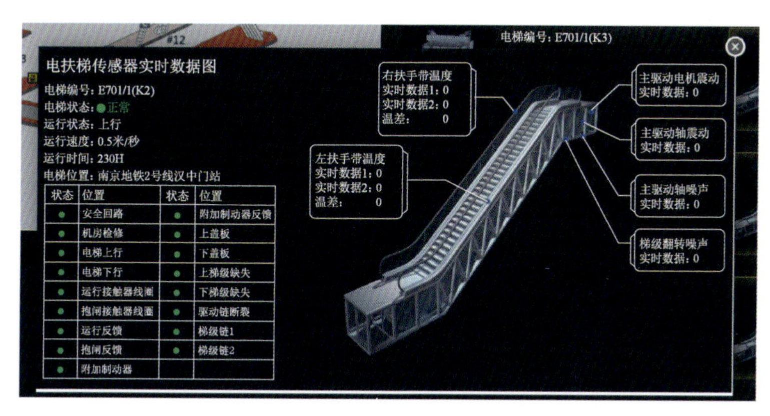

图 6.3-8 单台自动扶梯的传感器数据呈现

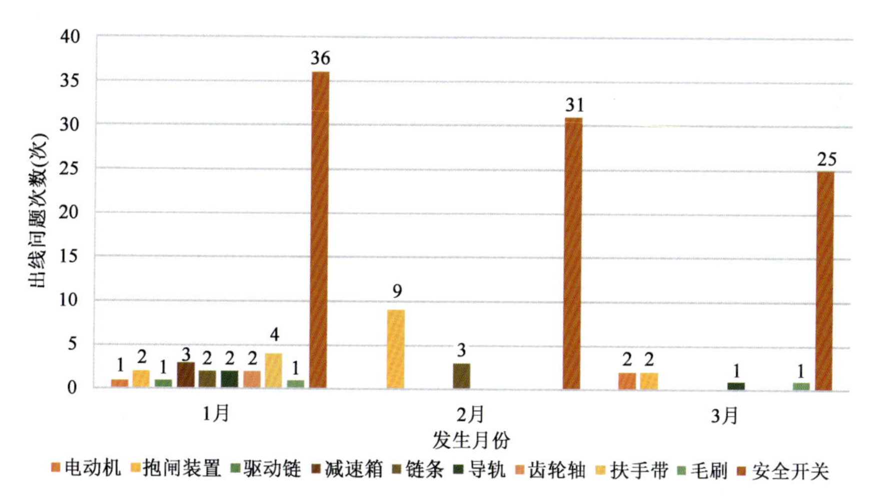

图 6.3-9 自动扶梯故障分布统计

(5)故障预警。系统依据数据分析结果,主动发起维修需求,向管理员提交保修单,供管理员及时安排维修工进行维保工作,如图 6.3-10 所示。

急修单编号	线路	站点名称	站点负责人	注册代码	维保公司	电梯位置	电梯品牌	电梯类型	故障描述	故障上报时间	故障解除时间	修理时长	是否更换零配件	急修负责人	操作
35645465454658	二号线	斗南	朱锦	35645465454658878987	昆明西奥机电公司	A出口A-2号梯	奥的斯	扶梯	抱闸信号异常	2017-08-07	2017-08-09	1时25分	更换	朱锦	急修单
35645465454658	二号线	斗南	朱锦	35645465454658878987	昆明西奥机电公司	A出口A-2号梯	奥的斯	扶梯	抱闸信号异常	2017-08-07	2017-08-09	1时25分	未更换	朱锦	急修单
35645465454658	二号线	斗南	朱锦	35645465454658878987	昆明西奥机电公司	A出口A-2号梯	奥的斯	扶梯	抱闸信号异常	2017-08-07	2017-08-09	1时25分	更换	朱锦	急修单

图 6.3-10 自动扶梯故障预警统计

6.3.4 物联网硬件管理

用户可对单台自动扶梯的数据监测部件进行型号、软件、传感器、4G 信息查看与管理，如图 6.3-11 所示。

图 6.3-11 物联网硬件管理主界面

(1)型号管理：用户可以管理数据监测部件的型号，并查看数据监测部件的型号说明等信息，如图 6.3-12 所示。

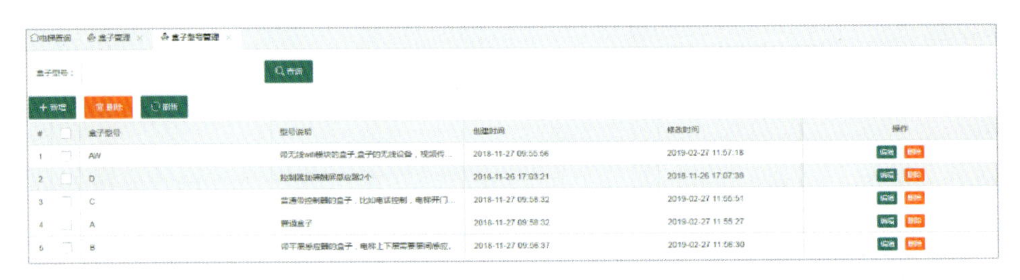

图 6.3-12 数据监测部件的型号说明

(2)软件管理：用户可以管理数据监测部件的软件，并查看和管理型号编号、软件版本、软件下载地址、软件上传路径、软件版本说明等，如图 6.3-13 所示。

(3)传感器管理：用户可以管理传感器，查看和管理传感器标识、传感器名称、传感器描述、传感器类型、传感器端口等信息，如图 6.3-14 所示。

(4)4G 管理：用户可以查看和管理 4G 卡号、盒子标号、运营商、mac 地址、使用状态等信息，如图 6.3-15 所示。

#	型号编号	软件版本	软件下载	软件文件名	软件上传路径	软件版本说明	创建时间	修改时间	操作
1	AW	3.0	http://22...	rootfs_ya...	D:/upload/file/201...	1234	2019-03-24 12:09:34	2019-	
2	AW	4.0	http://22	rootfs_ya	D:/upload/file/201	123445	2019-03-24 13:10:19	2019-	
3	AW	2.0	http://22...	rootfs_ya...	D:/upload/file/201...	ok	2019-03-23 18:27:02	2019-	
4	AW	1.2	http://22...	update_...	D:/upload/file/201...	new	2019-04-01 21:10:46	2019-	
5	AW	1.1	http://22	update_	D:/upload/file/201	[illegible]	2019-04-01 20:13:46	2019-	
6	AW	1.0.0	http://22...	update_...	D:/upload/file/201...	[illegible]	2019-03-24 22:19:38	2019-	
7	AW	1.1.0	http://22	rootfs_ya	D:/upload/file/201	1234	2019-03-24 21:12:00	2019-	

图 6.3-13　软件管理界面

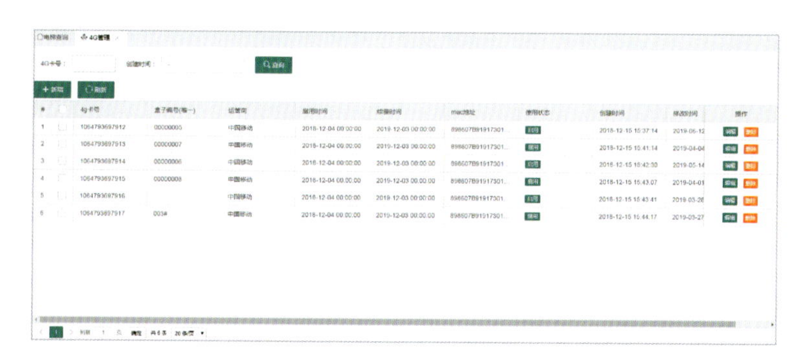

图 6.3-14　传感器管理界面

#	4g卡号	盒子编号(唯一)	运营商	启用时间	终止时间	mac地址	使用状态	创建时间	修改时间	操作
1	1064793697912	00000005	中国移动	2018-12-04 00:00:00	2019-12-03 00:00:00	898607B91917301...		2018-12-15 15:37:14	2019-06-12	
2	1064793697913	00000007	中国移动	2018-12-04 00:00:00	2019-12-03 00:00:00	898607B91917301...		2018-12-15 15:41:14	2019-04-04	
3	1064793697914	00000006	中国移动	2018-12-04 00:00:00	2019-12-03 00:00:00	898607B91917301		2018-12-15 15:42:30	2019-05-14	
4	1064793697915	00000008	中国移动	2018-12-04 00:00:00	2019-12-03 00:00:00	898607B91917301...		2018-12-15 15:43:07	2019-04-01	
5	1064793697916		中国移动	2018-12-04 00:00:00	2019-12-03 00:00:00	898607B91917301		2018-12-15 15:43:41	2019-03-26	
6	1064793697917	003#	中国移动	2018-12-04 00:00:00	2019-12-03 00:00:00	898607B91917301...		2018-12-15 15:44:17	2019-03-27	

图 6.3-15　4G 管理界面

6.3.5　App 日常维保工作管理

(1)工作台。用户可进行日常保养、年检、急修、信息、公告、应用的功能和信息的查看与使用,如图 6.3-16 所示。

(2)日常保养模块。显示当天维保人员维保任务。用户进行保养单签到之后即进入维保程序,完成保养单的填写拍照,提交用户评价,完成该次日常保养。用户可进行地理位置签到确认、安全确认、维保过程按标准逐项确认、更换配件项目、开始与结束时间记录、签退、客户评价,如图 6.3-17 所示。

图 6.3-16　App 日常维保工作管理主界面

图 6.3-17　日常保养模块

(3)急修模块。显示当天维保人员接到的急修任务,包括公司热线派工、物联设备派工、本人直接接到信息的急修任务。用户可进行任务接收,对人物进行安全确认、时间自动记录、填写维修单、分析故障原因、更换配件项目、客户评价,如图 6.3-18 所示。

(4)年检管理模块。显示当月维保人员所负责的自动扶梯相应的年检任务。完成年检任务后维保人员可直接提交,也可以查询已经做完的信息,如图 6.3-19所示。

(5)项目自动扶梯模块。用户可以新增或查看项目、自动扶梯基本信息,如图 6.3-20 所示。

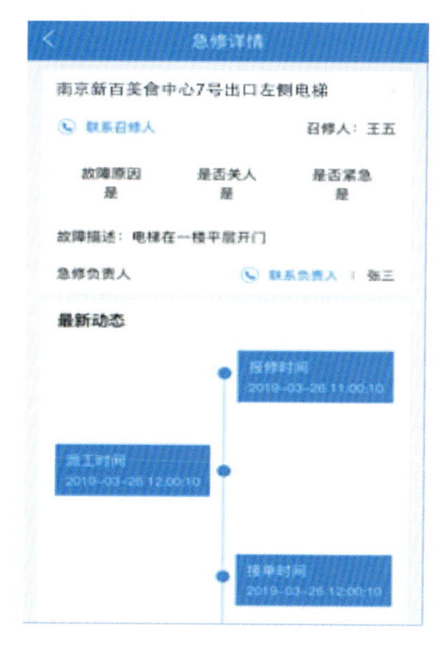

图 6.3-18　急修模块

图 6.3-19　年检管理模块

a)

b)

图 6.3-20　项目自动扶梯模块

(6)消息管理模块。包括团队消息、保养任务、急修任务、工作消息的管理等,如图 6.3-21 所示。

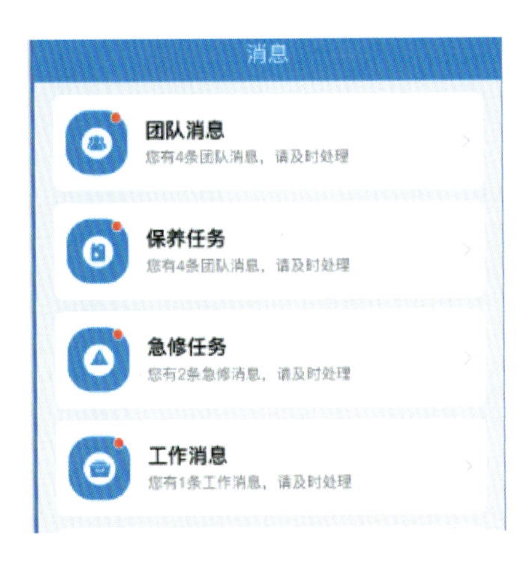

图6.3-21　消息管理模块

6.4 推广应用

6.4.1　高速铁路基础设施监测

高速铁路作为我国建设标准最高的铁路，其基础设施如路基、桥梁、线路、牵引供电、通信、信号等设施设备的安全技术状态对列车的高速、安全、舒适运行至关重要。而这些基础设施的技术状态情况和运营期间的变化相互影响、相互关联。

因此，为了保证高速铁路的高速、安全、舒适运营以及科学地进行养护维修，应该在分析高速铁路基础设施特点、要求和状态的基础上，深入研究基础设施的监测技术，细化监测方法，提出监测指标，并根据高速铁路的要求确定监测布点的原则，从而提出高速铁路基础设施综合监测系统方案，为高效的养护维修提供依据和指导。

6.4.2 城市地下基础设施运行综合监测

近年来,我国城市地下基础设施建设快速发展,地下空间开发呈现多样化、深度化和复杂化;城市地下基础设施呈现规模由小到大、结构由简单到复杂、功能由单一到综合的发展趋势。与此同时,城市地下基础设施运行存在多种致灾因素,面临结构失稳、变形超限、设备故障、突发事件等安全压力。融合物联网技术建设智慧城市是保障城市安全高效运行的重要手段,为城市管理者责任所系。目前,物联网技术日新月异,但在地下基础设施运行综合监测领域,相关应用研究仍存在多风险致灾耦合及演变机理不清、感知层技术可靠性差、灾害控制理论针对性不强等问题。因此,在物联网技术的基础上,构建高灵敏、快响应、长寿命、智能可靠、自主可控的综合监测体系,对城市规模化、智慧化发展至关重要。

通过研究自动扶梯健康监测系统,参考借鉴自动扶梯全寿命的角度实现全过程的运维管理,推广应用到城市地下基础设施运行综合监测,研发多维度、多参量、实时在线监测系统以实现及时准确地感知风险、判断风险度、快速形成应急对策、灾后快速恢复,进一步构建光、电、声、像实时在线融合监测体系,实现内部病害与外部入侵的实时检测和智能辨识。

6.4.3 新型轨道交通道岔设备监测

随着新型城市轨道交通的大力发展,包括中低速磁浮、跨座式单轨及悬挂式单轨已经在国内有着广泛的推广应用。

道岔系统是列车到发、会让、越行、车辆摘挂、车辆整修的装置,为列车调度、车站运营管理提供条件,是确保列车安全、快捷、优质高效运营的重要线路设备。常规轮轨交通制式道岔由转辙器、辙叉及护轨、连接部分组成;而新型轨道交通的道岔结构更为复杂，相比常规轮轨道岔更有着本质区别。以磁浮道岔为例，磁浮道岔由道岔梁、台车、驱动装置、锁定装置等近千个部件组成。因此对道岔的养护维修显得至关重要。

因此，自动扶梯全寿命周期管理的方法可推广至道岔的监测，从而实现对道岔全过程的运维管理，研发道岔实时在线监测系统，为道岔的运行状态提供强力保障。

7 总结与展望

7.1 总结

本书突破传统扶梯设计选型技术,从设计、选型、建造以及运维全寿命周期的角度出发,对扶梯的关键技术进行了全面的介绍,总结起来有以下几个方面:

(1)基于大数据驱动的全过程数字化智能设计技术。融合各设计阶段数据,构建自动扶梯设计数据标准及模型,实现设计数据标准输入与输出;结合选型、设计、施工、运维全寿命周期数据,对设计方案进行优化迭代,提升设计质量;采用数据驱动的方式,实现施工图的“一键成图”以及二维、三维图之间的无缝转化。主要成果包括:

①基于设计数据模型的全过程智能设计技术。对设计各阶段、专业、单位间最小化数据进行深入挖掘,构建标准数据模型,确保输入输出数据的完整性;建立专业间会签(会签指对接口专业预留条件的确认过程)标准,确保各协同专业数据的一致性,避免数据错漏。

②参数自适应的施工图“一键成图”技术。对自动扶梯出图信息以及会签

要素进行提取，并进行数字化描述，建立各要素间的关联关系；基于元素特征，进行 AutoCAD 二次开发，通过数字驱动的方式，实现自动扶梯“一键成图”，可实现不同类型扶梯参数的自适应 120s 快速成图。

③基于底层数据驱动的跨平台 BIM 设计技术。提取不同形式、布置方案扶梯 BIM 模型要素，并进行数字化描述与关联，建立扶梯 BIM 模型底层数据库；通过对不同三维平台模型内核 COM 进行数字化驱动，实现跨平台三维模型的自动生成。

④基于全寿命周期数据管理的扶梯数据挖掘技术。对扶梯各部件运行状态监测数据结合运行工况、设计参数进行数据挖掘，形成专家知识库，并指导类似项目的设计，实现选型、设计、施工、运维全寿命周期一体化管理，提高设计质量。

(2)基于全生命周期的选型技术。以扶梯全寿命周期内运营的经济性、安全性为目标，通过外部载荷对扶梯零部件的影响研究，介绍了自动扶梯主要部件选型技术，包括自动扶梯支撑结构、驱动系统、运载系统、扶手装置、其他装置、安全保护装置等。

(3)基于数字化的设备监造及安装技术。以工艺设计、设备选型以及会签参数为基础，建立扶梯的设备参数、工艺要求数据库，作为设备安装过程的控制点，采用参数化的方式对现场安装过程进行校核与指导，确保建造与设计的一致性。

(4)基于大数据的扶梯健康状态管理及故障预警技术。通过对扶梯部件进行多维状态监测，实时掌握其健康状态，并根据运行工况进行故障预测，为维修提供技术支持，并形成以下几项关键技术。

①基于动态阈值的健康状态诊断。采用动态阈值的形式，提升监测系统判断的准确性，降低单一阈值的误报率。

②基于自学习的故障预测。建立扶梯健康评价模型，通过故障样本的自学习，不断改进模型；并根据扶梯运行环境、维修历史、设备寿命等各种因素，

自动预测扶梯的剩余寿命。

7.2 展望

1）新材料、新工艺的应用

激光冲击强化技术是利用强激光束产生的等离子冲击波，提高金属材料的抗疲劳、耐磨损和抗腐蚀能力的一种高新技术。它具有非接触、无热影响区、可控性强以及强化效果显著等突出优点。对扶梯易磨损部位通过激光强化，如梯级链、链轮等，提高设备的耐磨性，可极大地节省后期运维成本。

研发轻量化（如碳纤维）结构、可变角度扶梯、自调节速度的控制方式等，改变传统扶梯单一角度、速度、安装难度大的问题。

2）更加智能化的扶梯

采用物联网技术、5G通信等技术实现对扶梯全部零部件健康状态的实时管理，更加准确地反映扶梯的运行状态；研发带客流统计的梯级、可自发光的扶手带、带屏幕的前沿板等智能化部件，实现扶梯与人、外部载荷的互动，并结合数字孪生技术，实时监控各种外部条件对扶梯的影响，及时恢复扶梯的健康值。

3）基于虚拟现实的自动扶梯智能设计

随着虚拟现实技术的进一步发展，自动扶梯设计过程引入沉浸式的虚拟交互技术，在虚拟环境中进行扶梯的工艺布局、选型设计以及运维模拟，设计成果更接近于实际情况，更能实现全寿命周期设计，从而达到经济、安全、高效的目的。

参 考 文 献

[1] 易云,2015 年我国城市交通线路概况[J].现代城市轨道交通, 2016(1):82-82.

[2] 高士杰.深圳地铁一期工程自动扶梯及电梯设计[J].房屋建筑, 2006(6):100-102.

[3] 夏伟强.浅谈苏州地铁 1 号线自动扶梯安装及施工[J].科技风, 2011(15):182-183.

[4] 国家质量监督,检验检疫总局,中国国家标准化管理委员会.自动扶梯和自动人行道的制造与安装安全规范:GB 16899—2011[S].北京:中国标准出版社,2011.

[5] 住房和城乡建设部,地铁设计规范:GB 50157—2013[S].北京:中国建筑工业出版社,2014.

[6] 张晋西.Visual Basic 与 AutoCAD 二次开发[M].北京:清华大学出版社, 2006.

[7] 中国城市轨道交通协会.中国城市轨道交通协会信息第 2 期(总第 20 期):城市轨道交通 2018 年度统计和分析报告[R/OL].(2019-04-07)[2019-12-17].

[8] 中国土木工程学会.市域快速轨道交通设计规范:T/CCES 2—2017[S].北京:中国建筑工业出版社,2017.

[9] 陈文标.自动扶梯事故的原因分析及改进建议[J].中国特种设备安全, 2017, 33(1): 75-79.

[10] 马向华, 赵付田, 叶银忠, 等.基于共直流母线供电的自动扶梯节能传动系统设计[J].电气传动, 2012(03): 20-26.

[11] 吴战国, 钟遇舟, 任安心.自动扶梯桁架系统的快速设计[J].中国工程机械学报, 2010(04): 53-57.

[12] 薛成超.自动扶梯参数化设计系统框架构建及若干模块的开发[D].沈阳: 东北大学, 2008.

[13] 赵炜, 沈宗, 吴超.3D 参数化方法在电梯设计中的应用研究[J].装备制造技术,

2013(03):239-240.

[14] PELCZARSKI Z. The Requirements of Human Factors and Ergonomics for the Safe and Comfortable Stairs Versus the Escalators[C]//International Conference on Applied Human Factors and Ergonomics. Springer, Cham, 2017: 176-186.

[15] PARK C J, GSCHWENDTNER G. Braking performance analysis of an escalator system using multibody dynamics simulation technology[J]. Journal of Mechanical Science and Technology, 2015, 29(7): 2645-2651.

[16] 杨宇, 李成华, 张国梁. 基于实例推理的铲式玉米精密播种机设计[J]. 农业机械学报, 2009, 40(12):51-55.

[17] 胡中豫, 申涛, 李高峰,等. 基于案例与规则推理的干扰查找专家系统[J]. 计算机工程, 2009, 35(18): 185-187.